금융 프로가 되시길 바랍니다
김 영 익

큰 꿈,

즐거운 독서, 행복한 투자가
되네요!
홍 춘 욱

반드시 다가올 미래에 투자하세요!
성공 투자의 해답은 미래에 있습니다.
염 승 환 씀.

투자의 신세계

국내 최고 경제 전문가들이 말하는 부의 확장 전략

투자의
신세계

김영익·김한진·홍춘욱·염승환 지음

리치캠프
RICHCAMP

김영익

저는 증권사 리서치센터와 민간 경제연구소에서 20여 년 동안 이코노미스트로 일하면서 큰 부를 축적한 분들을 만났습니다. 그분들은 공통적으로 시대의 흐름에 대한 통찰력을 갖췄습니다. 저는 이 책에서 독자 여러분들과 함께 우리가 시대의 흐름 중 어느 위치에 있는가를 살펴보고 싶었습니다. 각국 정책 당국이 과감한 재정 정책과 통화 정책으로 2008년 글로벌 금융 위기를 극복했고, 또 2020년 코로나19 경제 위기를 이겨내고 있습니다. 그런데 그 과정에서 금융 불균형이 커졌습니다. 각 경제 주체의 부채가 급격하게 증가했고, 주식 등 일부 자산 가격에 거품이 발생했습니다. 거품은 사전적으로 진단하기 어렵습니다만, 1~2년 이내에 거품이 붕괴되면서 부채에 의한 성장의 한계가 드러날 것으로 봅니다. 이런 위기는 다른 측면에서 부를 늘릴 수 있는 기회입니다. 저는 그 기회가 미국보다는 중국 등 아시아에서 올 것으로 내다보고 있습니다. 세계 성장(소비) 축이 미국에서 중국 등 아시아로 이전되는 과정에 있기 때문입니다. 전 세계가 탄소 제로 시대로 가면서 전기 자동차 등 친환경 산업이 매우 빠른 속도로 성장할 가능성도 높습니다. 헬스케어 산업도 지속적으로 성장할 전망입니다. 여기서 새로운 부가 창조될 가능성이 높아 보입니다.

김한진

<투자의 원칙> 파트를 쓰면서 스스로 '나의 투자 원칙은 무엇이지?'를 먼저 자문해봤습니다. 그리고 저만의 투자 원칙을 가능한 한 일반화하려고 노력했습니다. 그렇게 해서 나온 원칙을 투자 마인드라는 관점에서 다시 정리해봤습니다. 자연스럽게 성실하고 꾸준한 루틴으로 시장 판단보다는 좋은 기업을 찾는 데 집중하자는 쪽으로 생각이 모아졌습니다. 아울러 종목을 고르는 실전적인 방법과 꿈이 있는 성장주에 대한 투자 요령도 제안해봤습니다. 그리고 이러한 투자 원칙을 강세장과 약세장 상황에 다시 한번 대입해봤습니다. 상대를 알고 나를 알면 백 번 싸워도 위태롭지 않다(知彼知己百戰百殆)는 손자병법의 말대로 좋은 투자 원칙을 무기 삼아 주식 시장이라는 상대방의 정체를 잘 파악해 싸운다면 승리는 우리의 편이 될 것입니다. 끝으로 독자 분들의 이해를 돕기 위해 세 분의 투자자를 소개했습니다. 이분들의 실전 투자 사례를 통해 진짜 내게 맞는 슬기로운 투자 원칙은 무엇인지를 한번 생각해보시면 좋겠습니다. 부디 이 책이 여러분들의 부자 프로젝트에 좋은 매뉴얼이자 자양분이 되기를 소원합니다.

홍춘욱

최근 자본시장연구원이 발표한 자료에 따르면 2020년 한 해 동안 개인 투자자의 거래 대금은 8,644조 원에 달했고 활동 계좌 수도 4,007만 개로 급증한 것을 알 수 있습니다. 그러나 기존 투자자에 비해 신규 투자자의 수익률은 상대적으로 떨어집니다. 이는 상대적으로 정보력도 부족한 데다 자신의 투자 스타일을 확립하지 못한 탓이 크다 봅니다. 예를 들어 주식 가격의 '모멘텀'을 중시하는 추세 추종 투자자라면, 지난해 내내 주가가 가파르게 상승한 BBIG(배터리, 바이오, 인터넷 그리고 게임주) 같은 종목에 집중했을 것입니다. 반면 내재 가치 대비 주식 가격이 저평가되었는지 여부에 집중하는 가치 투자자라면, 지난해 주가가 폭락한 우량주에 투자해 2021년 큰 성과를 거두었을 것입니다. 결국 작년의 성장주 장세, 2021년의 가치주 장세에서 모두 성과를 내지 못했다면 이는 자신이 어떤 스타일의 종목을 좋아하고 또 어떤 강점을 가지고 있는지 적절하게 판단하지 못했기 때문이라 생각합니다. 부디 많은 독자들이 『투자의 신세계』 1장에서 다루고 있는 주식 시장의 역사를 공부하여 자신의 투자 스타일(혹은 투자 철학)을 확립하고 앞으로 큰 성과를 누리기를 기원합니다.

염승환

저도 한때는 막연한 느낌과 소문에 의지해 주식 투자를 하던 때가 있었습니다. 요행히 높은 수익률을 올리기도 했지만 보유하고 있던 주식이 상장 폐지되면서 큰 손실과 상처를 입은 뼈아픈 경험이 있습니다. 개인 투자자들 특히 주식 투자를 처음 하시는 분들에게 주식 공부를 제대로 해야 한다고 강조하는 이유가 바로 여기에 있습니다. 코로나19 이후 어떤 산업이 세상을 바꾸고 주식 시장을 주도할지 많은 시간을 고민했습니다. 주식 투자에서 성공할 수 있는 가장 좋은 방법 중의 하나는 반드시 다가올 미래에 투자하는 것입니다. 다가올 확실한 미래는 무엇일까? 고민 끝에 다가올 미래의 5가지 특징(5N)을 예측해보았습니다. 바로 친환경(New Energy), 유럽의 부활(New EU), 새로운 공간(New Space), 새로운 세계(New Universe), 새로운 소비(New Consumption)가 바로 그것입니다. 산업 전문가가 아닌 만큼 깊이가 얕을 수 있지만 폭넓은 내용으로 부족함을 채웠습니다. 이 책을 읽으시는 독자 여러분들께서 투자의 신세계로 가시는 데 조금이라도 도움이 되길 간절히 소망합니다.

목차

66

1871년 이후 세계 주식 시장의 역사를
거울삼아 독자 여러분들께서는
'실패하지 않는 투자'의 길을 가시기를
간절히 기원합니다.

99

제1장

주식 시장의 역사

홍춘욱

홍춘욱

연세대학교 사학과를 졸업한 뒤 고려대학교 대학원
에서 경제학 석사, 명지대학교에서 경영학 박사 학위
를 받았다. 1993년 한국금융연구원을 시작으로 국
민연금 기금운용본부 투자운용팀장, KB국민은행
수석 이코노미스트, 키움증권 투자전략팀장(이사) 등
을 거쳤다. 현재 EAR Research 대표이자 숭실대학
교 금융경제학과 겸임 교수로 있다. 2016년 조선일
보와 에프앤가이드가 '가장 신뢰받는 애널리스트'로
선정했다. 저서로는 『돈의 역사는 되풀이된다』, 『50
대 사건으로 보는 돈의 역사』 등이 있다.

금 본위제와 채권의 시대

주식과 채권의 수익률을 장기간에 걸쳐 비교하면?

지난 100여 년에 걸친 주식 시장의 역사를 회고하다 보면 한 가지 특징을 발견할 수 있다. 제2차 세계 대전이 거대한 분기점이었다는 것이다. 미국 주식 시장의 장기 성과를 보면, 제2차 세계 대전 이전까지 주식(배당 수익률 포함)보다 채권의 수익률이 우월했음을 알 수 있다. 1871년부터 1939년까지 국채와 회사채가 각각 연 3.97%, 연 5.50%의 성과를 기록한 반면 주식은 단 3.60%에 불과했다. 그러나 제2차 세계 대전 이후 성과가 반전된다. 1940년부터 2020년까지 미국채의 연 평균 성과가 5.19%인 반면, 주식 투자는 무려 8.26%의 성과를 기록한 것이다.

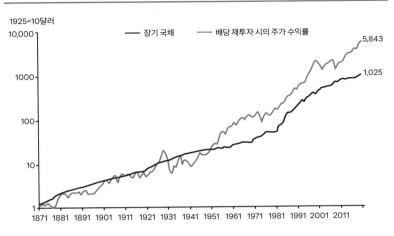

1925=10달러

— 장기 국채   — 배당 재투자 시의 주가 수익률

10,000

5,843

1000

1,025

100

10

1

1871 1881 1891 1901 1911 1921 1931 1941 1951 1961 1971 1981 1991 2001 2011

출처: 2010년까지 데이터는 제레미 시겔(2015)의 『주식에 장기투자하라』, 이후는 블룸버그.

금 본위제에서는 어떤 방식으로 경제 정책이 진행될까?

대체 왜 제2차 세계 대전을 기점으로 주식의 성과가 개선되었을까? 결론부터 이야기하자면, 금 본위 제도가 무력화되고 자유롭게 금리가 조정되는 세상이 열렸기 때문이다.

화폐 시스템의 변화가 자산 시장에 큰 영향을 미치는 이유를 알기 위해서는 1940년 이전 세계 금융 시장의 구조에 대해 이해할 필요가 있다. 당시는 영국이 세계 경제, 정확하게는 세계 금융 시장의 주도권을 쥐고 있었다. 영국은 나폴레옹 전쟁이 끝난 1815년부터 패권을 확립하는 한편 금 본위제를 안정적으로 운용하고 있었다. 금 본위제란 간단하게 말해 정부가 발행한 화폐의 가치를 금에 연동시킨 제도라고 할 수 있다. 당시 영란은행(Bank of England)은 금 1온스를 3파운드 17실링 10.5다임의 비율로 교환해주었는데, 이 약속은 제1차 세계 대전 같은 극단적인 상황을 제외하고는 잘 지켜졌다.

파운드화가 금 본위제를 채택하기 이전, 금융 시장의 참가자들은 정부가 발행한 화폐를 신뢰하지 않았다. 왜냐하면 당시 유럽 각국의 정부는 자신들이 발행한 주화의 가치를 자주 떨어뜨렸기 때문이었다. 16~18세기 유럽 화폐에 포함된 은의 순도 변화를 측정한 논문에 따르면, 스웨덴에서는 91%까지 순도가 하락한 경우가 있었고 프랑스도 무려 78%나 은의 순도가 떨어졌다고 한다.[1] 유럽 정부가 이런 일을 했던 이유는 '시뇨리지(화폐의 액면가에서 제조 및 유통 비용을 뺀 차익)'를 추구하기 위함이었다. 주화에 포함시킨다고 약속했던 금이나 은의 함량을 지키지 않음으로써, 정부는 용병에 지급하는 임금 그리고 길드로부터 구입한 화약 및 무기 대금을 절약할 수 있었다.

물론 이 이익은 정부가 주화에 포함된 은이나 금의 함량을 떨어뜨리는 것을 사람들이 파악하기 전까지만 유효했다. 그리고 사람들이 그 사실을 인지하는 순간 당연히 강력한 반작용이 발생했다. 사람들이 주화에 대한 신뢰를 잃게 되면서, 정부가 발행한 주화를 이

---

1   양동휴, 『유럽의 발흥』, 서울대학교출판문화원(2014), 317쪽.

용한 상거래는 더욱 힘들어졌다. 빈번한 개주(改鑄, 새로운 주화 발행)와 가치 절하 속에서 유럽의 상인들은 주화의 액면 가치에 대해 신뢰하지 못하고, 주화에 포함된 은이나 금의 순도가 어떤 수준인지를 측정하는 데 많은 시간과 비용을 들여야 했다. 물론 이에 대한 해법을 고민한 나라가 없었던 것은 아니다. 1609년 네덜란드는 암스테르담 은행을 세워, 네덜란드 내에서 유통되는 다양한 통화에 대한 환율을 고시하고 또 그 비율에 따라 각 상인의 계좌에 금이나 은을 이체해주는 시스템을 만들었다.[2]

그리고 영국은 암스테르담 은행의 시스템에 한 가지의 혁신을 더했다. 영국은 일정 비율의 금과 파운드 지폐를 교환할 것을 약속하고, 또 이를 철저하게 지킴으로써 거래의 편의가 비약적으로 높아졌다. 일일이 금이나 은을 들고 다닐 필요 없이, 런던의 은행에 개설된 계좌를 이용해 자유롭게 거래하고 또 예금을 수령할 수 있는 길이 열렸던 것이다. 더 나아가 은행들은 자신이 보유한 금 잔고가 꾸준히 늘어나는 것을 지켜보며 조금씩 대출에 나설 수 있게 되었다. 예금의 입출금이 매일처럼 일어나더라도 잔고가 안정적으로 유지된다면, 은행으로서는 금을 그냥 보유하는 것보다 필요로 하는 사람들에게 대출해줌으로써 이자 소득을 올릴 수 있다. 더 나아가, 증기 기관 같은 거대한 투자 프로젝트에 필요한 자금을 은행(및 거대 자본가)

---

2   니얼 퍼거슨, 『현금의 지배』, 김영사(2002), 154쪽.

에서 융통할 수 있게 됨으로써 산업의 발달도 촉진되었다.

물론 영국의 파운드 패권이 순탄하게 이뤄진 것은 아니었다. 나폴레옹 전쟁에서 영국의 전황이 불리해질 때마다 대대적인 자금 인출 사태가 벌어지고 금값이 치솟았다.[3] 그러나 결국 영국이 승리를 거두고, 법치 제도가 자리를 잡으면서 영국의 패권은 더욱 확고해졌다. 이 대목에서 법치 제도에 대한 이야기가 들어간 이유는 1688년 '명예혁명' 이후 영국 정부에 대한 신뢰가 급격히 높아지는 것을 확인할 수 있기 때문이다.[4] 정부에 대한 민간의 신뢰를 측정할 수 있는 가장 쉬운 방법은 바로 국채 이자율이다. 이자나 원금을 제대로 지급하지 않는, 이른바 부실 채권의 금리는 높아질 수밖에 없다. 언제 부도가 날지 모르는 국채라면 투자자들의 입장에서는 나라로부터 이자라도 높게 받아 만일 발생할 위험을 어떻게든 보상받고 싶기 때문이다. 이런 심리가 반영되어 명예혁명 이전 영국 국채 금리는 10%를 훌쩍 넘었다. 그러나 1688년 명예혁명 이후 새로운 국왕으로 취임한 네덜란드의 오렌지 공 윌리엄(윌리엄 3세)은 새로운 세금을 걷을 때 의회에 동의를 받겠다고 약속하는 한편, 국민의 재산을 자의적으로 강탈하지 않을 것을 약속함으로써 새로운 시대를 열었다.

---

3   이찬근, 『금융경제학 사용설명서』, 부키(2011), 81쪽.

4   Douglass C. North and Barry R. Weingast, "Constitutions and Commitment: The Evolution of Institutions Governing Public Choice in Seventeenth Century England", The Journal of Economic History Vol. 49, No. 4(1989), 803~832쪽.

투자의 신세계

영국에서 나타난 변화에 대해 금융 시장이 가장 먼저 반응하기 시작했다. 1690년까지만 해도 10%에 거래되던 영국 국채 금리가 1702년 단번에 6%로 떨어졌다. 특히 1755년에는 2.74%를 기록해 경쟁 국가 중 어떤 나라도 꿈 꿀 수 없는 금리로 자금을 마음껏 조달할 수 있게 되어, 영국의 군사력이 강해졌다. 다른 국가에서 감히 엄두를 낼 수 없을 정도로 대규모 함대를 갖출 수 있었을 뿐만 아니라, 실제 화약을 이용해 실전에 가까운 훈련을 할 수 있게 되었다. 다른 나라는 전쟁이 시작된 후 훈련을 시작했지만, 영국 해군은 실전에 가까운 훈련을 받은 상태로 전쟁을 시작할 수 있었기에 전쟁에서 지지 않는 '무적의 함대'로서의 위치가 굳어졌다.

영국의 군대가 강해지고 또 200년 넘게 꾸준히 지폐와 금의 교환 비율이 지켜지자 점점 유럽의 부자들이 런던에 몰려들었다. 예를 들자면, 제1차 세계 대전 직전이던 1913년 프랑스 은행이 보유하고 있던 금은 달러로 환산하면 6억 7,800만 달러에 달하였고, 미국 재무부가 보유하고 있던 금은 13억 달러였던 데 비해, 잉글랜드 은행은 불과 1억 6,500만 달러의 금만 보유하고 있었음에도 불구하고 세계 금융 센터로서의 역할을 수행할 수 있었다.[5] 그리고 이는 대부분의 시장 참가자들에게 좋은 일이었다. 예전보다 훨씬 더 큰 규모의 프로젝트를 추진하는 거대 기업들의 입장에서, 런던이라는 거대한

---

5   니얼 퍼거슨, 『금융의 지배』, 민음사(2016), 53쪽.

금융 센터의 존재는 하늘이 내린 선물처럼 느껴졌을 것이다.

▶ 오랜 기간 세계 금융 센터로서의 역할을 수행했던 영란은행

광란의 1920년대와 대공황

지금까지의 내용만 보면 금 본위제는 매우 안정적인 제도처럼 보인다. 그러나 1929년 발생한 대공황(Great Depression)은 금 본위제가 가진 한계를 여실하게 보여주었다.

1929년 10월의 주가 폭락은 '하락 폭' 면에서 역사적인 사건이기는 했지만, 그 이전에도 주식 시장이 급등락했던 사실을 감안하면

'왜 1929년에 발생한 주가 폭락이 유독 대공황으로 이어졌는가'라는 의문이 들 수밖에 없다. 물론 광란의 20년대라고 불렸을 만큼 주가의 버블 형성이 심했기도 했고, 이 과정에서 빚을 내 투자 자금의 규모를 불리는 이른바 '레버리지 투자'가 빈번했던 것도 경제에 큰 충격을 준 것은 분명한 사실이다.

이 대목에서 잠깐 레버리지 투자에 대해 살펴보자. 예를 들어 10만 달러의 자기 자본을 가진 투자자가 원금의 2배에 해당하는 부채를 쓴다고 가정하면, 그의 총 투자 규모는 원금 10만 달러에 차입금 20만 달러를 합쳐 30만 달러가 될 것이다(계산 편의를 위해 차입 이자를 10%라고 가정하자). 만일 그가 투자한 주식이 연 10% 상승한다면? 그는 주식 투자로 3만 달러의 수익을 얻는 셈이 되며, 부채에 따른 이자를 감안해도 그의 투자 수익률은 28%가 될 것이다. 부채 덕분에 투자자의 실질적인 투자 수익률이 크게 늘어났음을 알 수 있다.

그러나 주가가 하락하기 시작하면 레버리지 투자는 심각한 문제를 일으키게 된다. 예를 들어 1년 동안 주가가 30% 하락한다면, 그의 총 투자금(30만 달러)은 21만 달러로 줄어들 것이며 투자 원금은 단 1만 달러만 남을 것이다. 여기에 부채 20만 달러에 대한 이자 2만 달러를 감안하면, 그의 순자산은 마이너스 1만 달러가 된다. 물론 돈을 빌려준 금융 기관이 이를 그대로 지켜볼 리가 없다. 차입금을 상환하지 못할 정도의 주가 폭락을 겪을 때, '마진 콜(Margin Call)'이 발생한다. 결국 레버리지 투자가 급격히 증가한 상황에서 주가가 하락하기 시작하면 연쇄적인 악순환이 발생하게 된다.

이런 일이 1929년 미국 주식 시장에서 대규모로 벌어졌다. 1924년 말 레버리지 투자 규모는 22.3억 달러에 불과했으나, 1927년 말에는 44.3억 달러로, 그리고 1929년 10월 4일 대공황 직전에는 85.0억 달러로 불어났다.[6] 주식 시장의 격언에 "산이 높으면 골이 깊다."라는 말이 있지만, 1929년 10월 이 격언이 정확하게 들어맞았다. 뉴욕 연방준비은행(이하 연은)의 재할인율이 1928년 2월 3.5%에서, 1929년 8월에는 6.0%까지 인상되자 레버리지 투자자들이 차례대로 무너지기 시작했다.

여기서 재할인율이란 중앙은행이 민간 은행에게 대출해주는 금리로, 은행들이 중앙은행에서 빌리는 금리가 올라가면 은행들이 고객에게 돈을 빌려줄 때 제시하는 대출 금리도 상승하기 마련이다. 이 결과, 은행 간 시장에서 거래되는 단기 금리, 즉 콜 금리도 급등하기 시작했다. 1928년 1월 콜 금리는 4.24%에 불과했지만 1929년 7월에는 9.23%까지 상승했다. 그러나 이 대목에서 "금리 인상이 신속하게 이뤄진 만큼, 반대로 주식 시장이 붕괴될 때 금리를 인하하면 될 일 아닌가?"라는 의문을 갖는 독자들이 있으리라 생각된다.

맞는 이야기지만 이때는 이 조치가 제때 이뤄지지 못했다. 뉴욕 연은은 주가 폭락 사태가 일어나자 확장적인 공개 시장 조작 정책을

---

6   러셀 내피어, 『베어 마켓』, 예문(2009), 157, 164~165쪽.

투자의 신세계

펼쳐, 1929년 10월과 11월 사이에 정부의 증권 보유량을 2배로 늘렸다.[7] '공개 시장 조작'이란, 통화 공급을 조절하기 위해 채권 시장에 개입하는 조치를 뜻한다. 뉴욕 연은이 정부가 발행한 채권을 시장에서 매입하면, 뉴욕 연은은 채권을 보유하게 되는 대신, 채권을 가지고 있었던 사람들은 현금을 보유하게 되어 시중에 돈이 풀린다. 그리고 시중에 풀린 돈이 늘어나면 금리도 떨어지기 마련인 것이다.

그러나 이 조치에 대해 연방준비제도(이하 연준) 이사회 내에서 강한 반발이 있었다. 당시 해리슨 뉴욕 연은 총재는 "10월과 같은 특별한 상황에서는 개별 준비은행의 이사들이 판단하고 결정을 내릴 권한이 있다."라고 주장했지만, 연준 이사회는 뉴욕 연은이 '통화 정책의 궁극적 책임이 워싱턴에 있다'라고 하는 정신을 어긴 것으로 판단했다. 결국 뉴욕 연은은 11월 초에 연준 이사회의 압박에 굴복했고 공개 시장 조작은 중단되었다. 왜 이런 일이 벌어졌을까?

---

7   양동휴, 『1930년대 세계 대공황 연구』, 서울대학교출판부(2000), 121쪽.

▶ 1930년대 대공황 당시 실업자의 모습

미국과 영국의 정책 공조 실패, 대공황으로 이어지다!

그 이유는 바로 금 본위제, 그리고 특히 기축 통화 국가인 영국과 미국 사이의 정책 공조가 무너진 데 있다. 금 본위제는 금에 화폐의 가치를 고정시키는 것이기에, 각국의 화폐 교환 비율도 고정된다. 다음 그래프는 파운드에 대한 달러의 환율을 보여주는 것으로 남북 전쟁이나 제1차 세계 대전 같은 비상시국을 제외하고는 1파운드에 대한 달러의 환율이 5.0 전후에서 형성되는 것을 발견할 수 있다. 그리고 환율이 고정되면 각국의 정책 금리 수준도 수렴되는 경향이 있다. 왜냐하면 환율 변동의 위험이 없기에, 금리가 낮은 나라에서 높은 나라로 자금이 이동하는 데 어려움이 없기 때문이다. 따라서 1914년 제1차 세계 대전 이전에는 영국의 통화 정책 변화가 다른 나라 정책에 반영되었고, 영란은행이 세계의 은행 역할을 수행했다.

▶ 1790년 이후 파운드에 대한 달러 환율 추이

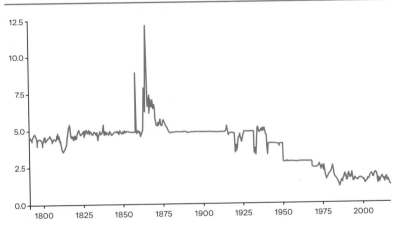

출처: 세인트루이스 연은(https://fred.stlouisfed.org/series/USUKFXUKM).

가장 대표적인 사례가 1890년의 베어링 은행 위기다. 당시 베어링 은행은 남미에 대출해주었다 큰 손실을 입었고 심각한 금융 위기를 촉발했다. 이때 영란은행은 프랑스와 러시아에서 각각 300만 파운드와 150만 파운드를 차입하여, 금융 시장에 투입함으로써 금융 위기의 확산을 막을 수 있었다.[8] 영국과 경쟁 관계에 있던 나라들도 영국의 주도권을 인정하고, 또 협력하는 관계가 형성되어 있었던 셈이다. 실제로 다음 페이지의 그래프를 보면 영국과 다른 나라. 특히 미국의 금리가 같은 방향으로 움직이는 것을 발견할 수 있다.

그러나 1914년 제1차 세계 대전 이후 '영국의 주도권'은 서서히 무너지고 있었다. 전쟁 통에 수백만 명의 막대한 인명 피해를 입은 데다, 군수물자를 미국에서 조달하는 과정에서 미국에 막대한 부채를 지게 되었기 때문이다. 따라서 1928년 미국 연준이 금리를 대폭 인상한 것은 영국 입장에서 참으로 달갑지 않은 일이었다. 왜냐하면 1925년 금 본위제로 복귀하며 금 1온스에 대한 파운드의 교환 비율을 전쟁 이전 수준인 4.25로 결정하는 결정적 실책을 저질렀던 참이기 때문이었다.[9] 예를 들어 금의 공급은 일정한 상태에서 전쟁 중에 영국의 물가만 100% 상승했다면, 금에 대한 파운드의 상대적인 가치는 절반 이하로 떨어져야 마땅하다. 다시 말해 금 1온스에 대한 영국 파운드의 교환 비율은 9.50 정도까지 인상되는 게 적절했을 것이다. 그러나 영국 정부는 이 선택을 거부했고, 이 결과 영국 기업의 경쟁력이 크게 약화되었다. 1926년 초 영국의 산업 생산을 100으로 가정하면, 1926년 10월에는 60까지 떨어질 정도였으니, 영국 경제가 얼

---

8 양동휴, 『화폐와 금융의 역사 연구』, 해남(2015), 92쪽.

9 아틀라스 뉴스(2020.5.4), 『1929대공황 ③… 국가이익 앞세운 금 본위제 복귀』.

마나 취약한 상태였는지 쉽게 짐작될 것이다.

▶ 미국 뉴욕 연은의 할인율과 영국의 정책 금리

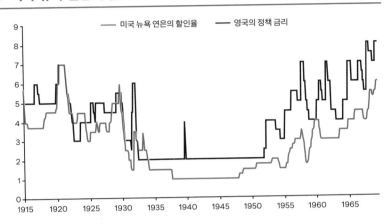

출처: 세인트루이스 연은(https://fred.stlouisfed.org/graph/?g=E3X8).

따라서 미국이 자국의 '주식 버블'에 대응하기 위해 금리를 인상할 계획이었다면, 영국과 면밀한 협의가 필요했다. 그러나 1928년에는 이 절차가 제대로 이뤄지지 않았다.[10] 미국에 새로운 정부(허버트 후버)가 들어서면서 금리 인상에 무게가 실린 것 그리고 미 연준의 지도자였던 벤저민 스트롱의 사망 등이 영국과 미국의 협력을 무너뜨린 요인이라고 지목되지만, 가장 근본적인 문제는 미국이 이제 영국의 주도권을 인정하지 않고 자국의 경제 사정을 우선한 데 있었다.

---

10 유재수, 『세계를 뒤흔든 경제 대통령들』, 삼성경제연구소(2013), 283쪽.

이 대목에서 잠깐 미국의 입장을 변명하자면, 1918년 11월 제1차 세계 대전 종전 이후 1929년까지 미국 다우존스 산업 평균 지수가 무려 320% 상승하는 등 주식 시장이 심각한 과열 국면에 진입했기에 정책 당국이 금리를 인상한 것은 당연한 조치였다고 볼 수 있다. 그러나 영국의 주식 가격은 같은 기간 단 25% 상승하는 것에 그쳤기에, 미국에서 단행된 긴축 조치는 영국 금융 시장의 상황에 적합하지 않았다. 결국 1929년 10월 미국 주식 시장이 붕괴될 때 영국 주식 시장도 함께 폭락했고 1932년의 저점까지 약 42%의 하락을 기록했다.

1931년 9월, 영국의 배신

이후 영국은 미국과 다른 행보를 걷기 시작했다. 1929년 10월부터 시작된 주식 가격의 폭락 사태에 대응해 미국이 정책 금리를 인하하기 시작했으나, 영란은행은 상대적으로 적극적이지 않아 미국과 영국의 정책 금리가 역전되었다. 예를 들어 1931년 5월, 미국의 할인율은 1.61%였지만 영국의 정책 금리는 2.50%로 훨씬 높았다. 뿐만 아니라 1931년 9월 초 영국의 정책 금리는 기존 2.5%에서 6.0%까지 인상되었다.

당시 영란은행이 정책 금리를 인상한 것은 두 가지 요인 때문이었다. 1928년부터 시작된 미국 주도의 금리 인상 과정에서 영국 경제가 큰 피해를 입었던 것에 대한 반감, 그리고 영국이 금 본위제를 유지하기 위해 마지막 저항에 나선 것에서 찾을 수 있다. 1931년 6월, 대공황 이후 심각한 경제 위기를 겪던 독일은 제1차 세계 대전에서 패배하면서 지게 된 전쟁 배상금의 지불 정지를 선언하는 한편 은행 휴업 및 외환 거래를 통제하겠다고 발표함으로써 사실상 금 본위제를 폐지했다.[11] 고객이 원할 경우 지체 없이 예금을 금과 교환해주는 것이 금 본위제의 근간임을 감안할 때 은행의 휴업은 금 본위제의 폐지로 이어지는 수순이라 할 수 있다.

독일에 이어 영국마저 금 본위제를 포기할 것이라는 기대가 높아지자, 영국 정부는 금리를 인상해 파운드화의 가치를 안정시키기 위해 노력했다. 그러나 '글래스-스티걸'법 등 보호 무역주의적인 경제 정책이 가속화되며 글로벌 국내 총생산(GDP) 대비 국제 무역의 규모가 1913년 22%에서 1938년 10%까지 둔화되자, 금 본위제를 유지하는 데 따르는 실익이 떨어졌다.[12] 금 본위제는 기본적으로 고정 환율 제도이기에 자유 무역의 흐름이 강화될 때 유리한 제도다. 그러나 세계 교역이 줄어들고, 파운드화를 사수하기 위해 고금리 정책을 시행한 결과 내수마저 위축되자 영국도 금 본위제를 포기하지 않

---

11 한국금융연구원(2013), 『대공황기 평가절하와 최근 양적 완화』.
12 양동휴, 『세계화의 역사적 조망』, 서울대학교출판문화원(2012), 3쪽.

을 수 없었다. 결국 1931년 9월 영국도 금 본위제를 폐지하고 파운드화를 평가 절하하는 한편, 정책 금리를 6%에서 2.0%로 인하하기에 이르렀다.

주가 붕괴에서 은행 위기로, 그리고 디플레이션까지!

영국마저 금 본위제를 포기하자, 세계 금융 시장의 참가자들은 다음 타자가 미국이 될 것이라는 기대가 높아졌다. 그러나 당시 미국의 후버 행정부는 재할인율을 기존 1.50%에서 3.5%까지 인상하는 등 금 본위제를 사수하겠다는 의지를 보였다. 독일과 영국 그리고 일본마저 차례대로 금 본위제를 포기하는 상황에서 미국만 유일하게 금 본위제 유지에 집착한 이유는 결국 '기축 통화' 패권에 대한 의지에서 찾을 수 있다. 파운드를 대신해 세계의 기축 통화로 우뚝 서겠다는 의지를 보였다는 점에서 미국의 행동은 어느 정도 이해가 된다.

그러나 결과는 파멸적이었다. 왜냐하면 주식 시장의 붕괴에서 시작된 충격은 은행 위기로 이어졌고, 파산하는 은행의 수가 1929년 976개에서 1930년에는 1,350개, 그리고 1933년에는 무려 4,000개까지 늘어났기 때문이다.[13] 그런데 더 문제가 되는 것은 파산한 은행

---

13   티모시 가이트너, 『스트레스 테스트』, 인빅투스(2015), 282쪽.

수가 아니라, 파산한 은행의 평균적인 예금 규모가 늘어난 데 있다. 다시 말해 소형 은행에서 대형 은행으로, 그리고 개별적인 은행 위기에서 금융 전반의 시스템 위기로 상황이 빠르게 악화되었던 것이다. 특히 1930년 11월 발생한 콜드웰 그룹(Caldwell Group)의 파산은 경제 전체에 일대 공포를 자아냈다. 콜드웰 그룹은 남부 여러 주에 걸쳐 은행과 보험 회사, 증권 회사 등에 투자한 금융 왕국으로 파산 당시 총 자산 규모가 무려 5억 달러에 달했던 것이다.

이런 상황이 닥쳤을 때 어떤 대응 방법이 있을까? 가장 좋은 방법은 '예금 보험' 제도를 도입하는 것이다. 그러나 당시 미국에는 은행의 예금을 정부가 지급 보증하는 것은 '도덕적 해이'를 부추기는 행동이라는 주장이 우세했다. 결국 남은 방법은 중앙은행이 정책 금리를 신속하게 인하해 기업이나 가계의 이자 부담을 덜어주는 한편, 부실 은행의 자산을 담보 잡고 대출해주는 것뿐이었다. 그러나 당시 미 연준은 은행의 파산을 방치했다.[14] 이때도 명분은 '금 본위제'에 있었다. 연준이 은행들을 돕기 위해 긴급 대출을 해주어 금리가 떨어지면, 외국인이 금을 인출할 수 있다는 우려가 부각되었던 것이다.[15]

은행에 돈을 대주고 금리를 내려도 위기에 빠져든 금융 기관이 살아날지 불확실한 판에, 금리를 인상하는 등 긴축 정책을 펼치자,

---

14 벤 버냉키, 『벤 버냉키, 연방준비제도와 금융위기를 말하다』, 미지북스(2014), 43~44쪽.
15 배리 아이켄그린, 『황금 족쇄』, 미지북스(2016), 537쪽.

미국 경제는 돌이키기 어려운 지경에 빠져들었다. 가장 결정적 문제는 바로 통화 공급의 급격한 감소였다. 해외로 금이 유출되는 것만 신경 쓴 나머지, 은행이 파산하면서 발생하는 대대적인 대출 감소를 무시했던 것이다. 1929년 하반기 미국 은행의 대출금은 418.6억 달러 수준이었지만, 1930년 말 380.5억 달러로 줄어들었고, 은행 위기가 절정에 도달한 1933년 초에는 222.4억 달러 수준이 되었다.

물론 은행들이 나쁜 의도를 가지고 대출을 회수한 것은 아니다. 파산 위험이 부각되며 예금 인출 사태가 발생하니, 은행들은 최대한 신속하게 대출을 회수함으로써 현금을 확보하려 한 것이다. 하지만 기업이나 가계 입장에서는 은행이 대출을 회수하는 순간 큰 어려움에 처하게 된다. 만기 연장이 될 것이라고 생각하고 주택을 구입하거나 기계 장비에 투자했는데, 대출 만기가 연장되지 않는다는 통보를 받으면 '보유 자산 매각'밖에 방법이 없기 때문이다.

그런데 1929~1933년은 기업이나 가계가 보유하던 자산을 매각하기에 최악의 시기였다. 통화 공급이 감소하고 경기가 나빠지는 가운데 급격한 디플레가 출현했기 때문이다. 디플레란 돈의 가치는 상승하는 반면 임금이나 토지 등의 상품 가격이 하락하는 현상이다. 한 해에 20만 달러 정도의 농산물을 생산하는 조그마한 농장 A가 있다고 상상해보자.[16] A농장은 20만 달러 상당에 이르는 토지와 농기계

---

16 홍춘욱, 『50대 사건으로 보는 돈의 역사』, 로크미디어(2019), 203쪽.

를 보유하고 있으며, 연 이자율 5%에 10만 달러의 은행 대출을 받은 상태다. 그러던 차에 갑작스럽게 디플레이션이 발생하면 어떤 일이 벌어질까?

A농장이 생산하는 옥수수나 밀의 가격이 처음에는 5% 나중에는 10%씩 떨어지면 매출도 감소할 수밖에 없다. 그리고 이 과정에서 실질적인 이자 부담이 늘어날 수밖에 없다. 물가가 연 5% 오를 때 5% 이자의 실질적인 부담은 0%라고 할 수 있다. 그러나 물가가 10% 빠지면, 체감 이자 부담은 15% 이상 수준으로 올라간다. 경영 압박이 심해질 것이며, 은행의 대출 회수 압박이 빗발칠 것이다. 그런데 농산물 가격이 떨어지는 마당에 농장이나 트랙터 같은 농기계 가격인들 온전하겠는가?

▶ 미국 은행권 예금 잔고 변화(백만 달러)

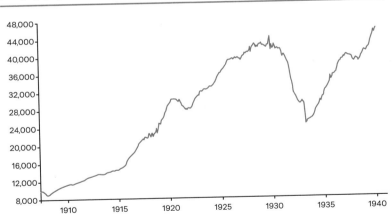

출처: 세인트루이스 연은(https://fred.stlouisfed.org/series/M1445AUSM144SNBR).

1933년의 대전환

증권 시장에서 시작된 충격이 은행을 거쳐 실물 경제 전체로 확산되는 과정에서 미국 경제는 GDP의 약 30%에 이르는 경제적 손실을 입었다. 결국 1933년 루스벨트 행정부가 출범해, 금 본위제를 폐지하고 예금 보험 제도를 도입한 이후에야 경기 하강이 멈췄다. 특히 뉴욕 연은의 재할인 금리가 1.0%까지 인하된 것은 주식 시장의 반전을 가져왔다.

그러나 미국 주식 시장 참가자들은 영국에 비해 훨씬 힘든 시간을 보내야만 했다. 1929년 8월을 기점(=100)으로 계산해보면, 1933년 주식 시장의 바닥까지의 하락률은 영국이 48%를 기록한 반면 미국 다우존스 산업 평균 지수의 하락률은 87%에 이르렀다. 미국 주식 시장이 1929년 가을의 고점을 회복한 것은 한국 전쟁이 끝난 1954년 초의 일이었다.

이상의 분석을 통해 다음의 두 가지 교훈을 얻을 수 있다.

첫째, 정책 당국의 신속한 대응이 금융 위기 극복의 핵심 포인트라는 점이다. 영국에 비해 미국의 금융 완화 정책이 뒤늦게 시행된 결과, 주식 시장은 물론 경제가 심각한 타격을 받았다. 수천 개의 은행이 연쇄적으로 도산하는 가운데 디플레 위험이 높아졌으며, 수천만 명의 근로자들이 직장을 잃어버린 채 장기간에 걸친 실업으로 고통받았다. 보호 무역주의 정책 시행으로 대외 교역이 위축된 상태에서 내수마저 얼어붙으니, 기업들의 실적은 급전직하했다. 따라서 1933년의 정책 전환 이후에도 주식 가격은 본격적으로 회복되기 힘들었다.

두 번째 교훈은 금 본위제를 채택했을 때, 국제 공조가 무너지면 끝없는 악순환에 빠져든다는 것이다. 1929년 주식 시장의 붕괴 이후 영국과 미국이 신속하게 금리 인하를 단행하고 또 자유 무역을 위한 공조에 나섰다면 장기 불황은 겪지 않았을 것이다. 그러나 국제 공조가 제대로 이뤄지지 못하는 순간, 금 본위제는 일종의 '굴레'가 되어버린다. 1931년 영국의 금리 인상이 미국의 금리 인상으로 이어졌던 것처럼, 어떤 한 나라가 선제적으로 금리를 인상하면 그 나라로 금이 유입되고, 이는 금리를 인상하지 못한 나라에서의 대규모 금 유출로 이어진다. 그리고 금의 해외 유출은 경제 내 화폐 공급의 감소를 뜻하기에, 금리를 인상하지 못한 나라 경제에 심각한 디플레를 유발하게 된다. 다시 말해, 금이 희소해지는 반면 농산물이나 자동차 같은 재화의 가격은 하락하는 일이 빚어지는 것이다.

최근 일본의 경험에서 보듯 한번 디플레가 발생하면 이를 해결할 방법이 마땅찮다. 재화의 가격 하락이 일상화되는 순간 기업이나 가계의 수지가 급격히 악화되며, 이는 다시 금융권의 대출 회수를 유발하기 때문이다. 더 나아가 기업들도 재화의 가격 인하에 대응해 근로자들의 임금을 깎거나 혹은 해고로 단행할 것이기에, 경제 전체의 구매력이 연쇄적으로 붕괴될 가능성이 높다. 대공황 당시 미국 경제는 1990년 이후의 일본과 비슷한 면이 많다. 1933년 루스벨트 대통령이 취임한 후 금리를 인하하고 금 본위제를 폐지했음에도 경기 회복은 여의치 않았으며, 1939년 제2차 세계 대전이 시작되며 과잉 상태였던 생산 설비가 파괴된 후에야 디플레가 중단되었다.

결국 1939년까지 주식보다 채권의 수익률이 높았던 이유는 금 본위제 및 디플레 때문이라고 볼 수 있다. 디플레가 심화되며 채권의 실질적인 이자율이 높아졌을 뿐만 아니라, 장기 불황의 영향으로 기업의 실적이 악화된 것이 주식 투자의 성과를 낮추었기 때문이다. 이어지는 글에서는 1940년 이후 1971년까지, 이른바 자본주의의 황금기가 출현한 원인에 대해 살펴보자.

▶ 대공황 이후 미국과 영국의 주가 지수 추이(1929.8=100)

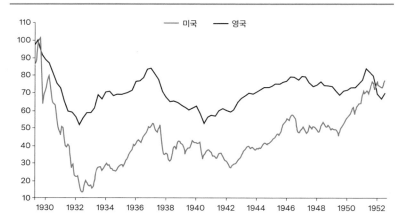

출처: 세인트루이스 연은(https://fred.stlouisfed.org/graph/?g=E40Q).

브레턴우즈 체제의 성립과 붕괴

역사상 가장 긴 호황이 출현한 이유는?

최근 미국의 GDP 대비 재정 수지를 조사해보면, 1940년대 이후 가장 큰 적자를 기록한 것으로 나타난다. 2020년의 대규모 적자는 글로벌 팬데믹에 대응해 미국 정부가 적극적으로 재난 지원급을 지급하고 실업 수당 기간을 확대했기 때문이었다. 반면 1940년대에 발생한 대규모 재정 적자는 '전쟁' 말고는 설명하기 어렵다. 독일 그리고 일본과의 전쟁에서 승리를 거두기 위해 미국은 가지고 있는 모든 자원을 쥐어짰고, 또 수천만 명이 징집되어 전쟁터에 나갔다.

이 과정에서 1929년부터 시작되었던 디플레의 공포는 깔끔하게 청산되었다. GDP의 20%를 넘어서는 막대한 재정 지출에 힘입어 수요가 회복되었고, 징병으로 실업 문제도 해결되었다. 뿐만 아니라 거대한 생산 설비를 보유한 서유럽과 일본이 전쟁으로 폐허가 되며, 공급 과잉에 대한 우려도 해소되어 기업들은 '전시 통제'를 벗어난 다음부터는 가격 인상에 나설 수 있었다.

따라서 제2차 세계 대전 이후의 호황은 결국 '전쟁 경기와 생산 능력 파괴' 덕분이라고 할 수 있다. 그러나 제2차 세계 대전 이후 승전국의 지도자들은 "전쟁이 끝난 후 다시 디플레가 시작될 수 있다."라는 공포를 가질 수밖에 없었다. 징병되었던 군인이 민간으로 돌아가게 되면 다시 대량 실업 사태가 벌어질 수 있다는 우려는 어떻게 보면 타당한 것이었다.

▶ 1929년 이후 GDP 대비 미국 재정 수지 추이

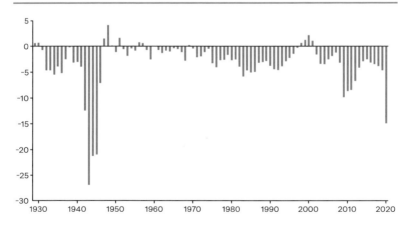

출처: 세인트루이스 연은(https://fred.stlouisfed.org/series/FYFSGDA188S#0).

브레턴우즈 협정과 마셜 플랜으로
유효 수요 부족 문제를 해결하다!

그러나 1945년부터 1960년대까지 세계 경제는 역사상 다시 보기 힘든 호황을 누렸다. 예상과 달리 장기 호황이 출현한 가장 결정적인 요인은 1944년 7월 맺어진 브레턴우즈(Bretton Woods) 협정 이후 세계 금융 시스템이 안정된 것에 있다.

브레턴우즈 협정의 핵심 내용은 변동 환율 제도가 아닌, 고정 환율 제도로 회귀한다는 것이었다. 대신 1933년 이전의 금 본위제와 달리, 금 1온스에 대해 35달러의 교환을 유지하되 경쟁력의 약화로 만성적인 적자를 기록하는 나라를 대상으로 환율의 조정을 용인하는 등 전쟁 전의 금 본위제에 비해 보다 유연한 형태를 띠었다. 달러만 금에 대해 고정된다는 면에서 '달러 본위제'라고 부르는 경제사학자도 적지 않다. 1929년 대공황이 영국과 미국의 주도권 갈등 속에서 벌어진 참사였음을 감안해, 미국의 달러를 기축 통화로 인정하고 미국의 주도권을 인정했다고 볼 수 있다.

특히 국제통화기금(IMF)을 설립해, 경상 적자가 누적되어 발생한 외채 상환 불능 사태를 겪는 나라에 대해 긴급 자금을 빌려주게 된 것도 이때의 일이었다. 1948년과 1968년 두 차례에 걸쳐 영국 파운드/달러 환율을 조정한 것이 대표적인 사례이다.

브레턴우즈 협정뿐만 아니라, 미국의 대규모 원조도 세계 경제의 부흥을 가져온 요인으로 빼놓을 수 없다. 전쟁으로 폐허가 된 유럽의 여러 나라의 경제 상황은 1947년의 유난히 혹독한 겨울로 말미암아 더욱 악화되었다. 추운 겨울은 석탄 공급과 교통망 재건에 압박을 가했으며, 많은 이들이 유럽의 전후 복구가 중단되고 민주주의가 위협받을 것이라고 생각하였다. 이때 미국은 유럽 경제 부흥 계획(이하 '마셜 플랜')을 통해 유럽에 대한 적극적인 경제 지원에 나섰다.

마셜 플랜이란, 유럽에서의 공산주의 세력 확산에 맞설 경제적 기반을 만들어낼 목적으로 세워졌으며, 강력한 생산 증대 및 해외 무역의 팽창 등 네 가지의 목표를 설정하고 적극 추진되었다. 1948년에서 1951년간 총액 120억 달러 규모의 자금이 지원되어 경제 성장을 촉진하는 데 결정적 기여를 했다.[17] 당시 미국이 국제 금융 시장의 안정, 더 나아가 대규모 경제 원조를 단행한 이유는 유효 수요의 부족 문제를 해결하는 한편 소련 등 공산주의 세력의 팽창을 억제하려는 데 있었다.

제2차 세계 대전 당시 동부 전선에서 독일을 물리친 소련의 군사력에 대한 공포가 컸던 데다, 유럽과 동아시아 등 세계 각지에서 벌어진 군사적 충돌 속에서 미국과 함께 싸워줄 동맹국을 육성해야 한다는 필요가 공감을 얻었던 것이다. 미국이 각 지역의 분쟁에 개입했던 또 다른 이유는 사우디아라비아를 비롯한 중동의 석유 생산국

---

17   양동휴, 『화폐와 금융의 역사 연구』, 해남(2015), 180~183쪽.

으로부터 선진국으로 이어지는 수송로를 보호할 필요가 있었기 때문이다.[18]

▶ 마셜 플랜 기념 퍼레이드

군용 기술이 민간으로!

여기에 제2차 세계 대전 중에 발전한 각종 군사 관련 기술이 민간으로 확산된 것도 긍정적인 영향을 미쳤다. 가장 대표적인 분야가

---

18 홍춘욱, 『7대 이슈로 보는 돈의 역사2』, 로크미디어(2020), 352~353쪽.

바로 자동차와 여행이었다. 미국의 100가구당 차량 등록 대수의 장기적인 흐름을 살펴보면, 1900년대에 한 대도 없었던 자동차가 1929년에는 이미 100가구당 89대에 이르렀다.[19] 광란의 20년대 동안 다우존스 산업 평균 지수가 6배 이상 급등했던 이유를 꼭 '투기'에서만 찾을 수 없는 이유가 여기에 있다. 강력한 성장이 나타나고 기업의 실적이 개선되었기에, 그만큼 시장에 대한 낙관론도 높아졌던 셈이다. 그리고 이런 현상은 제2차 세계 대전 이후에도 반복되었다. 100가구당 자동차 보급 대수는 1950년 113대, 그리고 1970년에는 171대까지 높아졌다. 1920년대에 1가구에 차 1대가 일반적이었다면, 1950년대에는 차량을 두 대 이상 보유하기 시작했다.

그리고 주간 고속 도로(Inter-state Highway) 건설이 시작된 것도 경제의 방향을 바꿔 놓은 사건이었다. 경제학자의 연구에 따르면, 1950년대의 주간 고속 도로 건설로 미국 경제 전체의 생산성이 31% 향상되었다고 한다.[20] 주간 고속 도로의 건설은 경제의 생산성만 높인게 아니라, 삶의 스타일도 바꿔 놓았다. 미국인들의 여행 거리도 점점 늘어나기 시작했다. 1900년만 해도 미국인 1인당 자동차 운행 거리는 1.3마일에 불과했지만, 1929년에는 1,623마일로 늘어났고 1950년대에는 5,000마일을 돌파했다. 참고로 1950년부터 1980년 동안의

---

19 로버트 J. 고든, 『미국의 성장은 끝났는가』, 생각의 힘(2017), 536~537쪽.
20 The Economist(2008.2.16), 『America's interstate highways - America's splurge』.

연간 운행 거리는 8.0%의 증가세를 기록했다. 사람들이 이전보다 더 열심히 여행을 다니게 된 또 다른 이유는 고속 도로 건설뿐만 아니라, 자동차의 연비 개선 및 안전도 향상도에서 찾을 수 있다. 소형 트럭을 포함한 미국 자동차의 평균 연비는 1950년 1갤런당 15마일에서 2012년 23.5마일로 개선되었고, 1909년 1억 마일당 45명에 달했던 자동차 사망자 수는 2012년 1.1명까지 떨어졌다.

결국 전쟁 중에 발생했던 혁신이 제품의 가격을 떨어뜨리고, 이게 다시 소비자의 구매력을 자극하는 선순환이 이뤄졌던 셈이다. 가장 대표적인 사례가 자동차 가격으로 신차의 다른 제품(및 서비스) 대비 상대 물가는 1960년부터 2014년에 이르기까지 절반 이하로 떨어졌다. 특히 1950~1974년에는 매년 2.4%씩 가격이 떨어져, 소비자들의 상대적인 구매력이 크게 개선되었다.[21]

▶ 100가구당 차량 등록 대수, 1910~2010년

	1910년	1930년	1950년	1970년	1990년	2010년
가구당 승용차	2.3	76.8	92.6	140.8	143.2	112.1
가구당 트럭	0.1	12.2	19.7	29.6	58.4	94.5
가구당 전체 자동차 수	2.3	89.2	112.9	171.0	202.3	207.3

---

21 로버트 J. 고든, 『미국의 성장은 끝났는가』, 생각의 힘(2017), 540~541쪽.

전후 증시, 역사상 최장 호황 기록

경제 호황 속에서 주식 시장도 대단히 강력한 상승장을 경험했다. 1940년부터 1970년까지 미국 주식 시장은 연 평균 8.41%의 놀라운 성과를 기록한 반면, 채권의 수익률은 연 2.26%에 불과했다. 1870~1939년과 정반대의 성과가 나타난 셈이다.

주식 가격이 급등한 반면 채권 시장이 부진했던 이유는 크게 두 가지 요인 때문이었다.

첫 번째는 가파른 경제 성장 속에서 기업들의 실적이 가파르게 개선되었기 때문이다. 미국뿐만 아니라 서유럽, 그리고 일본 경제가 동반 성장하면서 국제 무역이 늘어나고 이는 다시 기업들의 성장으로 이어졌다. 또 다른 요인은 인플레이션이었다. 1930년대 세계 경제가 디플레에 시달렸던 것과 달리, 이때부터는 서서히 물가 상승 압력이 부각되기 시작했다. 기나긴 전쟁으로 생산 시설의 상당 부분이 파괴되었고, 장기간에 걸친 저금리 정책으로 지속적인 통화 공급이 이뤄진 것이 경제 전반의 인플레 압력을 높이는 요인으로 작용했다. 그리고 인플레는 채권의 투자 성과를 훼손시키게 된다.

이 문제를 살펴보기 위해 만기가 30년이고, 매년 10원의 이자를 주는 100원짜리 국채 A가 막 발행되었다고 가정해보자. 채권 가격은 100원인데 10원의 이자를 주니, 이자율은 10%다. 그런데 만기가 30년이나 되는 채권이니, 30년 뒤에 원금을 수령할 때의 실질적인 가치는 아주 낮을 것이고 투자자들은 이 채권의 원금보다 이자율의 변화에 주목할 것이다. 예를 들어 매년 3%씩 물가가 상승한다면, 30년 뒤에 A 채권 원금의 실질적인 가치는 약 40원 수준으로 떨어질 것이다.

그런데 1년 뒤 갑자기 경기가 좋아지고 인플레가 발생해 새로 발행된 30년 만기 국채 B의 연 이자가 20원이 되면, A 채권은 어떻게 될까? A와 B 모두 30년 만기 국채이니, 두 채권의 이자율은 같아져야 마땅하다. 그런데, B는 20%의 이자율을 제공하는 반면 A 채권의 이자율은 10%에 불과하니 문제가 생길 것이다. 투자자들이 바보가 아닌 바에야, 매년 이자를 10원밖에 주지 않는 A채권을 구입하지 않을 테니 A채권의 가격이 떨어질 수밖에 없다. 결국, A채권 가격은 50원까지 떨어져 이자율이 B채권과 같은 20% 수준에 수렴할 것이다. 따라서 경제 성장이 가속화되고 인플레 압력이 높아질 때에는 채권 금리가 상승하고 채권 가격은 하락한다.

영광의 시대는 어떻게 무너졌나?

그러나 영광의 시대는 30년을 넘기지는 못했다. 무엇보다 미국의 압도적인 경쟁력이 서서히 약화되고, 나아가 독일과 일본 등 주요 선진국들이 달러를 비축하면서부터 미국의 경상 수지 적자 문제가 수면 위로 떠오르기 시작했던 것이다.

먼저 미국의 패권이 흔들리게 된 이유부터 살펴보기 위해, 1945년 이후 세계 주요국의 1인당 소득 변화부터 알아보기로 하자. 미국과 독일, 일본의 1인당 국민 소득 변화를 살펴보면 두 가지 특징을 발견할 수 있다. 첫 번째 특징은 1945~1970년이 소득 수렴 시대였다는 것이다. 패전 이후 폐허가 되었던 두 나라, 독일과 일본이 미국의 적극적인 지원에 힘입어 고속 성장하면서 1970년대에는 1인당 소득 수준이 미국의 80% 이상까지 높아졌던 것이다.

그리고 두 번째 특징은 이후 수렴은 끝나고 격차가 유지되었다는 것이다. 이 책의 주제는 아니지만, 1970년대 이후 독일과 일본이 겪었던 고난이 미국과의 소득 격차를 유지시키는 요인으로 작용했다. 독일은 1990년 통일 이후 막대한 비용에 허덕이며 '유럽의 병자'로 전락했고, 일본은 1990년 자산 가격의 폭락 이후 '잃어버린 30년'으로 불리는 기나긴 불황을 겪었다. 반면 미국은 1990년대부터 시작된 정보 통신 혁명에 힘입어 인텔과 마이크로소프트, 그리고 아마존 등 혁신 기업이 경제의 구조를 바꾸는 데 성공함으로써 소득의 수렴을 저지하는 데 성공했다.

▶ 1945년 이후 미국, 독일, 일본의 1인당 국민 소득 추이

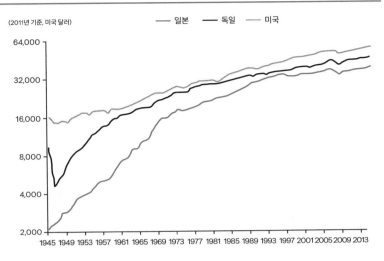

(2011년 기준, 미국 달러) ── 일본 ── 독일 ── 미국

출처: Maddison Project.

다시 시작된 '금 투기'

다시 1970년대로 초점을 맞추자면, 독일이나 일본 등 경쟁 국가의 가파른 성장은 미국의 '리더십'에 상당한 타격을 가했다. 1944년 브레턴우즈 협정 이후 20년 넘게 압도적인 미국 패권의 시대가 진행되었지만, 1970년이 가까워지면서부터 서서히 미국의 달러에 대한 도전이 나타나기 시작했다.

이 대목에서 거론할 사람이 바로 로버트 트리핀(Robert Triffin)으로, 그는 1966년 자신의 책 『미로 속의 세계 통화』에서 브레턴우즈 체제(=달러 본위제)의 문제를 날카롭게 제기했다.[22] 요점은 다음과 같다. 세계 경제가 성장하기 위해서는 충분한 통화의 공급이 필요하다. 물론 이를 위해 미국이 달러를 계속 찍어내면 된다. 하지만 문제는 미국이 자기 금고에 충분한 금이 없음에도 돈을 찍어내는 데 있다는 것이다. 경상 수지가 적자로 돌아서면서 '원칙으로는' 미국이 보유한 금이 줄어들어야 하는데, 미국의 통화 공급은 전혀 줄어들지 않았고 베트남 전쟁(1960~1975년)이 시작되면서 오히려 늘어났다.

이때 문제를 제기한 것이 프랑스였다. 제2차 세계 대전 당시의 영웅, 샤를르 드 골(Charles De Gaulle) 대통령은 달러의 압도적 우위, 다시 말해 프랑스를 비롯한 유럽 국가들이 미국 달러에 종속되어 있는 것에 강한 반감을 가졌고, 보유하고 있던 달러를 금으로 교환할 것을 지속적으로 요구했다. 드 골 대통령이 1968년 5월 혁명으로 권좌에서 물러나며 프랑스의 금 교환 요구는 일단락되는 듯했지만, 이번에는 민간의 금 투기가 문제가 되었다. 그로 인해 금 1온스의 가격이 1971년 초 44달러까지 상승하자, 프랑스뿐만 아니라 벨기에 정부마저 미국에 달러를 금으로 바꿔 달라고 요구하기에 이르렀다. 당시 금과 달러의 공식 교환 비율이 35달러였으니까 미국에서 달러를 금으로 바꿔 국제 시장에 내다 팔기만 하면 1온스당 9달러의 이익이 생기는 셈이었다.

---

22   다니엘 D. 엑케르트, 『화폐 트라우마』, 위츠(2012), 69~70쪽.

투자의 신세계

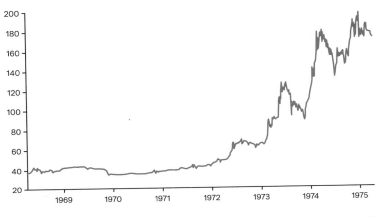

▶ 1968년 이후 금 1온스의 가격 변화

출처: 미국 세인트루이스 연은.

닉슨 쇼크, 어떤 후폭풍을 불렀나?

당시 미국이 할 수 있는 선택은 두 가지였다. 첫째, 금과 달러의 교환 비율을 재조정하는 것이었고, 둘째, '금 본위제'를 포기하는 것이었다.[23] 그러나 첫 번째 안은 '투기 세력'의 압력에 굴복하는 형식이 되어 추가적인 금 투기를 가져올 가능성이 높다는 반론이 제기되면서 포기할 수밖에 없었다. 결국 1971년 8월 15일, 닉슨(Richard Nixon) 대통령이 금과 달러의 교환을 정지함으로써 새로운 금융 질서가 수

---

23   홍춘욱, 『50대 사건으로 보는 돈의 역사』, 로크미디어(2019), 229쪽.

립되었다. 이를 '닉슨 쇼크(Nixon shock)'라 부르며, 금에 대한 교환 의무가 없는 화폐를 '불태환 화폐(fiat currency)'라 지칭한다.

화폐 발행이 '금의 굴레'에서 자유로워졌다는 것은 세계 경제의 기본을 바꿔놓은 사건이었다. 닉슨 쇼크 이후 나타난 가장 큰 변화는 인플레, 그리고 중앙은행의 역할 증대였다. 앞에서 설명한 대공황의 사례에서 본 것처럼, 고정 환율 제도하에서 중앙은행의 역할은 극히 미미했다. 국제적인 공조가 이뤄지지 않는 상황에서 이뤄진 금리의 변경은 글로벌 자금 이동으로 그 영향이 상쇄되기 때문이다. 반면, 닉슨 쇼크로 금 본위제(및 고정 환율제)가 붕괴된 이후에는 각국 정부가 자유롭게 정책 금리를 결정하게 되었다. 환율이 1년에 위아래로 수십 퍼센트 움직이는 상황에서, 금리만 보고 글로벌 자금이 이동하기는 쉽지 않기 때문이다.

중앙은행의 영향력이 높아진 것은 좋은 일이었지만, 대신 인플레에 대한 기대가 부각되었다. 닉슨 쇼크 이전에는 통화 공급이 금의 공급에 좌우되었지만, 이제 금의 공급과 상관없이 통화 공급이 가능해지자 강력한 인플레 기대가 부각되었다. 즉, 각국 중앙은행들이 금의 유출입에 상관없이 화폐를 발행할 수 있으니 1923년 독일처럼 강력한 인플레가 발생할 것이라고 예상한 사람들이 일제히 화폐를 버리고 '실물 자산'으로 이동하기 시작한 것이다.

이때 가장 선호된 '실물 자산'이 바로 금과 은이었다. 1971년 1온스에 35달러이던 것이 9년 뒤인 1980년에는 586달러로 치솟았다. 은 가격도 1971년 1.38달러에서 15.65달러로 급등했다. 특히 텍사스의 부호 헌트 형제의 투기가 절정에 달했던 1979년에는 한때 28달러까지 상승하기도 했다. 그러나 금 가격의 상승이 끝없이 이어질 거라 믿었던 사람들은 이후 큰 고통을 겪었다. 왜냐하면 새로운 미 연준 의장 폴 볼커가 대단히 강력한 긴축 정책을 시행했기 때문이었다.

볼커, 인플레를 잡다!

1980년대 초반 미국의 상황을 정리하면, 인플레가 지속되는 가운데 달러는 금 가격에 비해 거의 90% 하락함으로써 미국 경제는 물론 달러에 대한 신뢰가 바닥까지 떨어졌다. 이때 미국 연준의 신임 총재가 된 폴 볼커(Paul Volcker)는 인플레를 안정시키는 것이 정책의 최우선 목표라고 판단하고, 정책 금리(연방 기금 목표 금리)를 20%로 끌어올렸다. 금리가 역사상 최고 수준까지 올라감에 따라 기업들은 투자를 철회했고, 소비자들은 높은 금리의 매력에 끌려 은행으로 발걸음을 옮겼다. 당시 물가 상승률이 14%대인 상황에서 은행의 예금 금리가 20%이니 실질 금리로 계산해도 무려 6%대의 고금리였다.

경제에 강력한 불황이 불자 부채에 시달리던 많은 농가는 큰 타격을 받았고, 성난 농부들이 트랙터를 몰고 워싱턴에 있는 연준 건물 앞으로 몰려들어 금리 인상을 항의했다. 그러나 폴 볼커는 1981

년 여름까지 고금리 정책을 고집스럽게 밀고 나갔고, 결국 인플레는 꺾였다. 소비자 물가 상승률은 1980년 4월 14.6%에 이르렀지만 1983년 7월에는 2.36%까지 떨어졌다.

그 이후에는 탄탄대로가 이어졌다. 인플레 압력이 약화된 것을 확인한 후, 미 연준은 정책 금리를 인하하기 시작해 1983년 3월에는 금리가 3.6%까지 떨어졌다. 또한 레이건(Ronald Reagan) 행정부(1981~1989년)가 강력하게 추진한 감세 정책 영향으로, 부유층 및 기업의 세금 부담이 약화되며 금융 시장도 회복되기 시작했다.[24] 1980년 4월 다우존스 산업 평균 지수는 817포인트에 불과했지만, 1983년 3월에는 1,130포인트까지 상승했다.

▶ 1980년을 전후한 미국 소비자 물가 상승률과 정책 금리 추이

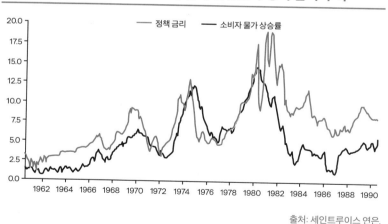

출처: 세인트루이스 연은.

---

24 유재수, 『세계를 뒤흔든 경제 대통령들』, 삼성경제연구소(2013), 295쪽.

1970년대, 미국 주식 시장의 잃어버린 10년

이 대목에서 한 가지 궁금증을 가지는 독자들이 적지 않을 것이다. 인플레가 진정된 것이 어떻게 하여 주식 시장의 강세로 연결되는가? 이 의문을 풀어보자.

아래의 그림은 1871년부터 2020년까지의 주가 수익 비율(PER)과 소비자 물가 상승률(인플레)의 관계를 보여준다. 여기서 PER은 기업의 주가와 주당 순이익을 비교한 것으로, 예를 들어 1만 원에 거래되는 주식의 주당 순이익이 1천 원이라면 PER은 10배가 될 것이다. 장기간에 걸쳐 미국의 PER은 대략 16배 전후에서 거래되었는데, 인플레 위험이 높아질 때마다 PER이 낮아지는 것을 발견할 수 있다. 특히 1970년부터 1980년까지는 역사상 유례를 찾기 힘든 강력한 인플레 시대였기에, 주식 시장의 PER도 10배를 밑돌 정도로 떨어졌다.

▶ 미국 주식 PER와 인플레의 관계(10년 평균)

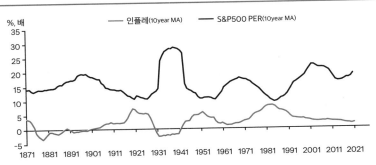

출처: 2010년까지 데이터는 제레미 시겔(2015)의 『주식에 장기투자하라』, 이후는 블룸버그.

그렇다면, 왜 인플레가 높아질 때마다 PER이 낮아질까? 아니 보다 정확하게, 인플레 압력이 높아질 때마다 주식 시장이 부진을 겪는 이유는 어디에 있을까?

여러 요인이 있겠지만, 역시 가장 중요한 것은 금리 때문이다. 인플레가 발생하면 시장 금리도 높아질 수밖에 없다. 예를 들어 100년 만기이고 매년 3%의 이자를 주는 채권 B가 100원에 발행되었다고 가정해보자. 지금이야 이 채권에 매력을 느끼는 투자자들이 많겠지만, 인플레가 연 5% 이상 발생한다면 문제가 발생한다. 채권에서 얻는 3%의 이자는 5%의 인플레에 비해 낮으니, B채권에 투자한 사람들은 손실을 입는 셈이다. 따라서 새로 발행되는 100년 만기의 채권 C는 적어도 5% 이상의 이자를 보장해주어야만 원활하게 발행될 것이며, 조건이 안 좋은 채권 B의 가격은 90원 혹은 그 이하 수준으로 폭락할 것이다. 따라서 인플레가 발생할 때에는 시장 이자율이 상승하며, 시장 이자율이 상승하면 주식 시장은 이중의 타격을 받는다.

무엇보다 시중 자금이 주식에서 채권(혹은 예금)으로 이동할 것이다. 장기적인 미국 주식 수익률이 7%라고 하지만, 은행 예금에 넣어두는 것만으로도 5% 혹은 그 이상의 이자가 보장된다면 굳이 '위험한' 주식에 투자할 이유가 없기 때문이다. 더 나아가 기업의 실적도 나빠질 가능성이 높아진다. 일단 인플레 속에서 원가가 상승할 가능성이 높은 데다, 수요도 위축될 수 있기 때문이다. 자기 돈만 가지고 사업하는 기업들은 소수에 불과하기에, 차입 이자율이 상승하기 시작하면 기업들도 보수적으로 투자 프로젝트를 검토한다. 이자율이 2%일 때와 10%일 때의 사업 타당성이 달라지는 것은 지극히 당연한 일이니까 말이다.

따라서 인플레는 주식 시장에 결정적인 영향을 미치게 된다. 1945년부터 1970년까지 달러의 패권이 확립되고, 물가가 안정될 때에 주식 시장은 매우 평화로웠다. 그러나 인플레라는 맹수가 우리에서 풀려나 그 흉포함을 드러내는 순간, 주식 시장은 얼어붙고 말았다. 이제 다음 파트에서는 닉슨 쇼크 이후 주식 시장에 어떤 일이 있었는지 살펴보자.

버블과 패닉의 시대

경기 변동이 줄어들다!

1971년 닉슨 쇼크 이후 강력한 인플레가 발생한 것까지 살펴보았지만, 여기서 한 가지 더 덧붙일 것이다. 그것은 다름이 아니라 금 본위제 폐지 이후 경기 변동이 줄어들었다는 점이다.[25] 금 본위제는 기본적으로 금의 공급이 화폐의 공급을 결정하다 보니, 외부 여건의 변화에 취약했다. 예를 들어 1840년대 캘리포니아에서 발견된 거대한 금광은 미국 경제의 성장에 결정적 기여를 했다. 그 전까지만 해

---

25 Richard N. Cooper, 『The Gold Standard: Historical Facts and Future Prospects』, Brookings Papers on Economic Activity, 1982, No. 1.

도 미국은 은과 금 중에 어떤 것을 기준으로 삼을 것이냐를 둘러싸고 치열한 논쟁을 벌였고, 이 과정에서 많은 혼란이 벌어졌다. 그러나 금광 발견 이후 금의 공급이 풍족해지면서 경제 전반에 '통화 공급'이 늘어났고, 이는 경제의 성장을 촉진하는 결과를 가져왔다.

반면 금광이 고갈되거나 외부로 금이 유출될 경우에는 끔찍한 불황을 각오해야 했다. 대표적인 사례가 1918년 패전 이후 독일이다. 독일은 프랑스 등 승전국에게 1,320억 금 마르크(gold marks)라는 막대한 배상금을 지불해야 했는데, 배상금 규모는 전쟁 전 기준으로 독일의 국민 총생산의 3배를 뛰어넘는 액수였다.[26] 이 정도의 금이 해외로 유출되면, 경제가 망가지지 않을 수 없다.

따라서 금 본위제 시대에는 경기 변동이 대단히 격렬했다. 다음 그림은 미국 소비자 물가 상승률의 장기적인 흐름을 보여주는데, 1970년대 후반을 고비로 인플레의 진폭이 줄어드는 것을 발견할 수 있다. 닉슨 쇼크 이전까지 물가는 급등 아니면 급락이 반복되었던 반면, 1970년대 후반부터는 서서히 변동이 줄어들었다. 이런 현상이 나타난 이유는 바로 중앙은행의 '물가 안정' 노력 때문이었다.

금의 굴레에서 벗어난 선진국 중앙은행들이 돈을 마구잡이로 풀 것이라는 대중들의 기대는 절반만 맞았던 셈이다. 절제하지 못하는 중앙은행이 있었던 것은 분명한 사실이지만, 적어도 미국을 비롯

---

26   니얼 퍼거슨, 『현금의 지배』, 김영사(2002), 163쪽.

한 몇몇 선진국 중앙은행은 인플레 가능성이 급격히 높아지는 것을 방관하지 않았다. 그리고 그들은 자신들이 획득한 무기. 즉 금리 정책을 사용할 준비가 되어 있었다. 예상 못 한 볼커의 금리 인상 충격 이후, 금을 비롯한 전 세계의 주요 원자재 가격은 일제히 폭락했고 전 세계 사람들은 한 가지 사실을 확실하게 알았다.

"인플레를 잡기 위해서라면 무엇이라도 할 수 있는 사람"이 중앙은행 총재라는 사실을 말이다. 이후 지금껏 인플레는 다시 목줄을 찬 것 같다. 전쟁이 벌어질 때마다, 그리고 중국 같은 거대 경제권이 대두될 때마다 인플레가 간헐적으로 반복되기는 하지만 지속적인 인플레는 출현하지 않고 있기 때문이다. 인플레가 진정됨에 따라 중앙은행의 금리 인상 필요성은 낮아졌고, 또 불황에 대응해 적극적으로 금리를 인하하는 일도 가능해졌다. 결국, 1980년을 전후해 세계 경제의 경기 변동성은 매우 낮아지고 또 안정화되었다.

▶ 1871년 이후 미국 소비자 물가 상승률 추이

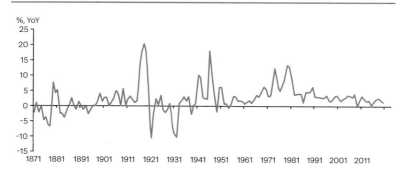

출처: 세인트루이스 연은.

투자의 신세계

인플레가 사라진 또 다른 이유—정보 통신 혁명

지금까지는 연준을 비롯한 세계 중앙은행의 공을 부각시켰지만, 1980년 이후 인플레 압력이 약화된 이유를 중앙은행에게만 돌리기 어려운 부분이 있다. 1980년을 전후해 발생한 두 가지의 경제적 변화(정보 통신 혁명과 세계화의 진전)가 세상을 크게 바꾸었기 때문이다.

지난 20년에 걸친 노동 시장의 변화를 살펴본 경제학자들은 한 가지 특성을 발견했다. '반복적인(Routine)' 일을 하는가의 여부가 일자리의 미래를 좌우한다는 사실이었다.[27] 왜 반복적인지 아닌지가 그렇게 중요할까? 반복적인 일에는 사람보다 기계(및 인공 지능 등)가 훨씬 더 능숙하기 때문이다. 실제로 우리가 은행에 가서 하는 일 중에 가장 많은 부분을 차지했던 '입출금' 업무는 이제 인터넷 뱅킹 혹은 입출금기를 통해 모두 해결 가능하다. 반면 대출이나 금융 상품에 대한 가입과 투자처럼, 일괄적인 처리가 어려운 부분이 많은 업무는 사람들이 수행하는 것을 발견할 수 있다.

이어서 소개하는 그래프는 세인트루이스 연은 보고서에서 가져온 것으로 아주 흥미로운 주장을 담고 있다. 연구자들은 노동의 종류를 반복적인지, 그리고 육체적인 노동인지 지식적인 노동인지 여

---

27 ST. LOUIS fed(2019), 『The Rise of Automation: How Robots May Impact the U.S. Labor Market』.

부에 따라 크게 네 그룹으로 분류했다.

첫 번째 그룹은 반복적이지 않은 지식 노동(Nonroutine cognitive)으로, 여기에는 관리 및 전문직이 포함된다. 이 그룹은 1983년 이후 거의 100% 일자리가 늘어났으며, 임금 수준도 지속적으로 상승하고 있다. 두 번째 그룹은 반복적인 지식 노동(Routine cognitive)으로, 가장 대표적인 대상이 마트의 계산대에서 일하는 사람들이다. 같은 기간 미국 인구가 2억 2천만 명에서 3억 2천 명만으로 40% 이상 늘어나는 동안 반복적인 지식 노동자의 수는 거의 늘어나지 않았다. 세 번째 그룹은 반복적인 육체노동(Routine manual)인데, 건설, 운송, 생산 및 각종 수선 업무에 종사하는 근로자들인데 이들의 미래가 가장 어둡다. 왜냐하면 상대적으로 임금 수준이 높은 데다 기계로의 대체가 쉬운 편에 속하기 때문이다. 마지막 그룹은 반복적이지 않은 육체노동(Nonroutine manual)으로, 음식물을 조리하고 서비스하며 청소 및 노인들을 돌보는 직업에 속한다. 참고로 이 그룹은 1983년 이후 약 70% 가까이 일자리가 늘어났는데, 최근 일본 사례는 이 그룹에서 어떤 일이 벌어지는지를 잘 보여준다. 이민 정책에 관한 한 한국보다 보수적이고 폐쇄적이었던 일본이 최근 적극적으로 이민 확대 정책을 펼치는 것은 바로 복지 및 간호 분야의 인력 부족 때문이다.[28]

---

28 이데일리(2019.12.11), [만났습니다]②"일손 부족한 돌봄 분야, 여성·외국인 활용 대안".

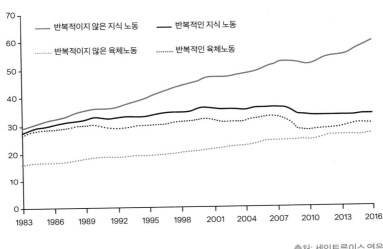

출처: 세인트루이스 연은.

　이상과 같은 변화가 나타난 근본적인 이유는 정보 통신 혁명이 불러온 생산성의 향상 과정에서 로봇이나 컴퓨터 등 혁신적인 기계의 가격이 상대적으로 급격히 싸진 데 있다. 예를 들어 1990년 이후 소비자 물가가 98.1% 오른 반면 정보 통신 제품 가격은 92.3% 떨어졌다. 기업들 입장에서 기계로 대체하기 어렵고 또 혁신을 주도하는 분야(비반복적인 지식 노동)를 적극 육성하는 한편, 상대적으로 인건비도 비싸고 기계로 대체하기도 쉬운 분야(반복적인 육체노동)부터 일자리를 줄이는 것은 당연한 일이다.

　이 과정에서 인플레 압력은 이중으로 줄어든다. 첫째, 가장 조직력이 강한 '반복적인 육체노동' 일자리가 줄어드는 과정에서 노동조

합의 영향력이 약화된다. 근로자들의 단합력이 약화되는 가운데 힘의 균형은 사용자에게 쏠리며, 이는 다시 임금 인상이 생산성의 향상 속도를 따라가지 못하는 결과를 가져온다. 두 번째 요인은 정보 통신 제품이 소비 꾸러미에서 차지하는 비중이 높아진다는 점이다. 계속 가격이 내리고 성능이 향상되는 제품에 대한 소비자들의 선호가 높아지는 과정에서, 전체 소비자 물가의 상승 압력이 약화된다.

● 인플레가 사라진 세 번째 이유—세계화의 진전

정보 통신 혁명의 진전 못지않게 중요한 인플레 억제 요인은 세계화의 진전이다. 1944년 브레턴우즈 협정, 그리고 서유럽과 일본 경제의 발전 과정에서 세계화의 진전이 빠르게 이뤄졌다. 그러나 1990년을 전후해 벌어진 소련 등 동구권의 몰락만큼 큰 영향을 미친 사건은 찾기 어렵다. 1978년부터 시작된 중국의 개혁 개방 정책이 1992년 이른바 '남순강화(南巡講話)'를 계기로 한층 속도를 내기 시작한 데다, 동서독의 통일을 계기로 이전에는 자유 무역 질서에 편입되지 않았던 동구권 사람들이 유럽의 노동 시장에 편입된 것은 노동 시장뿐만 아니라 세계 경제의 흐름을 바꾸었다.

특히 이때를 고비로 시작된 관세 장벽의 약화는 '세계화'의 충격을 더욱 확대시킨 요인이다. 이어지는 그림에 나타난 것처럼, 신흥국의 관세율은 1990년대 초반 40% 전후에 이르렀지만 2010년대 중반에는 10% 미만으로 떨어졌다. 선진국도 이 흐름에 동참해, 1990년대 초반 약 5% 내외이던 관세율이 2%대로 떨어졌다. 관세율이 떨어지면서 기업들은 해외로 생산 설비를 이동하는 데 어려움이 없었고, 또 외국인 근로자의 유입을 촉진한 나라들은 일자리를 둘러싼 경쟁이 심화되는 결과를 가져왔다.

▶ 선진국과 신흥국의 평균 관세율 추이

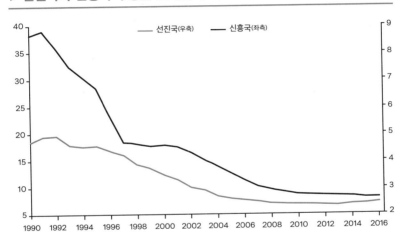

자료: 세계은행 데이터베이스.

물론 경제 전체로 보면 자유 무역은 성장률을 높이고 물가를 낮추는 결과를 가져온다. 무엇보다 무역을 통해 자국이 전문적으로 생산하지 않는 물품을 저렴하게 구할 수 있다. 요즘 마트를 방문한 사람들이라면 지구 반대편에서 수입된 다양한 과일과 와인이 생각보다 저렴한 가격에 팔리는 것을 쉽게 볼 수 있을 것이다. 이 과정에서 소비자들의 이익이 늘어나며, 또 경제 전체로 보더라도 시장이 커지는 결과를 가져온다.

자유 무역의 두 번째 이익은 '상품 다양성 이익(variety gain)'으로, 한국에서 만들어진 갤럭시 폴드뿐만 아니라 미국산 아이폰 같은 제품을 사용할 수 있는 것을 예로 들 수 있다. 시장이 어떤 기업에 의해 독점되어 있을 때, 기업은 독점적인 이익을 누리지만 경제 전체의 후생이 악화되는 것을 감안해보면 '다양성의 이익'이 얼마나 큰지 짐작할 수 있을 것이다.

자유 무역이 주는 마지막 이익은 '생산성 이익(productivity gain)'이다. 시장 개방으로 경쟁이 치열해지면, 생산성이 낮은 기업이 시장에서 퇴출되어 경제 전체의 생산성이 올라가게 된다. 물론, 내수 시장에 갇혀 있던 기업들이 경쟁력을 강화해 세계 시장을 개척하는 부수적인 효과도 거둘 수 있다.

따라서 세계화는 정보 통신 혁명에 못지않은 '인플레 억제 요인'이라고 할 수 있다. 물론 세계화가 모두에게 이로운 것은 아니다. 미국 경제학계의 스타, 데이비드 오터(David Autor) 교수 등은 "중국과의 교역 확대로 제조업이 밀집한 중서부 및 동남부 지역의 고용이 감소했으며, 그 규모는 직간접적으로 98만~200만 명에 달한다."라고 지적한 바 있다.[29] 다시 말해 자유 무역의 효과는 경제의 다수가 '평균적'으로 누리는 반면, 자유 무역으로 인한 피해는 특정 지역의 근로자들이 집중적으로 입는 셈이다.

저물가의 세상이 왔는데, 왜 금융 위기는 빈발할까?

정보 통신 혁명, 그리고 세계화의 진전으로 인플레가 억제되는 가운데 저금리 환경이 장기화되자 미국 등 세계의 주식 시장은 강력한 상승세를 보였다. 그러나 인플레 압력이 약화되었음에도 불구하고 금융 위기가 사라지기는 고사하고, 1990년의 일본 자산 시장 붕괴부터 2008년의 리만 사태에 이르기까지 예전보다 규모가 더 커지고 또 빈발하고 있다. 왜 이런 일이 벌어지는 것일까?

여러 이유가 있겠지만, 가장 직접적인 요인은 장기에 걸친 저금리 환경을 들 수 있다. 인플레 압력이 약화되며 저금리 기조가 장기화됨에 따라, 예금에 저축되어 있던 돈이 주식이나 부동산 시장으로 유입될 가능성이 높아졌고 이는 투자의 경험이 부족한 이의 비중이 높아지는 결과를 가져왔다. 이 부분에서 특히 스토리텔링, 즉 대

---

29 David H. Autor, David Dorn and Gordon H. Hanson(2016), 『THE CHINA SHOCK: LEARNING FROM LABOR MARKET ADJUSTMENT TO LARGE CHANGES IN TRADE』, NBER Working Paper 21906.

중들이 좋아하는 흥미로운 이야기 만들기의 영향력이 대단히 커졌다. 이 부분에서 잠깐 데이비드 흄이 묘사한 어떤 집단의 영향력 확대 이야기는 현재 자산 시장에서 벌어지는 일을 설명하는 데도 적합한 것 같다.

어떤 '대의'가 특정 시간, 특정한 사람들 사이에서 일정한 경향이나 열정적인 반응을 얻게 되면, 비록 다수가 거기에 감염되지 않더라도 대중은 공통된 애정에 사로잡히고 모든 행동이 그에 좌우되곤 한다.[30]

이 비슷한 일이 금융 시장에서는 주기적으로 발생했다. 1980년대에는 '1등으로서의 일본'이라는 스토리가 점차 세를 얻으면서 "일본 주식 시장은 아무리 올라도 매력적"인 것처럼 보이는 일이 벌어졌다. 1990년대에는 '신경제' 스토리가 힘을 얻으면서 나스닥에 상장된 정보 통신 기업들에 대중의 관심이 집중되었다. 그리고 2000년대에는 '부동산 불패' 신화가 역시 확산되는 가운데, 부동산 시장으로 어마어마한 자금의 유입을 가져왔다. 특히 최근에는 인터넷과 스마트폰의 보급 속에 이와 같은 스토리텔링이 대중의 시선을 잡아끌 가능성이 이전보다 훨씬 더 높아진 것 같다.

자산 시장에 주기적인 버블이 발생한 두 번째 이유는 정책 당국의 대응이 대단히 효과적이었던 면에서 찾을 수 있다. 1980년대부터

---

30 로버트 쉴러 『내러티브 경제학』, (알에이치코리아, 2021), 78쪽.

2000년대 중반까지 미국과 서유럽 경제는 이른바 대안정기를 경험했고, 이는 투자자들의 자신감을 높이는 결과로 이어졌다. 즉, 자산 시장에 어떤 충격이 발생하더라도 중앙은행이 이 문제를 손쉽게 해결할 것이라는 기대가 투자자들의 공격적 투자를 유발했던 셈이다. 가장 대표적인 사례가 2003년 전미경제학협회 회장 취임사에서 시카고 대학의 로버트 루카스 교수(1995년 노벨 경제학상 수상자)가 "불황을 예방하기 위한 핵심적인 난제가 해결되었다."라고 선언한 것을 들 수 있다.[31]

그러나 이 주장도 근거 없는 스토리텔링에 불과했다. 2008년 글로벌 금융 위기는 아직 경제 정책 당국이 경기의 순환을 통제할 능력을 갖지 못하고 있음을 여실히 보여주었을 뿐만 아니라, 정책 당국자들이 잘못된 스토리텔링을 퍼트려 오히려 자산 시장의 거품을 더욱 확대시킨 주범일 수도 있다는 생각을 갖게 된다.

---

31 뉴욕타임즈(2009.9.6), 『How Did Economists Get It So Wrong?』.

▶ 버블 시대(1986~1991년) 전후의 닛케이 지수

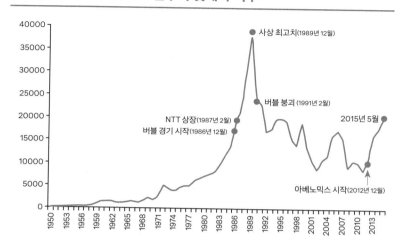

앞으로도 변동성의 시대는 지속된다!

1971년 닉슨 쇼크 이후의 인플레, 그리고 1982년 이후의 볼커 쇼크 이후 시작된 대안정기는 현재 주식 시장의 얼개를 만들었다. '윤전기 버튼'을 마음대로 누를 수 있는 중앙은행의 출현은 인플레에 대한 공포를 높였고, 또 미국 등 일부 선진국은 인플레에 단호하게 대처함으로써 신뢰를 회복했다. 그리고 2008년 이후 다시 중앙은행에 대한 신뢰는 땅에 떨어졌고, 2020년 코로나 쇼크로 중앙은행의 영향력은 예전만큼은 아니지만 꽤 회복된 것 같다.

앞으로 주식 시장이 어떤 모습을 보일 것인지 예측할 능력은 없다. 다만, 2008년 글로벌 금융 위기 이후 전 세계 중앙은행들은 '자산 버블'의 위험이 얼마나 경제와 금융 시스템에 심대한 영향을 미치는지 인지한 것으로 보인다. 물론 지금 당장은 아니겠지만, 연준을 비롯한 세계의 중앙은행은 경기 회복이라는 목적을 달성했다고 판단할 때에는 언제든지 '인플레와 맞서 싸우는 파이터'의 본색을 드러낼 수 있음을 기억해야 할 것 같다.

부디 많은 독자들이 1871년 이후 세계 주식 시장의 역사와 금융 시스템 변화의 경험을 통해 '실패하지 않는 투자'의 길을 갈 수 있기를 바라는 마음 간절하다.

투자의 신세계로 가고 싶은 투자자를 위한 Q&A

Q. 우리가 주식 시장의 역사를 공부해야 하는 가장 중요한 이유는 무엇인가요?

주식 시장이 오르고 혹은 내리는 이유는 매번 다르지만, 사람들은 변하지 않기 때문입니다. 제가 흥미롭게 읽은 책 『내러티브 경제학』에서는 한 젊은 은행가가 가진 돈을 몽땅 털어 나일스베먼트폰드사에 투자했고 평생 돈 걱정 없이 살 수 있게 되었다는 이야기를 사람들이 만찬 자리에서 듣는 대목이 나옵니다. 요즘 주식 시장에서 듣는 이야기와 비슷합니다. 어떤 주식 혹은 어떤 코인을 사서 누가 부자가 되었다더라는 이야기는 매우 사람의 마음을 끕니다. 주식 시장의 역사를 아는 사람들은 이런 이야기를 들으면 "또 시작되었구나."라고 반응할 것이고, 자신의 투자 철학을 가다듬을 것입니다. 그러나 주식 시장에 이런 일이 끊임없이 반복되었음을 잘 모르는 이는 매력적인 스토리텔링에 현혹되고, 자신도 다른 이의 성공을 모방하기 위해 별 다른 연구와 노력 없이 덜컥 저녁 술자리에서 들은(혹은 단톡방에서 흘려보내듯 들은) 자산을 매입하려 들지도 모를 일입니다. 물론 이런 거래가 꼭 손실로 이어진다는 이야기는 아닙니다. 다만 성공 확률은 예상보다 낮을 수 있음을 알아두면 좋겠죠.

 꼭 금이나 은이 화폐로 사용되었던 것은 아닙니다. 조개껍질을 화폐로 사용하는 폴리네시아 섬나라 이야기를 들어본 분 많을 것입니다. 이처럼, 나라와 지역마다 화폐는 매우 다양합니다. 그렇지만 조개껍질은 보존성이 약할 뿐만 아니라 확장성이 떨어지는 약점이 있습니다. 여기서 말하는 확장성이란 화폐를 잘게 나눠도 그 가치가 유지되어야 하는데, 조개는 한번 부서지면 그 가치가 유지되지 않는다는 뜻입니다. 금을 비롯한 금속 화폐가 점차 대세를 차지하게 된 이유는 다음의 세 가지 때문입니다. 먼저 금이 가지고 있는 광택이 사람들을 매료시켰고, 보존성(녹이 슬지 않죠) 및 확장성 등의 매력이 높기 때문입니다. 유명한 경제 저술가 피터 번스타인은 다음과 같이 '화폐의 조건'을 지적합니다. "돈이 없으면 상업화와 무역은 이루어질 수 없다. 아무것도 없는 상태에서 새로운 화폐 제도를 만들어내는 것은 결코 간단한 일이 아니다. 화폐가 누구에게나 통용될 수 있는 형태를 갖추고 있지 않다면 화폐로서의 기능을 수행할 수 없기

71

때문이다. 화폐를 만들어내기 위한 조치들이 화폐의 가치나 전통, 사회의 욕구 등과 일치하지 않는다면 화폐 제도를 확립한다고 공포해봐야 아무 소용이 없다." 따라서 로마 제국의 전통, 그리고 중세 유럽에 교역하던 이슬람의 디나르 화폐에 대한 선호가 서양을 금속 화폐의 세상으로 유도했던 셈입니다.

Q. 대공황 시절 영국과 미국은 왜 금 본위제를 고수하려 한 건가요?

 『황금의 지배』라는 책을 보면 경제학자 로버트 먼델이 "화폐들은 특정 무게의 금에 붙여진 이름에 지나지 않는다."라고 언급하는 내용이 나옵니다. 1914년 이전 영국에서는 1파운드는 금 113.0016그레인, 1달러는 금 23.22그레인으로 교환되었습니다. 명백한 비율이 이 두 화폐를 교환할 때 자동적으로 적용되던 불변의 진리였죠. 즉 1파운드의 가치는 영원히 4.86달러일 것이라는 믿음이 있었던 것입니다. 당시만 해도 정부가 발행한 지폐에 대한 국민의 신뢰를 유지하기 위해서는 반드시 금의 보증이 필요하다는 믿음이 형성되어 있었고, 또 이 믿음 덕분에 1914년 세계 1차 대전 이전 세계 경제가 호황을 누리기도 했습니다. 금에 대해 각국의 통화 가치가 고정되어 있으니, 복잡한 환전의 필요성도 없고 또 영국의 금융 패권만 인정하면 모두 행복하던 시절이었던 셈입니다.

Q. 미국이 대공황을
막을 방법은 정말
없었는지요?

 국제적인 공조를 해낼 수 있었다면 위기를 해결할 수 있었을 겁니다. 그러나 그 뒤 언제라도 금 본위제는 붕괴되었을 것입니다. 1917년 러시아 혁명 이후 사회주의 운동의 세력이 강화된 상황에서, 금 본위제를 유지하기 위해 영국의 통화 정책에 맞추기 위해 자국의 이해를 포기하는 게 점점 어려워졌을 것입니다. 예를 들어 미국과 영국 두 나라밖에 없는 세상인데, 미국에 거대한 허리케인이 덮쳐 수십만 명의 사람들이 집을 잃어버리는 바람에 미국 정부가 막대한 재정 지출을 단행했다고 가정해보겠습니다. 반면 영국은 미국이 집을 새로 짓고 사람들을 입히고 먹이는 데 필요한 각종 물품을 수출하는 과정에서 큰 호황을 누리게 되었습니다. 이때, 영국이 자국 경제의 이해를 충실히 반영해 금리를 인상한다면 어떤 일이 벌어질까요? 지금 막대한 재정 적자를 무릅쓰고 피해를 입은 사람들에게 재난 지원금을 주고 있는 중이니, 미국 정부의 이자 부담은 걷잡을 수 없이 늘어날 것입니다. 더 나아가 경기가 어려운 마당에 금리마저 인상한다면, 경제 상황은 더욱 어려워질 것입니다. 따라서 미국은 금 본위제의 원칙을 추종하며 금리를 인상하기 쉽지 않을 것입니다. 그러나 미국이 금리를 인상하지 않더라도, 어려움을 지속됩니다. 왜냐하면 미국보다 영국의 금리가 더 높기에, 금융가들 입장에서 미국보다 영국에 예금하는 편이 훨씬 이익이 될 것이기 때문입니다. 미국에서 영국으로 금이 유출됨에 따라, 미국 경제는 심각한 자금 부족에 시달릴 것이며 결국 금리가 인상될 것입니다. 이런 상황에서 허리케인의 피해를 입은 미국의 농민이나 근로자들이 인내할 것인지 의심스럽습니다. 1933년 미국의 금 본위제 폐지는 어떻게 보면, 사회주의 혁명이나 히틀러 같은 극단주의적 세력의 집권을 막기 위한 불가피한 선택이었다는 생각을 하게 됩니다.

Q. 대공황이 그렇게 길어진 이유는 무엇 때문일까요?

금 본위제를 유지할 목적으로 불황이 시작되었음에도 금리를 인하하거나 혹은 재정 지출을 늘리지 못해 경제 내에 악순환이 출현했기 때문입니다. 요약하자면, 주식 시장의 붕괴가 소비 심리를 억누르고 또 일부 은행에 대한 신뢰를 떨어뜨렸습니다. 이때라도 금리를 인하하고 적기에 은행의 자산을 담보로 대출해주면 문제가 크지 않았을 텐데, 그 대응이 서툴렀습니다. 결국 '위험하다'는 소문이 돈 은행에 뱅크런이 벌어져 연쇄적인 도산이 발생하고, 또 은행들이 현금을 마련할 목적으로 보유하는 부동산이나 주식을 팔아 치우며 연쇄적인 자산 가격의 하락이 지속되었죠. 그리고 이와 같은 대출 회수 및 자산 가격 하락은 다시 경제 내에 디플레 압력을 높여, 안 그래도 농산물 가격으로 고통받던 농업 부문을 붕괴시켰습니다. 특히 '스무트-할리'법을 비롯한 다양한 보호 무역주의 정책이 시행된 영향으로, 국제 무역까지 얼어붙으며 제조업도 어려움을 겪었죠. 1933년 루스벨트 대통령 취임 이후 금 본위제를 뒤늦게 폐지하고 뉴딜 정책을 실행에 옮겼지만, 이미 '디플레 악순환'에 빠져든 상태라 벗어나기 힘들었습니다. 지금 일본이 1930년대 미국이 겪은 것과 비슷한 악순환에 빠져 있죠.

Q. 버블 시기 일본의 주식 시장은 얼마나 비쌌나요?

PER(=주가/주당 순이익), 즉 주가 수익 배율 기준으로 대략 63배 수준이었습니다. 정부 정책 금리가 6%인데, 이 정도로 높은 PER은 유지되기 어렵습니다. PER을 뒤집으면, 주당 순이익을 주가로 나눈 값이 됩니다. 주식 투자에 따른 기대 수익이라 볼 수 있는데, 업계에서는 Yield Ratio라고 부릅니다. 일단 여기서는 주식 기대 수익률이라고 부르겠습니다. 문제는 1989년 고점 당시 일본 주식 시장의 기대 수익률이 1.59%에 불과한데, 은행 이자율이 6.0%에 이르는 데에서 발생합니다. 누가 보더라도 주식보다 은행 예금이 더 이익이죠. 그러나 당시 일본 사람들은 주식 가격의 끝없는 상승에 도취되어 있었기 때문에, 시장 금리가 오르는 것에 대해 큰 관심이 없었습니다. 대신, 외국인 투자자들이 이때 행동을 시작했습니다. 당시 캐나다의 워런 버핏이라는 별명을 가지고 있던 피터 컨딜은 행동을 개시했죠. 그의 생애를 다룬 흥미로운 책 『안전마진』에 다음과 같은 내용이 나옵니다. "피터는 당시 대부분의 일본 주식들이 터무니없이 비싼 가격에, 사실상 불가능한 성장을 지속해야만 형성될 수 있는 가격에 거래되고 있다고 믿었다. 결국에는 피터가 절대적으로 옳았다는 것이 증명되었지만 그전에는 분기마다 보유한 닛케이 지수 풋옵션의 보유 여부를 결정해야 했고 그럴 때마다 피터는 엄청난 압력에 시달렸다. 피터는 일본 주식 시장이 하락할 수밖에 없기 때문에 풋옵션을 계속 보유하기로 결정했지만 그런 결정을 지지하는 사람은 별로 없었다." 피터 컨딜뿐만 아니라, 세계적인 가치 투자자 템플턴 경도 이때 일본 주식을 전량 매도한 것으로 불후의 명성을 얻었죠. 모든 이들이 함께 버블에 동참한다면 모르지만, 이 의견에 반대하는 이들이 늘어나면 늘어날수록 결국 붕괴의 그날은 온다는 것을 잘 보여주는 사례인 것 같습니다.

Q. 최근 주식 투자에 대거 뛰어드는 2030 초보 투자가들을 위한 조언 부탁드립니다.

자신이 어떤 스타일의 투자자인지를 파악하는 게 중요하다 봅니다. 최근 자본시장연구원이 발간한 자료 「코로나 19 국면의 개인 투자자: 거래행태와 투자성과」를 보면, 2020년 한 해 동안 개인 투자자의 거래 대금은 8,644조 원에 달했으며 활동 계좌 수도 4,007만 개로 급증한 것으로 나타납니다. 그러나 기존 투자자에 비해 동학개미(=신규 투자자)의 수익률이 상대적으로 떨어지는 것으로 나타납니다. 기존 투자자의 2020년 3월 이후 10월 초까지의 수익률은 18.8%이며 거래 비용을 감안하면 15.0%였지만, 신규 투자자의 수익률은 5.9%에 불과할 뿐만 아니라 거래 비용까지 감안하면 -1.2%를 기록했던 것입니다. 이는 투자자들이 자신의 전략을 확립하지 못한 채 '소문' 혹은 '정보'에 휘둘렸기에 나타난 일이라 봅니다. 예를 들어 주식 가격의 '모멘텀'을 중시하는 추세 추종 투자자라면, 지난해 내내 주가가 가장 가파르게 상승하는 종목. 이를 테면 BBIG(배터리,

바이오, 인터넷 그리고 게임주)에 집중했을 것입니다. 반면 내재 가치 대비 주식 가격이 저평가되었는지 여부에 집중하는 가치 투자자라면, 지난해 주가가 폭락한 우량주. 특히 배당을 지급하고 대주주가 적극적으로 지분을 늘리는 기업들에 투자해 2021년 큰 성과를 거두었을 것입니다. 결국 작년의 성장주 장세, 그리고 2021년의 가치주 장세에서 모두 투자 성과를 내지 못했다면 이는 자신이 어떤 스타일의 종목을 좋아하고 또 자신이 강점을 지니고 있는지 적절하게 판단내리지 못했기 때문이라 생각합니다. 『투자의 신세계』를 통해, 보다 많은 투자자들이 자신의 투자 스타일 (혹은 투자 철학)을 확립해 앞으로 큰 성과를 누리기를 기원합니다.

Q. 주식의 역사와 관련해 추천해주실 책은 없으신지요?

 제가 이 책의 1장 부분을 쓰면서 특별히 참고한 책은 없습니다. 좀 더 심화된 공부를 원하시는 분은 제레미 시겔의 『주식에 장기투자하라』를 추천합니다. 이 책은 주식과 채권, 그리고 금을 비롯한 다양한 자산의 장기에 걸친 성과를 추적하고 또 수익의 근원을 파헤친 책이라 도움 됩니다. 그리고 버턴 말킬의 『랜덤워크 투자수업』도 주식 시장의 역사를 파악하는 것은 물론, 주식 투자의 기본을 닦기를 원하는 투자자들에게 추천합니다. 마지막으로 존 D. 터너의 책 『버블: 부의 대전환』도 좋습니다. 역사적인 자산 거품의 형성과 붕괴 과정을 다룬 책인데, 특히 버블 형성의 첫 번째 원인. 거래의 편의성이 향상되는 부분에 주목한 것이 아주 큰 인사이트를 줍니다.

"

글로벌 경제 환경이 급변하는 지금
어떻게 자산을 분배할 것인지
고민해야 합니다. 다가오는 위기는
부를 확대할 기회이기도 합니다.

"

글로벌 경제와 부의 대전환

김영익

김영익

서강대학교 경제대학원 교수. 한국금융연수원 겸임 교수 및 LG하우시스 사외 이사로 활동하고 있다. 5년 연속 매경이코노미, 한경 비즈니스 등 주요 언론사 베스트 애널리스트에 선정된 바 있으며, 주요 저서로는 『그레이트 리셋』, 『2020~2022 앞으로 3년 투자의 미래』, 『위험한 미래』, 『경제지표 정독법』, 『이기는 기업과 함께 가라』 등이 있다.

세계 경제 성장 축의 변화

세계 경제에서 미국 비중 축소, 중국 비중 확대

지난 500년 역사를 보면 제국의 위치는 시기에 따라 달라졌다. 1500년대 초반에는 중국이 세계 패권국이었고, 후반에는 스페인이 급격하게 부상했다. 1600년대 들어서는 네덜란드가 제국의 위치를 이어갔고, 1600년 중반에서 1900년대 초반까지는 장기간 영국이 세계 패권국이었다. 제2차 세계 대전 이후로는 미국이 세계 패권국으로 떠올라 현재까지 그 위치를 유지하고 있다.

그러나 경제적 측면에서 보면 세계 경제에서 차지하는 미국 비중은 상대적으로 축소되고 있다. 국제통화기금(IMF)에 따르면 미국 국내 총생산(GDP)이 세계 GDP에서 차지하는 비중이 1985년 34.7%

를 정점으로 하락 추세를 이어가고 있다. 특히 2008년 금융 위기 여파로 2011년에는 미국의 비중은 21.1%까지 급락했다. 그 이후 과감한 재정 및 통화 정책으로 미국 경제가 회복되면서 2020년에는 24.8%까지 올라왔지만, 장기적으로 보면 미국이 차지하는 비중은 축소 과정에 있다.

　미국의 세계 GDP 비중이 줄어든 만큼 늘어나는 나라는 중국이다. 2000년에 중국 GDP가 세계에서 차지하는 비중이 3.5%에 지나지 않았으나, 2010년에는 9.1%, 2020년에는 17.4%로 급증하면서 중국의 GDP가 빠른 속도로 미국에 접근해가고 있다. 중국/미국 GDP 비중이 2000년 11.8%, 2010년 40.2%에서 2020년 70.3%로 늘었다. 이런 추세가 이어진다면 2030년 전후에는 중국 GDP가 미국을 넘어설 전망이다.

▶ **세계 주요국의 세계 GDP 비중 추이**

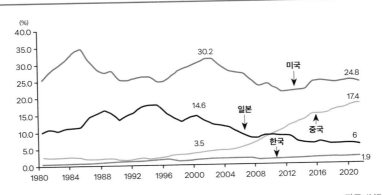

자료: IMF

미국 감소 폭보다 중국 증가 폭이 더 큰 것은 1990년대 중반 이후 일본 경제가 장기간 침체에 빠졌기 때문이다. 1994년 일본 GDP가 세계에서 차지하는 비중은 17.9%로 현재의 중국 수준보다 약간 더 높았다. 그러나 1990년대 들어서서 자산 가격의 거품이 붕괴되고 일본 경제가 디플레이션 상태에 빠지면서 일본 비중은 크게 하락하기 시작했다. 2020년 일본 GDP가 세계에서 차지하는 비중은 6.0%로 최고점을 기록했던 1994년의 1/3 수준으로 추락했다. 1995년에 미국 GDP의 72.6%였던 일본 GDP가 2020년에는 24.1%로 떨어졌다. 현재 중국의 위치가 추락하기 직전 일본과 비슷하다. 이런 점에서 미중 패권 전쟁의 전개 방향에 매우 높은 관심이 갈 수밖에 없는 상황이다. 참고로 세계 GDP 중 한국 비중은 2000년 1.7%, 2020년 1.9%로 큰 변동이 없다.

한국 경제, 세계 경제의 풍향계

앞서 세계 경제에서 미국, 특히 일본 비중은 축소되고 중국 비중은 확대되고 있다는 것을 보았다. 이런 현상이 한국의 국가(지역)별 수출에 그대로 나타나고 있다. 2000년 한국 수출에서 미국이 차지하는 비중은 21.8%였으나 2010년에는 10.7%로 급락했다. 2020년에는 14.5%로 다소 올라갔다. 그러나 장기적으로 한국 수출에서 미국이 차지하는 비중은 줄어드는 추세에 있다. 한국 수출에서 일본이 차지하는 비중도 2000년 11.9%에서 2020년 4.9%로 절반 이상으로 낮아졌다.

미국, 일본과는 달리 한국 수출 가운데 중국 비중은 2000년 10.7%에서 2018년에는 26.8%로 급증했다. 2020년에는 25.9%로 다소 낮아졌지만, 여전히 중국은 한국의 최대 수출 시장으로 남아 있다. 한국의 무역 수지 흑자도 대부분 중국에서 나오고 있다. 2000년에서 2020년까지 21년 동안 한국의 누적 무역 수지 흑자(통관 기준)는 7,770억 달러였는데, 대중 무역 수지 흑자가 6,618억 달러로 85%를 차지했다.

한국 수출의 또 다른 특징은 아세안 비중 증가에 있다. 2000년 한국 수출에서 11.7%였던 아세안 비중이 2020년에는 17.4%로 증가했다.

이처럼 한국의 수출에서 세계 경제의 흐름이 나타나고 있기 때문에 월가의 유명 경제 칼럼니스트인 윌리엄 페섹은 2021년 4월 30일 포브스에 기고한 글에서 한국 경제를 '세계 경제의 풍향계'라 했다. 그는 "개방형 수출 국가이자 상당한 규모의 무역국인 한국보다 풍향계 역할을 하기에 적합한 국가는 전 세계적으로 많지 않다."라고 하며 "한국 경제의 움직임은 훨씬 더 큰 경제가 몇 주 혹은 몇 달 뒤 어디로 향할지 힌트를 주기도 한다."라고 지적했다. 또한 예일대학교 교수인 스티븐 로치도 한국 경제를 '탄광 속 카나리아'라고 표현했다. 카나리아는 탄광에서 유독 가스가 새면 먼저 쓰러져 위험을 알렸다는 새이다.

한국 관세청은 매월 1일 지난달 수출입 실적을 공개한다. 1일이 휴일이어도 상관없이 통계를 발표한다. 중국과 미국 등 주요국들이 1~2개월이 지나 무역 통계를 내놓는 것과 대조된다. 또한 11일에는 1~10일 실적, 21일에는 1~20일 실적을 공개한다. 무역 의존도(2020년 실질 GDP 기준 81%)가 높은 한국의 국가별 수출입 통계를 보면 세계 경제의 흐름을 가장 빨리 짐작해볼 수 있다.

한국 수출은 주가와도 매우 높은 상관관계를 가지면서 변동한다. 2000년 1월에서 2021년 6월 통계로 분석해보면 일평균 수출 금액과 코스피(KOSPI)의 상관 계수가 0.83으로 매우 높다. 한국의 수출에서 세계 경제의 흐름을 짐작할 수 있는 만큼, 한국 주식 시장을 보고 글로벌 주가 흐름도 가늠해볼 수 있다는 것이다.

▶ **한국의 국가(지역)별 수출 비중**

	2000	2010	2018	2019	2020
총수출 증가율	1722.7 19.9	4663.8 28.3	6054.7 5.5	5423.3 -10.4	5125.0 -5.5
중국 수출 증가율 비중	184.5 34.9 10.7	1168.4 34.8 25.1	1622.4 14.2 26.8	1362.0 -16.0 25.1	1325.7 -2.7 25.9

미국	376.1	498.2	727.5	733.4	741.2
수출 증가율	27.6	32.3	6.0	0.9	1.1
비중	21.8	10.7	12.0	13.5	14.5
EU	234.2	535.1	576.7	527.6	475.1
수출 증가율	15.7	14.8	6.7	-8.4	0.6
비중	13.6	11.5	9.5	9.7	9.3
ASEAN	201.3	532.0	1002.8	950.9	890.2
수출 증가율	13.7	29.8	5.3	-5.0	-6.4
비중	11.7	11.4	16.6	17.5	17.4
일본	204.7	281.8	306.3	284.2	251.0
수출 증가율	29.0	29.4	14.2	-6.9	-11.7
비중	11.9	6.0	5.1	5.2	4.9
중동	75.9	283.7	216.4	176.6	146.8
수출 증가율	18.6	18.0	-11.3	-18.5	-16.9
비중	4.4	6.1	3.6	3.3	2.9
중남미	93.7	361.3	278.0	263.3	195.0
수출 증가율	8.4	35.2	-1.1	-5.2	-26.0
비중	5.4	7.7	4.6	4.9	3.8

주: EU의 경우 2020년 이후는 27개국 기준
자료: 산업통상자원부

국제통화기금(IMF)의 세계 GDP 비중이나 한국의 국가별 수출 통계를 보면 세계 성장 축이 미국에서 중국 등 아시아 지역으로 이전되고 있는 것을 알 수 있다. 다음 그림은 영국의 경제 주간지 '이코노미스트'에서 인용한 것으로, 이러한 세계 경제 흐름을 한눈에 보여준다. 아시아 여자가 쇼핑하고 미국 남자가 들어주는 그림이다. 미국인이 소비를 줄여도 아시아 소비자들이 소비를 늘릴 것이기 때문에 세계 경제는 지속적으로 성장할 것이라는 이야기이다. 이런 세계 경제 흐름을 가장 강조하는 전문가 중 한 사람이 짐 로저스이다. 그는 2014년에 출간한 책『불 인 차이나(A Bull in China)』에서 두 가지 때문에 행복하다고 했다. 우선은 늦게라도 결혼해서 살아보니 행복하고, 다음으로 네 살 난 딸이 중국어를 배우니 더 행복하다고 했다.

▶ 세계 소비 축이 미국에서 아시아로 이전되는 과정

자료: The Economist

투자의 신세계

---- 02 ----

세계 경제의 성장 지속 조건

앞서 살펴본 것처럼 장기적으로 세계 경제는 아시아 중심으로 높은 성장을 할 것이다. 그러나 세계 경제가 지속적으로 성장하기 위해서는 두 가지 장벽을 넘어서야 한다. 첫째는 각 경제 주체의 높은 부채이고, 둘째는 자산 가격 거품이다.

현재 부채는 역사상 규모가 가장 크고, 증가 속도가 가장 빠르며, 가장 광범위하게 진행되고 있다. 각국의 정책 당국이 선제적으로 대응하지 못하면 앞으로 1~2년 이내에 글로벌 경제는 전례가 없을 정도의 위기를 겪을 수 있다.

2008년 미국에서 시작한 금융 위기가 전 세계로 확산되면서 2009년 세계 경제가 1980년 이후 처음으로 마이너스 성장(-0.1%)했다. 2020년 세계 경제는 코로나19 영향으로 마이너스 3.3% 성장했다. 1930년대 대공황 이후 가장 극심한 경기 침체였다. 그러나 각국 정책 당국의 적극적 재정과 통화 정책으로 위기를 극복해오고 있다. 2010~2019년 세계 경제 성장률이 연평균 3.8%였다. IMF는 세계 경제가 2021년 5.5%(2021년 4월 전망 기준) 성장할 것으로 예상했다. 물론 이는 2020년 마이너스 성장에 대한 기저 효과도 반영되었다. 2022년에도 세계 경제 성장률이 과거 11년 평균보다 높은 4.2%에 이를 것으로 전망했다.

그러나 이 과정에서 각 경제 주체의 부채가 크게 늘었다. 국제결제은행(BIS)에 따르면 2007년 145조 9,000억 달러였던 세계 부채(정부와 민간 합계)가 2020년에는 304조 8,600억 달러로 108.9%나 증가했다. 더 심각한 문제는 GDP보다 부채가 훨씬 더 빨리 늘어난 데 있다. 2007년 GDP 대비 273.6%였던 세계 부채가 2020년에는 399.1%로 크게 늘었다. 같은 기간 선진국은 311.9%에서 452.6%로 급증했고, 신흥국도 161.3%에서 306.5%로 증가했다.

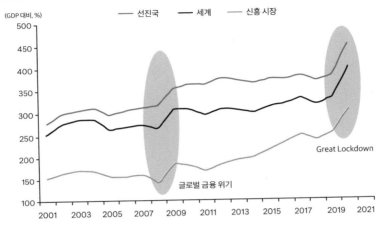

(GDP 대비, %)

— 선진국   — 세계   — 신흥 시장

글로벌 금융 위기

Great Lockdown

자료: 국제결제은행

한국 경제도 부채에 의해 성장

미국 등 선진국의 경우 정부 부채가 크게 늘었다. 2008년 선진국의 GDP 대비 정부 부채 비율은 76.4%였으나 2020년에는 135.9%로 증가했다. 미국 연방 정부 부채도 71.7%에서 132.0%로 2배 정도 늘었다. 신흥국에서는 기업 부채가 급증했다. 같은 기간 신흥국의 GDP 대비 기업 부채 비율이 57.0%에서 118.4%로 증가했다. 특히 중국의 기업 부채 비율은 93.9%에서 160.7%로 가장 높은 상승률을 기록했다. 규모로 보면 2008년 4조 3,840억 달러였던 중국 기업 부채가 2020년에는 24조 8,630억 달러로 증가했는데, 세계 기업 부채에서 차지하는 비중도 9.7%에서 29.5%로 급증했다. 같은 기간 중국의 기업 부채가 신흥국에서 차지하는 비중은 46.4%에서 70.4%로 늘어, 신흥국 부채의 2/3 이상이 중국 몫이었다.

한국도 부채에 의해 성장한 대표적 국가 가운데 하나다. 1997년 한국의 외환 위기(이른바 'IMF' 경제 위기)는 한마디로 부실한 기업과 은행을 처리하는 과정이었다. 1980년대 후반 '3저[저유가, 저금리, 저달러(=엔강세)] 호황'으로 한국 경제는 수출이 대폭 증가하면서 단군 이래 최대의 호황을 누렸다는 말이 나왔을 정도로 고성장(1986~1988년 연평균 12% 성장)을 이룩했다.

그러나 이 시기에 기업들이 미래를 낙관적으로 보고 투자를 크게 늘렸다. GDP 대비 기업 부채 비율이 1988년 63.4%에서 1997년에는 108.6%로 증가했다. 기업 부실이 은행 부실로 이어져 경제 위기를 겪었던 셈이다. 그 이후 기업의 구조 조정으로 기업 부채 비율이 2005년에는 73.3%까지 낮아졌으나, 2020년에는 111.1%까지 높아져 외환 위기 수준을 넘어서고 있다.

IMF 처방에 따라 30대 재벌 그룹 중 11개가 해체될 정도로 뼈 아픈 구조 조정을 했지만, 위기를 비교적 빠른 시기에 극복할 수 있었던 이유는 당시 가계와 정부가 상대적으로 건전했기 때문이었다. 1997년 GDP 대비 가계 부채 비율이 49.9%였다. 특히 정부 부채는 5.7%로 매우 낮은 수준이었기 때문에 정부가 169조 원 정도의 공적 자금을 투입해서 구조 조정을 촉진할 수 있었다.

그러나 그 이후 가계와 정부 부채가 지속적으로 늘고 있다. 1988년 GDP 대비 32.4%였던 가계 부채 비율이 2020년에는 103.8%로 사상 처음으로 가계 부채가 GDP를 넘어섰다. 여기다가 정부 부채도 급증하고 있다. 국회예산정책처에 따르면 국가 부채 비율이 2022년에는 50%, 2040년에는 100%를 넘어설 전망이다. 기업 부채가 다시 외환 위기 전 수준으로 올라가고 있는데, 버팀목 역할을 했던 가계와 정부가 부실해지고 있다는 이야기이다.

▶ 한국 경제 주체별 GDP 대비 부채 비율 증가 추세

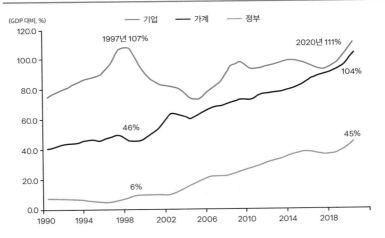

자료: 국제결제은행

자산 가격의 거품 문제도 해결하고 넘어가야

부채와 더불어 주식 시장에서도 거품이 발생하고 있다. 거품은 꺼지고 나서야 알 수 있다. 그러나 세계 최대 헤지 펀드인 브리지워터 어소시에이츠를 이끌고 있는 레이 달리오는 7가지 기준으로 거품 여부를 판단한다.[1] 1)가격이 전통적 척도에 비해 높은가? 2)가격이 미래의 이익을 과대평가하고 있는가? 3)투자자들이 높은 레버리지를 활용하여 자산을 매입하고 있는가? 4)투자자 혹은 기업이 미래를 과다하게 사고 있는가? 5)시장에 신규 참여자가 증가하고 있는가? 6)시장에 낙관적 분위기가 팽배한가? 7)통화 정책 긴축 리스크가 거품을 붕괴시킬 수 있다는 우려가 나오는가?

이런 기준에 따라 과거 10번의 주요 경제(금융) 위기 상황을 보면 예외 없이 자산 가격이 전통적 척도에 비해 과대평가되었고, 미래에 대한 낙관으로 자산 가격이 급등했다. 또한 대규모 차입에 의해서 자산이 매수되었다.

거품 논쟁이 일고 있는 미국 주식 시장에 이 기준을 적용해보자. 주식 시장의 거품 여부를 판단하는 전통적 척도 가운데 하나가 주식 시장 시가 총액을 명목 GDP로 나눈 값인 이른바 '버핏 지수'이다. 시가 총액은 어느 시장을 기준으로 하느냐에 따라 다르다. 여

---

1   Ray Dalio, "Big Debt Crises", Bridgewater, 2018

기서는 미국 연방준비제도(Fed)의 자금 순환에서 각 경제 주체가 보유하고 있는 주식을 모두 합한 것을 시가 총액으로 정의했다. 이에 따르면 2021년 1분기 현재 버핏 지수가 317%로 사상 최고치를 기록했다. 1952년 이후 장기 평균인 107%, 2000년 이후 평균인 179%보다 훨씬 높을 뿐만 아니라 정보 통신 혁명 거품이 있었던 2010년의 210%를 크게 웃돌고 있다.

▶ **미국 GDP 대비 주식 시장 시가 총액 급증**

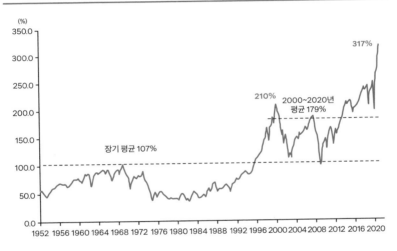

자료: 미 재무부

또 다른 전통적 척도가 주가 수익 비율(PER)이다. 미국의 대표적 주가 지수인 스탠더드 앤드 푸어스(S&P)500의 현재 수익 기준 PER이 2021년 6월 44로 장기 평균인 16보다 거의 3배 정도 높다. 기업 수익에 비해서 주가가 지나치게 올랐다는 의미이다. 필자는 미국의 산업 생산, 소매 판매, 고용 등 주요 거시 경제 변수로 S&P500의 적정 수준을 판단하지만, 2021년 5월 기준으로 보면 27% 정도 주가가 과대평가되었다.

미국 투자자들이 빚내서 주식을 사고 있는 것도 거품의 징조일 수 있다. 주식 신용 대출(Margin debt)이 2021년 4월에 8,000억 달러를 넘어서면서 사상 최대치를 기록했다. 2020년 2,500억 달러에 비해서 3배 이상 증가했으며, 증가 속도로 보면 2000년 정보 통신 거품, 2008년 금융 위기를 앞둔 시점보다 더 빠르게 늘었다.

주가 상승으로 2021년 3월 말 현재 미국 가계의 금융 자산(109.6조 달러) 가운데 주식 비중이 52%까지 올라가 1968년 이후 최고치를 기록했다. 주식 비중이 2000년 3월 48%에 이어 2007년 6월에도 48%를 기록한 다음에 주가가 급락했었다.

주식 시장의 거품 정도를 판단하는 전통적 지표에 따르면 미국 주식 시장이 거품 영역에 들어선 것은 부인할 수 없는 사실인 것 같다. 거의 모든 지표가 2000년, 2008년 거품 붕괴 전의 모습이다.

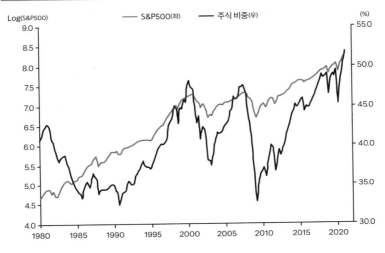

자료: 미 재무부, Bloomberg

부채와 자산 가격 거품 붕괴 원인—인플레이션과 금리 상승

앞서 본 것처럼 미국을 중심으로 부채가 급증하고 주식 시장에 부분적으로 거품이 발생했다. 이런 부채와 거품은 어떤 계기가 있어야 해소될 수 있을까? 연착륙은 과연 가능할 것인가? 이에 답은 미국의 인플레이션과 금리에 달려 있다.

1960~1980년은 인플레이션 시대였다. 1960년 1.4%였던 미국의 소비자 물가 상승률이 1980년에는 13.6%까지 상승했다. 한국의 소비자 물가도 1980년에 28.7%나 급등했다. 특히 1970년 중반 이후 1,

2차 오일 쇼크로 물가가 높은 상승률을 기록했다.

　1, 2차 오일 쇼크에 따른 유가 급등은 공급 곡선을 좌측으로 이동시켜 경기 침체와 더불어 인플레이션을 초래했다. 이런 상황이 발생하면 정책 당국은 경제 회복과 물가 안정 중 하나를 선택해야 한다. 당시 폴 볼커 연준 의장은 물가 안정을 통화 정책의 우선순위로 삼고 금리를 인상했다. 그가 연준 의장으로 취임한 1979년 8월에 연방 기금 금리의 실효 수준이 10.9%였다. 그는 '인플레이션 파이터'가 되어 금리를 과감하게 인상했고 연방 기금 금리는 1981년 1월에는 19.1%로 사상 최고치를 기록했다. 이런 통화 긴축 정책 영향으로 1981년부터 미국 물가가 점차 안정세를 찾기 시작했다.

　참고로 한국 정부도 미국과 유사한 정책을 운용했다. 당시 한국은 지금의 기준 금리 같은 정책 금리가 없었다. 그래서 회사채(AA-, 무보증 3년) 수익률로 당시 상황을 판단할 수밖에 없는데, 이 금리가 1980년 4월에 32.3%였다. 2021년 6월 현재 1.9%인 것과 비교해보면 그야말로 '격세지감'이다.

　2000년 이후로는 물가 상승률이 매우 낮은 수준에서 안정되었다. 2000~2020년의 미국의 연평균 물가 상승률이 2.1%에 그쳤고 한국의 경우도 2.3%였다. 2010년 이후 10년간은 한국의 소비자 물가 상승률이 연평균 1.6%로 미국(1.7%)보다 더 낮았다. 말 그대로 '디스인플레이션' 시대였다.

　2000년 이후 물가가 안정된 이유는 우선 수요 측면에서 주요국의 실제 GDP가 잠재 수준 이하로 성장했기 때문이다. 예를 들면 2010~2020년 사이에 미국의 실제 GDP가 미 의회가 추정한 잠재 GDP를 연평균 2% 정도 밑돌았다. 그만큼 공급에 비해서 수요가 부족했다는 의미이다.

돈이 도는 속도도 크게 줄었다. 2008년 9배였던 미국의 통화승수[=광의 통화(M2)/본원 통화]가 2012년 이후에는 3~4배로 떨어졌고, 한국의 통화승수도 2008년 26배에서 2020년 12월에는 15배로 급락했다. 돈이 돌지 않기 때문에 2008년 금융 위기 이후 미국을 중심으로 전 세계 중앙은행이 통화를 대규모로 공급했음에도 물가가 안정되고 있는 것이다.

공급 측면에서는 글로벌라이제이션과 더불어 중국의 세계 시장 편입이 물가 안정에 크게 기여했다. 2001년 중국이 세계무역기구(WTO)에 가입하면서 중국은 저임금 등 낮은 생산 요소 비용을 바탕으로 상품을 싸게 생산해서 전 세계에 공급했다. 2001~2020년 미국의 대중 누적 무역 수지 적자는 5조 4,549억 달러에 이르고 있는데, 그만큼 중국의 생산자가 미국의 소비자에게 상품을 저렴하게 공급했던 것이다. 월마트에 진열된 상품의 절반 이상이 중국산일 정도이다.

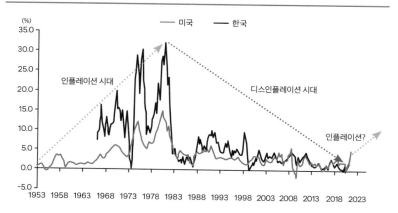

자료: 미 노동부, 통계청

중국이 인플레이션 진원지가 될 전망

그동안 물가 안정을 초래했던 요인들이 변하면서 인플레이션 시대가 올 수 있다. 첫째, 수요 측면에서의 인플레이션 가능성이다. 각국의 정책 당국이 2008년 이후 두 번의 경제 위기를 극복하는 과정에서 재정 지출을 대폭 늘리고 통화 공급도 확대하고 있다. 이런 재정 및 통화 정책의 효과로 머지않아 실제 GDP가 잠재 GDP에 점차 접근하면서 마이너스 GDP 갭률(실제 GDP와 잠재 GDP의 % 차이)이 사라질 것이라는 전망이다. 그렇게 되면 초과 공급이 해소되고 물가가 상승하게 된다. 실제로 미국의 경우를 분석해보면 GDP 갭률과 소비자 물가 상승률 사이에는 상관 계수가 0.52(2000~2020년) 비교적 높게 나타났다. 이때는 돈이 돌면서 통화승수도 다시 증가할 가능성이 높다.

▶ 미국의 GDP 갭률과 소비자 물가 상승률

주: 2021년 GDP 갭률은 블룸버그 컨센서스(2021.6.30)에 근거하여 작성
자료: 미 의회, 블룸버그

둘째, 공급 측면에서도 물가를 상승시킬 요인이 많다. 그중 가장 중요한 것은 글로벌 가치 사슬(GVC, Global Value Chain)의 붕괴이다. 코로나19 이후 세계 경제 질서를 이끌었던 자유 무역이 크게 후퇴하고 있다. 미국 정부는 제조업의 리쇼어링 정책을 강력하게 추진하고 있다. 일본 등 주요 선진국도 같은 정책을 펼치고 있다. 그래서 앞으로 'GVC' 대신에 'RVC(Regional Value Chain)' 혹은 'DVC(Domestic Value Chain)' 시대가 올 것이라는 주장도 나오고 있다. 문제는 그럴수록 기

업의 생산 비용이 올라가고 그 부담은 소비자로 돌아간다는 것이다.

무엇보다도 '세계의 공장' 역할을 했던 중국이 더 이상 상품을 싸게 공급할 수 없을 것이다. 우선 중국의 임금이 지속적으로 상승하고 있다. 또한 중국은 쌍순환(雙循環) 전략을 추구하고 있다. 이는 대외적으로 개혁·개방을 지속하고, 대내적으로는 내수를 활성화하겠다는 경제 발전 전략이다. 이 과정에서 중국에서 생산한 상품이 대부분 중국에서 소비될 것이다. 이런 추세가 지속되면 몇 년 후에는 중국이 상품 수입국으로 전환할 가능성도 배제할 수 없다.

셋째, 인구 고령화도 물가 상승 요인으로 작용할 수 있다. 보통 15~64세 인구를 생산 가능 인구로 분류하고 있는데, 선진국에서는 이 인구 비중이 오래전부터 지속적으로 감소하고 있으며 2015년 이후로는 중국에서도 줄어드는 추세로 전환되었다. 상대적으로 생산 인구는 줄어들고 소비 인구는 늘어 물가가 상승할 수 있다. 미국 경제에서는 산업 생산 지수보다는 소매 판매액이 훨씬 더 빠른 속도로 늘고 있는데, 이것이 물가 지수 상승 추세와 유사한 모습을 보이고 있다.

넷째, 각국 정부가 정책 차원에서도 인플레이션을 유도할 가능성이 높다. 2008년 글로벌 금융 위기를 극복하는 과정에서 정부 부채가 크게 늘었지만 코로나19로 경기가 급격하게 위축되자 정부가 지출을 다시 확대하고 있다. 국제결제은행(BIS)에 따르면 2007년 GDP 대비 62.6%였던 전 세계 정부 부채가 2020년에는 109.2%로 크게 증가했다. 특히 미국 연방 정부 부채는 2020년 현재 132.0%로 2007년 60.7%에 비해 껑충 뛰었다. 물가가 상승하면 분모에 해당하는 명목 GDP가 증가하면서 GDP 대비 부채 비율이 낮아지기 때문에 정책 당국이 인플레이션을 선호할 것이다.

다섯째, 국제 유가 등 원자재 가격의 상승이다. 2020년 배럴당 연평균 42달러였던 국제 유가(두바이유 기준)가 2021년 1~5월에는 61달러로 46%나 상승했고, 구리 등 다른 원자재 가격은 그 이상 올랐다.

여기다가 미국의 경우에는 달러 가치 하락으로 다른 나라보다 인플레이션이 먼저 발생할 수 있다. 2020년 한 해 달러 가치가 주요국 통화에 비해 6.7% 하락했다. 다음 파트에서 다루겠지만 미국 경제의 대내외 불균형 해소 과정에서 달러 가치는 앞으로 더 하락할 가능성이 높다. 달러 가치가 떨어지면 미국 생산자는 더 높은 비용으로 중간재를 수입해야 하고, 소비자 역시 더 높은 가격을 부담해야 한다.

화폐 수량설로 본 미국의 인플레이션

『리오리엔트』라는 책을 쓴 안드레 군더 프랑크는 수입을 하고 싶은데 수출할 상품이 없을 때 발생하는 무역 적자를 '정산'하는 데 화폐가 쓰였다고 했다.[2] 현재 미국 달러가 미국인에게 그런 화폐 역할을 하고 있다. 미국은 40센트의 비용을 들여 100달러 지폐를 만들고 그 지폐로 상품을 수입하고 있는 것이다.

프랑크는 "화폐는 세계를 돌면서 세계를 돌게 한다."라고 했다. 1970년대 이후로 미국 달러가 세계를 돌게 하는 윤활유 역할을 해오고 있다. 세계 경제가 지속적으로 성장하고 인구도 증가하고 있는 추세다. 이에 따라 각종 거래가 계속 늘어나고 있다. 금을 포함한 상품 화폐로는 이 거래를 충족시킬 수 없었다. 그래서 새로운 신용 화폐가 필요했고, 달러가 등장한 것이다. 미국은 달러를 찍어내 세계 경제 성장과 인구 증가에 따른 거래 증가를 충족시켜준 셈이다.

화폐는 그 속성상 유효 수요를 지원하고 창출한다. 이 수요가 다시 공급을 유발한다. 실제로 달러는 미국뿐만 아니라 세계 유효 수요를 창출했다. 미국 가계가 싼 비용을 들여 만든 달러로 소비를 늘렸다. 이는 중국의 생산 증가를 초래했다.

미국이 달러를 대량으로 찍어내면서 소비했는데도, 물가가 오르지 않은 이유는 중국이 달러를 흡수해주었기 때문이다. 화폐와 물가의 관계를 설명하는 대표적 경제 이론이 '화폐 수량설(quantity theory of money)'이다. 미국의 경제학자 어빙 피셔는 'MV=PT'라는 교환 방정식에 의해 화폐 공급과 물가의 관계를 분석했다. 여기서 M은 화폐

---

2   안드레 군더 프랑크(이희재 옮김), 『리오리엔트』, 이산, 2003

수량이고 V는 화폐의 유통 속도이며, P는 물가 수준, T는 거래량이다. 화폐 유통 속도와 거래량이 일정하면 통화(M)가 증가한 만큼 물가(P)는 오른다.

그런데 1980년을 기점으로 세계 물가 상승률이 떨어졌고 특히, 2000년대 들어서는 '디스인플레이션' 시대라 할 만큼 물가가 안정되었다. 가장 중요한 이유는 중국의 높은 경제 성장으로 거래량(T)이 증가했기 때문이다. 달러 증가가 중국의 거래량 증가로 흡수되어 물가가 안정된 셈이다. 또한 미국의 달러가 중국의 외환 보유액으로 상당 부분 묻혔기 때문에 화폐 유통 속도(V)가 줄어들어 물가를 안정시켰다는 해석도 가능하다. 경제학자 찰스 킨들버거가 지적하는 소비하는 자(미국)와 비축하는 자(중국)의 관계이다.

그러나 2008년 글로벌 금융 위기와 2020년 코로나19 경제 위기를 거치면서 달러 발행이 급증했다. 2007년 말 8,372억 달러였던 미국의 본원 통화가 3번의 양적 완화를 종료했던 2014년 10월에는 4조 15억 달러로 4.8배나 증가했다. 그 후 2020년 3월까지 정체되다가 코로나19로 경기가 급격한 침체에 빠지자 미 연준은 다시 돈을 찍어내고 있다. 2020년 말 본원 통화가 5조 2,066억 달러로 1년 만에 무려 52%나 증가했다.

문제는 그만큼 거래량이 수반되기 어렵다는 데 있다. 10% 안팎 성장했던 중국의 경제 성장률이 앞으로 4~5%로 떨어지고, 중국 인민 은행의 외환 보유액 다변화로 달러 비중을 줄일 것이기 때문이다. 미국 경제 성장률도 중장기적으로 2% 안팎의 성장에 그쳐, 풀린 통화를 흡수할 수 없을 것이다. 화폐 유통 속도가 하락하면서 급격한 인플레이션은 초래하지 않겠지만 거래량 증가를 수반하지 않은 통화 증가는 물가 상승으로 이어질 가능성이 높다. 미국의 물가가 상승하면 달러 가치가 하락하고 이는 다시 물가 상승을 초래한다. 여기다가 누적되고 있는 미국의 대외 부채를 고려하면 달러 가치는 가파르게 하락할 가능성도 높다.

저금리의 수수께끼

미국을 중심으로 전 세계 시장 금리가 매우 낮은 수준에 머물고 있다. 2020년 4월부터 미국의 시장 금리(국채 10년 수익률)가 지속적으로 상승하고 있지만, 아직도 경제 성장률을 고려한 적정 금리에 비해서는 지나치게 낮다. 정상화 과정에서 금리가 더 오늘 가능성이 높다.

장기적으로 시장 금리는 명목 GDP 증가율과 거의 유사하게 움직였다. 미국의 경우 1990년에서 2020년까지 31년 동안 시장 금리는 연평균 4.4%로 명목 GDP 성장률(4.3%)과 거의 유사했다. 그러나 2000년 이후로는 시장 금리가 3.3%로 명목 GDP 성장률 3.8%보다 0.5%p 낮았다.

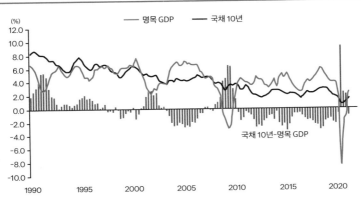

▶ 미국의 명목 GDP 성장률과 시장 금리 추이

자료: Federal Economic Data

　　2020년 3월 0.5%까지 떨어졌던 미국 시장 금리가 2021년 상반기에는 1.7%까지 상승했지만, 4% 안팎으로 추정되는 잠재 명목 경제 성장률에 비해서 훨씬 낮다. 이런 현상을 그레고리 맨큐 하버드대 교수는 '저금리의 수수께끼'[3]라 했다.

　　금리는 수많은 경제 변수에 영향을 받는다. 그러나 금리를 결정하는 가장 중요한 요인은 저축과 투자이다. 저축이 투자보다 많았기 때문에 금리가 낮은 수준을 유지할 수 있었던 것이다. 우선 중국의 고성장 과정에서 저축이 소비보다 더 빠르게 증가했고, 이것이 주요 자금 공급원이 되었다. 중국이 2001년 세계무역기구(WTO)에 가

3　The Puzzle of Low Interest Rate, The New York Times, 2020. 12.4

입한 이후 2020년까지 미국과 교역에서 5조 4,549억 달러의 무역 흑자를 냈고, 이 자금 중 일부가 미국 국채를 사들이는 데 사용되었다. 2001년 786억 달러였던 중국의 미 국채 보유액이 2013년 말에는 1조 2,700억 달러로 16배나 증가했다. 2021년 4월 현재는 1조 961억 달러로 줄었다. 외국인이 가지고 있는 미국 국채 중 중국 비중도 2009년 24.3%를 정점으로 2021년 4월에는 15.5%까지 낮아졌다.

소득 불균형도 저축 증대에 기여했다. 2000년 이후 세 번의 경제 (금융) 위기를 겪으면서 소득 불평등 정도가 심화했다. 소득이 높은 계층의 한계 소비 성향은 낮다. 또한 기성세대가 불확실한 미래를 대비하기 위해 저축을 늘렸다. 장기적으로 9% 안팎이었던 미국의 가계 저축률이 2020년에는 16%까지 상승했다.

이 외에 낮은 물가 상승률이나 많은 자금을 필요로 하지 않은 산업 구조로 전환한 것도 저금리를 초래했다. 예를 들면 실리콘밸리형 테크 산업은 철도 · 자동차 공장만큼 자금 수요가 크지 않다.

이러한 요인이 복합적으로 작용하면서 시장 금리가 적정 수준보다 낮게 유지되고 있다. 그러나 이제 변화 조짐이 나타나고 있다. '쌍순환' 성장 전략이 상징하는 것처럼 중국 정부는 소비 등 내수를 확대하는 정책을 펼치고 있다. 이 과정에서 중국의 저축률이 낮아지고 세계에 자금 공급 여력이 줄어들 것이다. 미국 바이든 정부는 고소득층에게 부과하는 세금을 인상해 중산층을 육성할 계획이다. 고소득층의 저축이 중산층 이하의 소비로 이어질 수 있다. 백신 접종으로 경제 활동이 활발해질 것이다. 특히 미국 가계 소비의 65% 정도를 차지하고 있는 서비스 지출이 크게 늘면서 저축률이 낮아질 가능성이 높다.

반면에 투자율은 높아질 전망이다. 미국 정부는 4조 달러 이상의 돈을 인프라 투자에 쓸 계획이다. 반도체와 2차 전지 산업 등에 기업의 투자가 크게 늘 것이다. 여기다가 금리를 결정하는 가장 중요한 요인 가운데 하나인 물가 상승률이 높아지고 있다. 상승 속도는 느리겠지만 점차 시장 금리가 적정 수준(명목 GDP 성장률)에 근접해갈 것이다.

문제는 과다한 부채와 거품 영역에 있는 자산 가격에 있다. 각국 정책 당국이 과감한 재정 및 통화 정책으로 2008년 금융 위기와 2020년 코로나 경제 위기를 극복해오고 있다. 그러나 앞서 자세히 살펴보았던 것처럼 이 과정에서 정부, 가계, 기업 등 각 경제 주체의 부채가 대폭 증가했다. 저금리와 풍부한 유동성으로 일부 자산 가격에 거품이 발생했다. 저금리의 수수께끼가 풀리면서 두 가지 문제가 터지고 미국을 중심으로 세계 경제는 또 다른 성장통을 겪을 수 있다.

2023년 전후 또 다른 경제 위기?

자산 가격 거품 붕괴와 더불어 부채 위기가 언제 올 것인지는 누구도 알 수 없다. 또한 부채가 많다고 해서 반드시 위기를 겪는 것은 아니다. 부채 증가는 경제가 성장하는 과정에서 필연적이다. 부채로 차입한 돈이 부채를 상환할 정도의 충분한 소득을 창출할 수 있도록 생산적으로 사용된다면 부채는 좋은 것일 수 있다. 한정된 자원의 효율적 배분을 통해 자금이 생산성이 낮은 곳보다는 생산성이 높은 곳으로 이동시켜 창조적 파괴(저생산성 산업 및 기업 퇴출과 고생산성 산업 및 기업 생성)를 가능케 하는 것이 부채일 수 있기 때문이다. 그러나 부채는 약정 기간에 따라 이자를 내고 원금을 상환해야 한다. 이것이 부채의 또 다른 특징이다.

일반적으로 부채가 증가하기 시작한 초기 단계에서는 부채가 생산적 자원에 투자되면서 GDP가 부채보다 더 빠르게 성장한다. 하지만 부채에 의한 성장의 후반기에는 부채 증가 속도가 소득 창출 속도보다 더 빠르고, 자산 가격까지 상승하면서 차입을 통해 자산 매입 현상이 나타난다. 그 다음 단계는 높은 부채 부담과 자산 가격 하락으로 부채 상환이 어려워지면서 부채 위기가 발행하게 되는 것이 부채 사이클이다.

지금까지 살펴보았지만, 2021년 현재는 부채에 의한 성장의 후반기에 해당되는 것으로 판단된다. 미국의 인플레이션과 금리 정상화 과정에서 시장 금리 상승이 부채 위기를 촉발할 수 있다.

다음 페이지의 그림은 세계 GDP 경로를 간략하게 설정한 것으로 세계 경제가 2021년 5.5%, 2022년 4.2% 성장할 것이라는 IMF 전망은 '낙관'에 해당하는 경우이다. 그러나 부채로 인한 성장의 한계가 드러나고, 여기다가 자산 가격의 거품마저 붕괴되면 세계 경제는 1~2년 이내에 다시 극심한 침체에 빠질 수 있다. 그림에서 '비관'으로 그려진 경로이다. 후자가 발생할 확률이 더 높아 보인다. 이 경우 정책 수단의 한계로 경기 침체 정도가 2020년보다 더 크고, 회복 속도도 느릴 전망이다. 특히 가계와 기업이 부실해졌기 때문에 통화 정책의 효과는 크지 않을 것이다. 정부가 경기 부양을 위해 더 적극적으로 나서겠지만, 정부 역시 부채가 많기 때문에 쓸 수 있는 정책에 한계가 있을 수밖에 없다.

이 경우 세계 경제는 2020년 이후 이중 침체 현상을 보일 것이다. 수요가 급격하게 위축되면서 인플레이션 문제는 수면 아래로 가라앉을 수 있다. 그러나 앞서 살펴본 공급 측면 물가 상승 요인을 고려하면 세계 경제가 일시적으로 스태그플레이션(경기 침체와 물가 상승 동시 발생)을 겪을 가능성도 배제할 수 없다.

▶ 세계 GDP 성장 경로 전망

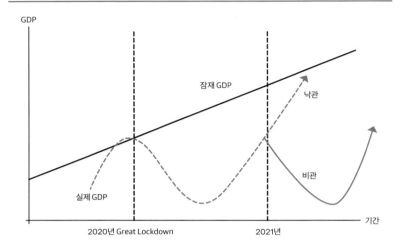

미국 경제의 불균형 확대와 해소 방향

미국 경제의 대내외 불균형 확대

미국 경제가 아직도 세계 GDP의 25%를 차지하고 있기 때문에 세계 경제의 앞날을 내다보기 위해서는 미국 경제를 먼저 살필 수밖에 없다. 2020년 코로나19로 경착륙했던 미국 경제가 매우 빠른 속도로 회복되고 있지만, 재정 수지와 경상 수지 적자가 확대되는 대내외 불균형이 심화하고 있다. 이러한 불균형은 중장기적으로 달러 가치나 미국 자산 가격의 하락으로 해소될 가능성이 높다.

2020년 하반기 이후 미국 경제는 'V'형 회복세를 보이고 있다. 2020년 2분기 코로나19 영향으로 실제 GDP가 미 의회가 추정한 잠재 GDP보다 10.1%나 하락했다. 1930년대 대공황 이후 처음이었다. 그러나 2021년 1분기에는 GDP 갭률이 마이너스(-) 2.1%로 축소되었으며, 하반기에는 플러스로 전환될 전망이다. 2021년 2분기에는 GDP 수준 자체도 코로나 이전 수준(2019년 4분기)을 넘어선 것으로 추정된다. 지난 2008년 금융 위기 때 GDP가 위기 전 수준까지 회복되는데 11분기 걸렸는데, 이번에는 6분기로 거의 절반 정도 걸린 셈이다.

미국 경제가 이처럼 빨리 회복된 것은 적극적 통화 및 재정 정책에 기인한 것으로 보인다. 2020년 1분기 코로나19로 경기가 침체에 빠지자 연방준비제도(연준)는 기준 금리를 0%로 인하하고, 3~6월에 3조 달러 이상의 돈을 풀었다. 재정 정책도 통화 정책 못지않게 적극적이었다. 정부는 2020년 GDP의 17%에 해당하는 3조 2,000억 달러를 경기 부양책으로 내놓았고, 2021년 1분기에도 1조 9,000억 달러를 가계 지원 등으로 추가 지출했다. 이에 따라 GDP의 70%를 차지하고 있는 소비 중심으로 경제가 회복되고 있다. 2021년 1분기에 미국 경제가 연율로 6.4% 성장한 것으로 잠정 집계되었는데, 소비는 10.7%나 증가했다.

2021년 하반기에도 이런 회복 추세가 지속되면서 미국 경제는 연간으로는 7% 안팎 성장할 전망이다. 미국이 세계 GDP의 25%를 차지하고 있기 때문에 이러한 미국 경제의 회복은 세계 경제의 높은 성장률뿐만 아니라 수출 의존도가 높은 한국 경제 성장에도 크게 기여할 것이다. 2021년 들어서 5월 25일까지 한국의 대미 수출은 31.5%나 증가해, 전체 수출 증가율(23.2%)보다 높았다. 한국 수출에서 미국이 차지하는 비중도 2020년 14.5%에서 2021년 1~5월에는 15.2%로 증가했다.

그러나 미국 경제의 높은 성장으로 미국의 대내외 불균형이 확대되고 있다. 우선 미국 정부가 부실해지고 있다. 2020년 미국 연방 정부의 재정 적자는 GDP의 15.0%로 1945년(20.9%) 이후 최고치를 기록했다. 2020년 정부 부채가 GDP에서 차지하는 비중이 132.0%로 2000년 54.2%, 2010년 91.0%에 비해 큰 폭으로 증가했다. 미국 정부는 국채 발행을 통해 적자를 메꾸고 있다. 미국 정부가 발행한 국채가 2020년 말에 28조 달러 정도인데 이 중 외국인이 26%를 보유하고 있다. 외국인 비중을 보면 2014년 34%를 정점으로 줄어들고 있다. 그 대신 연준이 보유한 국채 비중이 15%에서 19%로 증가했다. 정부 부채의 화폐화(monetization)가 부분적으로 진행되고 있는 것이다.

미국 경제가 소비 중심으로 성장하고 정부 부채가 증가한 결과, 대외 부채가 크게 확대되고 있다. 국민 소득 결정식에 따르면 (저축-투자)와 (정부 지출-조세)의 합은 (수출-수입)과 같다. 지난 20년 동안 투자율이 저축률보다 3% 포인트 높았다. 2002년 이후 재정 수지가 지속적으로 적자를 기록하고 있다. 이에 따라 2000~2020년 미국의 누적 경상 수지 적자가 10조 5,000억 달러에 이르렀다. 미국은 이런 경상 수지 적자를 외국인의 주식과 채권 등 포트폴리오 투자로 보전했다. 외국인의 포트폴리오 투자가 2000년 4조 달러에서 2020년에는 24조 7,000억 달러로 증가했다. 같은 기간 미국의 국외 포트폴리오 투자가 2조 6,000억 달러에서 14조 7,000억 달러로 늘어난 것을 고려하면 순포트폴리오 투자는 마이너스 10조 달러이다.

▶ 미국의 순대외 부채 확대 추세

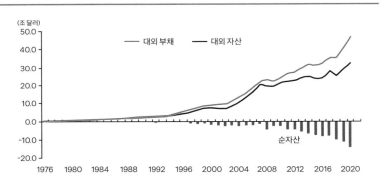

자료: Bureau of Economic Analysis

누적 외국인 직접 투자(FDI)에서도 2020년 현재 2조 7,000억 달러 적자를 기록하고 있다. 바이든 정부가 반도체나 2차 전지 관련 산업의 직접 투자를 적극적으로 유치하고 있는 만큼 이 분야에서도 적자는 더 늘어날 가능성이 높다.

포트폴리오나 직접 투자에서 적자는 미국의 대외 부채 확대를 의미한다. 미국의 대외 부채가 2000년 9조 5,000억 달러에서 2020년에는 46조 2,000억 달러로 4.9배나 증가했다. 이 기간 늘어난 대외 자산을 고려하더라도 순자산(=대외 자산-대외 부채)은 마이너스 2조 3,000억 달러에서 14조 1,000억 달러로 대폭 늘었다. 순자산이 GDP에서 차지하는 비중도 21.7%에서 67.3%로 증가했다. 2020년 미국의 GDP 대비 순차입은 52%이나 현재 가격으로 계산한 비중이 이보다 15% 포인트 더 높은 것은 미국 자산 가격이나 달러 가치가 그만큼 상승한 데 기인했다.

달러 가치나 자산 가격 하락으로 대외 불균형 해소 전망

미국은 세계 최대의 경제 강국이고 기축 통화국이다. 미국의 대외 부채가 높다고 해서 미국이 다른 나라처럼 외환 위기나 재정 위기를 겪을 가능성은 매우 낮다. 그러나 불균형은 결국은 해소해야만 한다.

미국의 불균형은 3가지 방향으로 해소될 가능성이 높다. 첫째, 금리가 상승하면서 소비가 위축되고 저축률이 높아지는 경우이다. 미국의 시장 금리(국채 10년 수익률 기준)는 장기적으로 명목 경제 성장률과 유사한 수준에서 움직여왔다. 2021년 현재 미 의회에서 추정하는 명목 잠재 성장률은 3.9%이다. 2021년 6월 현재 1.5% 안팎에서 움직이고 있는 시장 금리는 적정 수준에 비해 지나치게 낮다. 물가 상승률과 함께 시장 금리도 점진적으로 상승할 가능성이 높다.

둘째, 자산 가격의 하락이다. 금리가 상승하면 채권 가격은 하락한다. 주식 가격은 고평가 영역에 있다. 앞서 살펴본 것처럼 2021년 1분기 현재 미국 전체 주식 시장의 시가 총액이 GDP 대비 317%로 사상 최고치를 기록했다. 1952년 이후의 장기 평균 107%는 물론 2000~2020년 평균인 179%보다 훨씬 높다. 미국 주가가 떨어지지 않는다 해도 미국을 제외한 다른 나라 주가보다 기대 수익률이 낮을 것이다. 누적 순차입금보다 순부채의 현재 가치가 훨씬 더 높은 것은 미국 자산 가격이 높은 수준에 있다는 것을 반증한다. 자산 가격이 하락하면 역의 부의 효과(negative wealth effect)가 나타나면서 소비 중심으로 미국 경제 성장률이 낮아지면서 대외 불균형이 점차 해소될 수 있다.

셋째, 달러 가치의 하락이다. 미국의 주가 등 자산 가격에 대한 기대 수익률이 낮아지면 미국으로 포트폴리오 투자가 줄어들 수 있다. 그렇게 되면 달러 가치가 떨어질 수 있다. 한편 달러 가치 하락은 미국의 수입 물가를 상승시켜 경상 수지 적자를 줄일 것이다.

이 세 가지가 독립적으로 발생하는 것이 아니라 상호 영향을 주면서 동시에 발생할 가능성이 높다. 이런 현상은 장기간에 걸쳐 나타날 것이다. 그러나 금융 시장 참여자들의 기대가 한쪽으로 쏠릴 경우 단기에 급격한 변화가 일어날 가능성도 배제할 수 없다. 특히 주식 시장은 연착륙보다는 경착륙할 확률이 높다. 주가는 때로는 실물 경제를 과대평가하고 때로는 과소평가하기 때문이다.

　이러한 미국의 상황 변화가 우리 경제와 금융 시장에 주는 시사점도 많다. 우선 우리 수출 중에서 미국이 차지하는 비중이 2000년 21.8%였다. 그러나 2000년 정보 통신 거품 붕괴와 2008년 금융 위기로 미국 경제 성장률이 낮아지면서 2011년에는 수출 비중이 10.1%로 거의 절반으로 떨어졌다. 그러나 그 이후 미국의 적극적 재정 및 통화 정책 영향으로 미국 경제가 상대적으로 높은 성장을 하면서 2021년 들어서 5월까지 수출 비중이 15.2%로 높아졌다. 앞으로는 미국의 자산 가격 하락이나 달러 가치 하락으로 소비가 상대적으로 위축될 것이기 때문에 우리나라의 대미 수출 비중이 점차 낮아질 가능성이 높다. 매우 빠르게 성장하고 있는 아시아 특히 아세안 지역에서 수출을 늘려야 할 것이다. 한편 투자자 입장에서 보면 앞으로 10년은 미국 자산보다는 다른 나라 자산 가격의 기대 수익률이 상대적으로 더 높을 것으로 예상된다. 미국 중심의 포트폴리오를 재구성할 필요가 있어 보인다. 이에 대해서는 나중에 더 자세하게 다룰 것이다.

미중 경제 상호 보완 관계

2001년 중국이 WTO에 가입한 이후 미국과 중국 경제는 상호 보완 관계를 유지했다. 1990년대 중반 이후 정보 통신 혁명으로 경제 각 분야에서 생산성이 향상되면서 미국 경제는 고성장과 저물가를 동시에 달성했다. 이를 '신경제' 혹은 '골디락스 경제'라 부르면서 미국 소비자들은 지출을 크게 늘렸다.

이때 중국은 저임금을 바탕으로 상품을 싸게 만들어 미국 소비자들의 욕구를 충족시켜 주었다. 2001~2020년 중국의 대미 무역 흑자는 5조 4,549억 달러였다. 월마트에 진열된 상품의 절반 이상이 중국산일 만큼 중국의 생산자가 미국 소비자 욕구를 충족시켜준 것이다. 중국은 2001~2020년 연평균 8.7%나 성장했는데, 이 성장에 대미 수출이 크게 기여했다.

중국은 미국에서 수출로 벌어들인 돈 일부를 활용해 미 국채를 사주었다. 2008년 미국이 금융 위기를 극복하기 재정 지출을 크게 늘렸고, 그 재원을 마련하기 위해 국채를 발행할 수밖에 없었다. 특히 2011년 말에는 중국이 보유하고 있는 미국 국채 규모가 1조 1601억 달러로 외국인 보유 중 26.1%나 차지했다. 그 이후 규모로는 2013년 말 1조 2,700달러로 사상 최고치를 기록했다(그러나 2021년 4월에는 1조 961억 달러로 축소되었고 외국인 보유 중 중국 비중도 15.5%로 낮아졌음).

중국의 이러한 미 국채 매수가 미국의 시장 금리가 낮은 수준을 유지하는 데 크게 기여했다. 미국 소비자 입장에서는 중국이 생활에 필요한 각종 제품을 싸게 공급해서, 국채 매입으로 금리가 낮아지고 집값이 올라서 좋았다. 물론 중국 생산자들은 수출로 돈을 벌 수 있어서 미국의 신경제를 같이 즐길 수 있었다.

▶ **중국의 미국 국채 매수 추이**

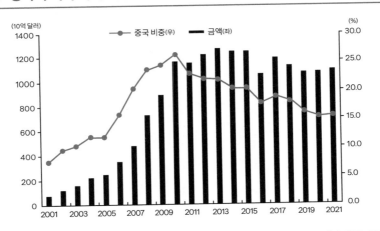

주: 2021년은 4월, 비중은 총 외국인 보유액에서 중국이 차지하는 비율
자료: 미 재무부

미중 불균형 해소 과정에서 중국이 내수 중심으로 성장

그러나 이 과정에서 미국 경제의 불균형이 확대되었다. 가계의 과소비로 가계 부채가 가처분 소득에서 차지하는 비중이 1995년

90%에서 2007년에는 135%까지 상승했다. 수입 증가로 2006년에 경상 수지 적자가 국내 총생산(GDP)의 6%에 이르면서 사상 최고치를 기록했다. 이런 불균형은 2007년 들어 주택 가격에 발생했던 거품이 꺼지면서 해소되기 시작했고, 2008년에는 금융 위기를 겪었다.

또한 미국의 대외 불균형도 크게 확대되었다. 2006년 3분기 한때는 GDP 대비 경상 수지 적자가 6.3%에 이르렀고, 그 뒤로도 3% 안팎을 유지하고 있다. 미국은 이 적자를 금융 계정으로 메꾸었다. 외국인이 미국 기업과 주식 및 채권을 사주었던 것이다. 그 결과는 앞서 살펴본 것처럼 대외 부채 확대로 나타났다. 이런 불균형을 해소하기 위해서 달러 가치가 더 떨어질 수밖에 없다. 앞으로 국제 신용 평가 기관들이 경쟁적으로 미국의 국가 신용 등급을 낮출 수도 있다. 머지않아 미국 경제를 뒷받침해온 신용에 의한 성장 모델이 한계에 도달할 가능성도 높다.

미국 금융 위기가 전 세계로 확산되면서 2009년 세계 경제는 마이너스 성장을 했다. 그러나 중국 경제는 투자 중심으로 9%가 넘는 성장을 했다. 중국 투자가 GDP에서 차지하는 비중이 2008년 40%에서 2009년에는 45%로 크게 늘었고, 그 이후에도 높은 수준을 유지하고 있다.

문제는 투자 중심으로 성장하는 과정에서 중국의 부채 특히 기업 부채가 크게 늘었다는 데 있다. 중국 정부와 민간 부문의 부채가 GDP에서 차지하는 비중이 2008년 169%에서 2017년에는 300%를 넘어섰다. 특히 기업 부채가 같은 기간 GDP의 92%에서 167%로 증가했다. 중국 기업이 주로 간접 금융을 통해 자금을 조달했기 때문에 기업 부실은 곧 은행 부실일 수밖에 없다. 지난 역사를 보면 부채의 급증 다음에는 경제 성장이 둔화되거나 경제 위기가 왔었다.

중국은 기업의 구조 조정 과정에서 경제가 크게 위축되는 것을 막기 위해 소비를 활성화는 하는 대책을 마련하고 있다. 또한 증권 시장을 통해 기업의 채무 조정을 돕고 있다. 중국 기업이 투자를 늘리는 과정에서 대부분 은행을 통해 자금을 조달했다. 그래서 기업 부실이 곧바로 은행 부실로 이어졌다. 그러나 2008년 이후로는 주식이나 채권을 통해 자금을 조달하는 기업이 큰 폭으로 증가하고 있다. 앞으로도 이러한 추세가 지속되면서 증권 시장이 더 빠르게 성장할 전망이다.

미국이 무역 적자국이고 중국이 흑자국인 가장 중요한 이유는 미국이 상대적으로 소비를 많이 하고 중국은 적게 하는 데 있다. 한 나라의 저축률과 투자율의 차이가 그 국가의 GDP 대비 경상 수지 흑자율과 유사한데, 2001~2018년 미국의 연평균 국내 저축률이 17.7%로 총투자율(21.0%)보다 3.3% 포인트 낮았다. 이와는 달리 중국의 경우에는 같은 기간 저축률(47.2%)이 투자율(43.6%)보다 3.6% 포인트 높았다. 미국과 중국의 무역 불균형이 해소되기 위해서는 미국의 소비가 위축되든지 중국이 소비 중심으로 성장해야 한다는 이야기이다.

2019년 미국 명목 GDP에서 민간 소비가 차지하는 비중이 68%로 중국(39%)보다 훨씬 높다. 좀 멀리 내다보면, 미국의 소비 비중은 줄고 중국 가계가 소비를 늘리면서 양국 간 무역 불균형이 해소되는 과정을 거칠 전망이다. 우선 미국 가계가 소득에 비해서 부채를 줄여가고 있는 것은 사실이지만, 아직도 과거 평균에 비해서는 높다. 2000년 GDP 대비 71%였던 가계 부채가 2007년에는 99%까지 올라가면서 2008년 금융 위기의 한 원인이 되었다. 그 후 가계의 부채 조정이 이뤄지는 가운데 2020년 말에는 79%까지 떨어졌지만, 위기 전 장기 평균(1980~2007년)인 64%보다는 높다. 저금리와 양적 완화에 따른 풍부한 유동성으로 집값과 주식 가격에 거품이 발생하였으며, 이 거품이 해소되면 미국의 가계 소비가 급격하게 위축될 가능성이 높다.

반면 중국 경제는 소비 중심으로 성장할 전망이다. 2008년 미국에서 시작된 금융 위기가 전 세계로 확산되면서 2009년 세계 경제는 선진국 중심으로 마이너스(-) 0.1% 성장했다. 그러나 그해 중국 경제는 9.4% 성장하면서 "중국만이 자본주의를 구제한다."라는 말까지 나오게 했다. 중국 경제가 이처럼 높은 성장을 한 것은 고정 투자가 GDP에서 차지하는 비중이 2009년 46%(1990~2008년 평균 39%)로 크게 증가한 데 기인했다. 그러나 그 과정에서 기업 부채가 GDP의 160%를 넘어설 만큼 기업이 부실해졌다. 기업 구조 조정 과정에서 투자는 상대적으로 줄어들 것이다. 이제 투자 대신 소비가 경제 성장을 주도

할 가능성이 높다. 2019년 말 중국 가계 부채가 GDP에서 차지하는 비중이 53%로 다른 나라(G20 평균 59%)에 비해서는 상대적으로 낮고, 중국의 1인당 국민 소득이 2019년 1만 달러를 넘어서면서 소비가 본격적으로 증가할 것이기 때문이다.

환율 조정도 미중 무역 불균형 해소에 기여할 것이다. 앞서 살펴본 것처럼 미국의 대내외 불균형 해소 과정에서 달러 가치가 떨어질 가능성이 높다. 상대적으로 중국 위안 가치가 상승할 것이며, 이는 중국 경제가 소비 중심으로 성장하는 데 기여할 전망이다.

대전환의 시대

미국 위스콘신 대학교 매디슨 캠퍼스의 역사학 석좌교수인 앨프리드 맥코이는 『대전환』[4]이라는 저서에서 미 제국은 해체 시기에 접어들었다고 주장하고 있다. 그의 주장은 다음 문장에 축약되어 있다.

"포르투갈은 1년, 소련은 2년, 프랑스는 8년, 오스만 제국은 11년, 영국 제국은 17년 만에 완전히 해체되었다. 미국 제국 또한 2003년을 기점으로 27년 후 같은 운명을 맞이할 것이다."

---

4   앨프리드 맥코이(홍지영 역), 『대전환』, 2019

여기서 2003년은 조지 W. 부시 전 대통령이 이라크를 침공한 시기이다. 당시 미국은 유엔 안보리에서 과반의 지지를 얻는 데 실패했을 뿐만 아니라 주요 협력국들에 대한 통제력도 상실했다. 이라크 전쟁에서 4,800명의 미군이 희생됐다. 전쟁 기간 혹은 그 이후 8년간 1조 달러를 투입했다. 그러나 이라크 누리 알 말리키 총리는 미군 철수를 요구했고, 미 대사관 신축을 불허했다. 앙겔라 메르켈 독일 총리는 "우리의 미래와 유럽인의 운명은 우리 힘으로 지켜야 한다."라고 말하면서 미국의 영향력에서 벗어나고자 했다.

맥코이 교수는 역사적으로 보면 제국의 내재된 힘이 부족할 때 제국이 붕괴되었다고 주장하면서 그중에서도 재정 압박이 가장 중요한 원인이었다고 설명한다. 그는 미국 붕괴 시나리오를 주로 다음과 같은 4가지 단계로 구분해서 설명하고 있다. 1)세계 질서의 변화, 2)경제 쇠퇴, 3)군사적 재난, 4)3차 세계 대전이다.

우선 제국은 이데올로기와 더불어 행정 기구와 군사력에 의해 지탱되었다. 이데올로기 측면에서 보면 스페인은 기독교, 영국의 자유 시장과 페어플레이였다. 미국의 경우는 민주주의를 기반으로 인권과 법치주의가 이데올로기였다. 그러나 도널드 트럼프 대통령이 집권하는 동안(2017~2020년) 미국의 이데올로기는 국내에서 상당 부분 무너졌다. 특히 46대 대통령 선거에 불만을 품은 트럼프 지지자들이 미국 의회에 난입하는 사건은 미국 민주주의를 후퇴시켰다. 조바이든 대통령은 의사당을 '자유의 성채'라고 했다. 그런 의사당에서 깨진 유리창은 미국 민주주의의 후퇴로 역사에 기록될 것이다.

그렇다면 앞으로 어떤 나라가 어떤 이데올로기로 제국의 역할을 할 것인가. 맥코이 교수는 미국이 쇠퇴해도 자유주의 세계 질서, 자유 무역, 인권, 주권 존중 정신은 여전히 살아남아 번창할 것으로 보고 있다. 러시아나 중국이 세계를 지배할 이데올로기를 마련하지 못할 것으로 보고 있다. 이들은 내부 지향적이고 자기 지시적 문화를 가진 데다가 비민주적 정치 구조 및 미숙한 법체계와 더불어 비로마자 문자를 보유하고 있어 세계 지배에 꼭 필요한 수단을 마련하지 못했다. 시진핑 중국 국가 주석도 2021년 1월 25일 다보스 포럼 화상 개막 연설에서 "모든 나라는 각기 고유한 역사, 문화, 사회 체제를 지녔으며, 누구도 다른 나라보다 우월하지 않다."라고 말했다.

그러나 글로벌 질서에서 중국의 역할이 크게 확대될 것으로 예상된다. 베이징은 북대서양 조약 기구에 대응하는 상하이 협력 기구, 국제통화기금(IMF)의 역할을 할 수 있는 아시아 인프라 투자 은행(AIIB), 환태평양 경제 동반 협정(TPP)에 대항하는 역내 포괄적 경제 동반자 협정(RCEP) 체결로 중국이 세계에서 미국의 역할 일부를 대신할 가능성이 높아진 것이다.

그러나 맥코이 교수는 중국이 세계를 지배할 이데올로기를 갖고 있지 않기 때문에 앞으로 세계는 다극 체제로 변화할 것으로 내다보고 있다. 예를 들면 브라질리아는 남미, 워싱턴은 북미, 베이징은 동아시아와 동남아시아, 모스크바는 동유럽, 뉴델리는 남아시아, 테

헤란은 중앙아시아, 앙카라는 중동, 프리토리아는 아프리카 남부를 지배하는 식이다.

경제적 측면에서는 미국이 쇠퇴하고 중국이 급부상하는 모습이 나타나고 있다. 앞서 살펴본 것처럼 2020년 현재 중국 GDP가 미국의 70%를 넘어섰고, 2030년에는 미국을 추월할 가능성이 높다. 기술 혁신 측면에서도 중국이 매우 빠르게 성장하고 있다. 예를 들면 2014년 세계에 등록된 중국의 특허 출원은 80만 1,000건으로 전체의 절반 정도를 차지하고 있을 뿐만 아니라, 미국의 28만 5,000건을 훨씬 넘어섰다. 2012년 OECD 학생 평가에서 중국이 과학, 수학 등에서 대부분 1위를 차지했다. 중국의 핵심 우주 과학자 집단도 미국보다 20년 젊어, 앞으로 우주 과학에 있어서도 중국이 미국을 앞서갈 것이라는 전망이 지배적이다.

다음으로 미국 달러의 기축 통화 역할 상실이다. 1974년 사우디가 원유를 수출하면서 달러로 결제한 것이 달러의 기축 통화 역할을 굳혔다. 그 이후 미국은 40센트 정도의 비용으로 100달러 지폐를 발행하여 거의 무제한 소비하는 데 사용했다. 또한 그 돈으로 세계 전역에 군사를 주둔시켜 세계 경찰의 역할까지 했다.

그러나 이 과정에서 미국의 대외 부채는 지속적으로 늘었다. 2020년 현재 외국인이 7조 달러가 넘는 미 국채를 보유하고 있다. 달러의 신뢰가 상실되면 외국인이 미 국채를 더 이상 사주지 않을 것이고, 기존에 보유하고 있는 국채 일부를 팔 수도 있다. 달러 가치가 하락하면 미국의 수입 물가와 소비자 물가는 상승할 것이다. 앞에서 살펴본 것처럼 2020년대는 미국에서 인플레이션 시대가 진행될 가능성이 높다는 이야기이다. 그렇게 되면 세계의 미국 국채 수요는 크게 줄어들 것이다. 국채를 제대로 발행할 수 없는 미국은 재정난으로 국방 예산을 줄이고 일부 해외 기지를 폐쇄하면서 세계 경찰의 역할도 축소될 것이다. 또한 국내에서 인구의 고령화로 재정 수요가 증가(2010년 사회 복지 비용이 GDP의 4%였으나 2050년에는 18%로 증가 예상)하면 상대적으로 해외 재정 지출을 줄일 수밖에 없다.

미국인의 중국에 대한 비호감도가 급격하게 증가하고 있다. 워싱턴에 기반을 두고 있는 퓨(Pew) 리서치 센터는 매년 봄에 미국인을 대상으로 중국인에 대한 호감도(혹은 비호감도) 조사를 한다. 이에 따르면 2006년에는 조사 대상 미국인 중 52%가 중국을 좋아한다고 대답했다. 그러나 그 이후 호감도가 지속적으로 감소하고 있다. 특히 2020년에 퓨 리서치 센터는 봄과 가을에 두 번 조사했는데, 두 번째 조사에서 호감도는 22%로 급락했고, 비호감도는 73%로 급등했다. 앞으로도 '우리의 기술을 훔치고 미국인의 일자리를 아시아로 빼돌린 교활한 중국'이라는 미국인의 인식은 더 강해지고 정치인은 '희생양 찾기' 차원에서 중국을 더 비난할 것이다. 극단적인 경우 맥코이 교수는 미중 전쟁으로 시작되는 제3차 세계 대전을 예상하고 있다.

04

한국 경제, 구조적 저성장과 저금리 국면 진입

앞서 미국에서 인플레이션이 발생하고 시장 금리도 오를 것으로 보았다. 한국 물가 상승률과 금리도 미국과 같은 방향으로 움직여왔기 때문에 한국의 물가와 금리가 오를 가능성이 높다. 그러나 한국의 금리는 소폭 상승에 그칠 것이며, 금리를 결정하는 세 가지 요인을 고려할 때 장기적으로 저금리 추세는 지속될 전망이다.

첫째, 금리를 결정하는 가장 중요한 요인은 경제 성장률과 물가 상승률이다. 우리가 시장에서 관찰하는 금리는 명목 금리인데, 이는 실질 금리와 물가 상승률의 합으로 표시된다. 실질 금리는 사전적으로 추정하기 어렵기 때문에 보통 실질 경제 성장률을 실질 금리의 대용 변수로 사용한다.

그런데 한국의 실질 경제 성장률이 지속적으로 하락하고 있다. 잠재 성장률이 떨어지고 있다는 것이다. 수요 측면에서 잠재 성장률은 인플레이션을 유발하지 않고 성장할 수 있는 능력이다. 생산 측면에서는 노동과 자본, 생산성을 고려했을 때 생산할 수 있는 능력을 잠재 성장률이라 한다. 2020년 현재 잠재 성장률은 2% 정도인 것으로 추정된다. 문제는 앞으로 더 떨어질 가능성이 높다는데 있다. 이미 생산 가능 인구로 분류되는 15~64세 인구가 감소세로 접어들었다. 2020년부터는 전체 인구 자체도 줄어들기 시작했다. 한국 기업들이 이미 상당한 자본을 축적했기 때문에 과거처럼 투자를 많이 하지 않을 것이다. 이제 잠재 성장률이 올라가려면 총요소 생산성이 향상되어야 한다. 좁게는 노사 화합, 넓게는 사회적 대타협을 통해 생산성을 높여야 한다. 그러나 이 역시 하루아침에 일어나는 일은 아니다. 이런 요인을 고려하면 조만간 한국의 잠재 성장률이 1%대로 접어들 가능성이 높다.

▶ 한국의 잠재 성장률과 결정 요인

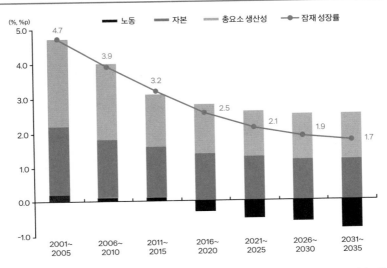

자료: 현대경제연구원

금리를 결정하는 또 다른 요인인 물가 상승률도 매우 낮은 수준을 유지하고 있다. 경제의 총체적 물가 수준을 나타내는 GDP 디플레이터가 2019년 0.8% 하락하면서 한국 경제가 디플레이션에 빠지지 않을까 하는 우려도 있었다. 2020년에는 0.9% 상승했지만 여전히 낮은 수준이다. 소비자 물가 상승률도 2019년과 2020년에 각각 0.4%, 0.5%씩 오르는 데 그쳤다. 한국은행은 통화 정책 목적을 물가 안정과 금융 안정에 두고 있는데, 물가 안정 측면에서 소비자 물가 상승률은 2.0%로 설정했다. 실제 물가 상승률이 목표치를 훨씬 밑돌았던 것이다.

2021년 들어서는 물가 상승률이 높아지고 있다. 특히 5월에는 소비자 물가 상승률이 전년 동월비 2.6% 상승해, 2012년 4월 이후 최고치를 기록했다. 2020년 5월을 저점으로 경기가 회복 국면에 접어들었고, 국제 유가 등 원자재 가격이 급등했기 때문이었다. 여기다가 2020년 5월 코로나19 영향으로 물가 상승률이 마이너스(-) 0.3%이었던 것에 따른 기저 효과도 작용했다. 그러나 1~5월 평균 물가 상승률은 1.7%로 여전히 목표치를 하회했고, 이러한 추세는 상당 기간 지속될 가능성이 높다. 우선 높은 가계 부채에 따른 소비 위축으로 수요가 공급 능력에 미치지 못할 것이다. 대외 측면에서는 달러 가치 하락에 따른 원화 가치 상승으로 수입 물가가 안정될 전망이다. 미국의 경우 달러 가치가 하락하면서 물가가 상승할 가능성이 높다고 보았는데, 한국은 그와는 다른 환경이라는 의미이다.

은행이 채권을 사면 금리는 하락

둘째, 돈이 남아돌면서 금리는 낮은 수준을 유지할 전망이다. 한 나라 경제에서 돈의 수요와 공급은 투자와 저축에 의해 결정된다. 1997년 외환 위기 전에는 한국의 국내 투자율이 총저축률을 웃돌았다. 예를 들면 1990~97년 투자율이 연평균 38.9%로 저축률(37.8%)을 넘어섰다. 그만큼 돈이 부족했기 때문에 금리가 높은 수준을 유지할 수밖에 없었던 것이다. 그러나 1998년 이후 기업의 투자가 상대적으로 줄어들면서 상황이 역전되었다. 1998~2020년 저축률이 연평균 34.8%로 투자율(31.6%)을 훨씬 넘어섰다. 돈이 남아도는 경제로 바뀐 것이다. 한국은행의 자금 순환에 따르면 2020년 말 현재 금융업을 제외한 기업들이 가지고 있는 현금성 자산은 785조 원이었다. 일부 은행 지점장들이 기업을 찾아 우리 은행 돈 좀 써달라고 고개를 숙인다는 우스갯소리가 나올 정도이다.

셋째, 은행이 채권을 사면서 금리가 더 하락할 가능성이 높다. 은행은 돈이 들어오면 대출이나 유가 증권으로 운용한다. 대출은 가계와 기업 대출로 나뉘고 유가 증권은 크게 주식과 채권으로 구성된다. 가계는 자금 잉여 주체이다. 은행을 포함한 금융 회사에 저축한 돈이 빌려 쓴 돈보다 많다는 의미이다. 예를 들면 2020년에 우리 가계(비영리 단체 포함)의 자금 잉여가 192조 원으로 사상 최고치를 기록했다. 기업은 금융 회사나 금융 시장에서 돈을 빌려 투자하는 자금 부족 주체이다. 그런데 그 부족 규모가 상대적으로 줄어드는 추세를 보이고 있다. 역시 구체적 수치로 설명해보면, GDP 대비 기업의 자금 부족 규모가 2009년 1분기에 9.1%(4분기 이동 평균)였으나, 2020년 4분기에는 4.5%로 축소되었다. 가계의 자금 잉여가 늘고 기업의 자금 수요가 상대적으로 축소되면 은행은 남은 돈을 유가 증권 운용에 사용할 수밖에 없다. 은행은 유가 증권 중에서 리스크가 높은 주식

보다는 채권을 사게 된다. 실제로 은행 자산 중 채권 비중이 2015년 1분기 12.0%에서 2020년 4분기에는 14.7%로 증가했다. 이런 추세는 앞으로도 더 지속될 가능성이 높다. 필자가 아는 한 금융 그룹 회장은 "과거에는 은행의 경쟁력이 대출에 있었으나, 이제는 자기자본이나 고객의 금융 자산 운용이 은행의 경쟁력을 결정할 것"이라고 말했다.

▶ 은행 자산 중 채권 비중 증가 추세

자료: 한국은행

이런 상황은 우리나라보다 일본에서 먼저 발생했다. 일본 기업들은 1998년부터 자금 잉여 주체로 전환했다. 기업들이 은행에 빌려 쓴 돈보다 더 많이 저축했다는 의미이다. 그래서 일본 은행은 채권을 살 수밖에 없었다. 1990년 일본 은행의 자산 가운데 채권 비중이

투자의 신세계

10%였으나, 2011년에는 34%까지 급등했다. 은행의 채권 매수가 금리를 0%로 떨어뜨리는 데 크게 기여했다.

넷째, 구축 효과(crowding-out effect)도 나타나지 않을 전망이다. 이는 정부가 재정 적자를 보전하기 위해서 국채를 발행하면 시장 금리가 상승하고 결국에는 소비와 투자 등 민간 부문이 위축되는 효과를 가리키는 용어다. 2020년 말 현재 일본의 정부 부채가 GDP의 238%일 정도로 부채가 많고 이를 국채 발행을 통해서 메꿨다. 그러나 일본 금리가 여전히 0%를 유지하고 있다. 정부가 발행한 국채를 대부분 은행이 사주었기 때문이다. 한국 정부도 경기 부양과 소득 분배를 위해 재정 지출을 늘리고, 그 재원을 조달하기 위해 국채를 발행할 것이다. 그러나 일본의 경우처럼 기업의 자금 수요가 축소되면서 은행이 여유 자금으로 그 국채 대부분을 살 것이다. 이런 측면을 고려하면 한국 경제에서도 구축 효과가 나타나지 않을 가능성이 높다.

▶ **한국의 기준 금리와 시장 금리 추이**

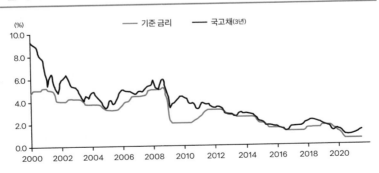

자료: 한국은행

05

경제 전망이
투자에 주는 시사점

첫째, 장기적 측면에서 보면 세계 경제의 성장 축이 미국 등 선진 국에서 중국을 포함한 아시아 지역으로 이전되는 과정이 전개되고 있다. 이런 추세가 한국의 지역별 혹은 국가별 수출에서 나타나고 있다. 한국 수출 중 미국과 유럽 연합(EU) 비중은 상대적으로 줄어들고 중국과 아세안 비중은 늘어나고 있다. 한국 경제가 '세계 경제의 풍향계' 역할을 하고 있는 것이다.

둘째, 각국 정책 당국의 과감한 재정과 통화 정책으로 2008년 글로벌 금융 위기를 극복했고, 2020년 코로나19 경제 위기(Great Lockdown)를 이겨내고 있다. 그러나 이 과정에서 세계 각 경제 주체의 부채가 크게 늘었다. 장기간 동안 지속된 저금리와 풍부한 유동성으로 일부 자산 가격에 거품이 발생했다. 이 두 가지 문제를 극복해야 세계 경제는 다시 정상적 성장 궤도에 들어설 수 있을 것이다.

셋째, 미국을 중심으로 세계 경제에 인플레이션 가능성이 높아지고 있다. 이 경우 각국 중앙은행은 금리 인상 등 통화 정책을 긴축적으로 운용할 수밖에 없다. 그렇게 되면 부채 문제가 드러나고 일부 자산 가격이 급격한 조정을 거칠 가능성이 높다. 그 이후 세계 경제에서 인플레이션 문제는 수면 아래로 가라앉을 수 있다. 일시적으로 스태그플레이션 현상이 발생할 수도 있다.

넷째, 미국의 대내외 불균형이 지나치게 심화하고 있다. 이런 불균형은 미국의 금리 상승, 자산 가격이나 달러 가치 하락으로 해소될 전망이다.

다섯째, 중국은 기업 부채가 위태로울 정도로 과다하다. 이 문제를 해결하는 과정에서 중국 경제가 위기를 겪을 수도 있다. 그러나 중국 경제는 소비가 증가하면서 4~5% 정도의 안정적인 성장을 할 것이다. 중국 기업이 간접 금융(은행에서 차입)보다는 직접 금융(주식이나 채권을 통해 자금 조달)을 통해 더 많은 자금을 조달하면서 증권 시장이 실물 경제보다는 더 빠르게 성장할 전망이다.

이런 글로벌 경제 환경하에서 투자자라면 어떻게 자산을 배분해야 할 것인가? 다가올 위기를 부를 늘릴 수 있는 기회로 활용해야 한다. 국가별 자산 배분에 있어서는 미국보다는 중국 등 아시아 비중을 높여야 할 것이다. 정부는 그린 뉴딜 등에 다시 지출을 적극적으로 늘릴 전망이다. 그린 뉴딜의 핵심은 전기차 및 자율 주행차에 있다. 지금까지의 내용을 요약해보면 다음과 같다.

국가별 주식 배분: 미국 비중 축소, 중국 비중 확대

지난 약 11년간(2010년 1월~2021년 6월) 한미중 대표 주가 지수(KOSPI, S&P500, SHCOMP)의 월평균 수익률을 비교해보면 미국 주가가 안정적으로 상승했다. S&P500이 월평균 1.1% 상승해서 코스피(0.58%)나 상하이종합지수(0.25%) 비해 상승률이 2배 이상 높았다. 표준 변차를 평균으로 나눈 변동성을 보면 미국이 가장 작았다. 2010년 이후 미국 주가가 안정성과 수익성이 높았다는 의미이다.

그러나 기간을 2000년 1월에서 2009년 12월까지 좁혀서 10년 통계를 분석해보면 전혀 다른 결과가 도출된다. 중국 상하이종합지수의 월평균 상승률이 1.11%로 가장 높고, 그다음으로 코스피(0.72%)였다. 이 기간 동안 S&P500의 월평균 수익률은 마이너스(-) 0.09%로 나타났다. 이런 결과가 나오는 것은 2005년 말에서 2007년 사이에 상하이종합지수가 무려 412.9% 상승했기 때문이다. 그 이후 급락하면서 평균 수익률이 낮아지기는 했다. 이와는 달리 미국 S&P500은 1999년 말 닷컴 거품이 붕괴된 이후 2010년까지 거의 제자리걸음을 했다.

이러한 결과는 어느 시점에 어떤 시장에 진입했는가에 따라 투자 수익률이 크게 달라질 수 있다는 것을 보여준다. 이런 의미에서 거시 경제 흐름을 파악하는 것은 매우 중요한 일이다.

▶ 2000년 이후 10년 단위 한미중 주가 상승률 비교

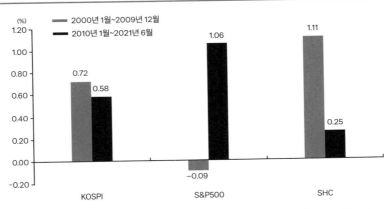

자료: KRX, Bloomberg

앞으로 10년은 어떤 모습으로 전개될 것인가? 미국보다는 중국과 한국 시장이 상대적으로 수익률이 높을 전망이다. 앞서 살펴본 것처럼 미국 주식 시장은 여러 가지 지표 측면에서 거품 조짐이 있다. '버핏 지수'가 사상 최고치 수준으로 올라와 있고 주가 수익 비율(PER)도 과거 평균의 2배 이상이다. 미국 가계 금융 자산에서 주식 비중이 52%로 매우 높다. 거품 붕괴 정도는 아니더라도 미국 주가가 2010년 이후 10년처럼 상승할 가능성은 낮아 보인다.

그러나 중국 경제가 소비 중심으로 안정 성장 국면에 접어들면서 금융 시장이 빠른 속도로 확대될 가능성이 높다. 2010~2020년 수익률이 낮았던 중국 주가가 상대적으로 오를 전망이다. 국가별 자산 배분을 한다면 미국 비중을 낮추고 중국 비중을 그만큼 늘리는 게 수익률을 높이는 하나의 방법일 것이다.

▶ **2000년 이후 한미중 주가 추이**

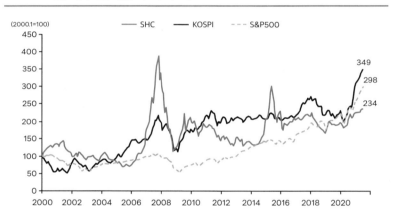

주: 월말기준, 최종 월은 2021년 6월
자료: KRX, Bloomberg

그린 뉴딜 투자 확대

미국의 인플레이션과 금리 상승으로 자산 가격 거품이 붕괴되고 부채에 의한 성장의 한계가 드러날 것이다. 그러면 세계 경제는 2020

년 못지않게 다시 극심한 침체에 빠질 가능성이 높다. 가계와 기업의 부채가 매우 높은 수준에 있기 때문에 금리를 내리고(사실은 더 인하할 여지도 크지 않다.) 돈을 풀어도 소비와 투자는 별로 늘어나지 않을 것이다. 통화 정책의 효과가 크지 않을 것이라는 이야기이다. 그러면 정책 당국은 정부 부채가 많지만 그래도 재정 정책에 의존할 수밖에 없을 것이다. 그러면 정부가 돈을 어디에 쓸 것인가. 미국이나 우리 정부가 코로나19 경제 위기를 극복하기 위해서 이미 사용하고 있지만, 가계나 중소기업에 돈을 직접 주는 것이다. 그러나 미래의 잠재 성장력 제고를 위한 대규모의 투자도 빼놓을 수 없다. 바로 이 시대가 요구하는 '그린 뉴딜'에 투자가 그것이다.

그린 뉴딜을 이해하기 위해서는 현시대 가장 영향력 있는 사회사상가이자 미래학자인 제러미 리프킨의 견해에 귀를 기울일 필요가 있다. 그는 『글로벌 그린 뉴딜』이라는 저서[5]에서 그린 뉴딜로 펼쳐질 미래의 세계를 그리고 있다. 2028년에 화석 연료 문명의 종말이 오고, 그 사이에 지구 생명체를 구하기 위한 각국의 대담한 그린 뉴딜을 위한 경제 계획이 필요하다는 것이다.

리프킨에 따르면 인류의 역사에서 경제적 변혁은 모두 공통분모를 가졌는데, 그것은 세 가지로 커뮤니케이션 매개체와 동력원, 그리고 운송 메커니즘이다. 커뮤니케이션이 없으면 경제와 사회 활동을

---

5   제러미 리프킨(안진환 옮김), 『글로벌 그린 뉴딜』, 민음사, 2019

관리할 수 없고, 에너지가 없으면 이들 활동에 동력을 제공할 수 없다. 또한 운송과 물류가 없으면 경제 활동과 사회 활동을 가동할 수 없다.

리프킨에 따르면 19세기에 펼쳐진 1차 산업 혁명은 증기력을 활용한 인쇄와 전신, 풍부한 석탄, 전국 철도망이 서로 맞물리면서 가능했다. 20세기에는 중앙 제어식 전력과 전화, 라디오, 텔레비전, 저렴한 석유, 그리고 전국 도로망을 달리는 내연 기관 차량이 상호 작용하면서 2차 산업 혁명 기반을 창출했다.[6]

리프킨은 현재 3차 산업 혁명이 진행 중이라고 했다.[7] 3차 산업 혁명을 주도하고 있는 커뮤니케이션 매개체는 인터넷에 기반한 디지털 커뮤니케이션이다. 동력원은 풍력과 태양광을 포함한 녹색 에너지이다. '태양은 모든 곳에서 빛나고 바람은 모든 곳에서 분다.'는 것이다. 그기에 태양광과 풍력 생산 비용은 기하급수적으로 하락할 가능성이 높다. 이른바 '에너지의 민주화' 시대도 도래할 것이다. 3차 산업 혁명의 운송 수단은 녹색 에너지를 활용한 전기 및 연료 전지 자율 주행차일 전망이다.

---

6 제러미 리프킨, 앞의 책 p.26
7 2016년 세계 경제 포럼에서는 현재는 4차 산업 혁명이 진행되고 있다고 보았다.

	1차 산업 혁명	2차 산업 혁명	3차 산업 혁명
커뮤니케이션 매개체	증기력 활용 인쇄, 전신	중앙 제어식 전력, 전화, 라디오, TV	인터넷 디지털 커뮤니케이션
동력원	석탄	석유	태양광, 풍력
운송 메커니즘	전국 철도망	내연 기관 차량 고속 철도	전기 및 연료 전지 자율 주행차

자료: 제러미 리프킨(안진환 옮김), 『글로벌 그린 뉴딜』, 민음사, 2019

앞으로 3차 산업 혁명에 얼마나 적극적 대응하느냐에 따라 국가 경쟁력이 결정될 것이다. 2021년에 들어서 바이든 행정부는 4년에 걸쳐 환경 관련 인프라 투자에 2조 달러를 투입하겠다고 했다. 2050년 탄소 배출 제로화 정책도 목표로 내세웠다.

우리 정부도 디지털 뉴딜과 그린 뉴딜로 요약되는 '한국판 뉴딜' 정책을 강력하게 추진할 것이라고 했다. 이를 통해 추격형 경제에서 선도형 경제로, 탄소 의존 경제에서 저탄소 경제로 대전환을 하겠다는 것이다. 이를 위하여 2025년까지 총사업비 160조 원(국비 114조 원)을 투입하여 경제 성장의 잠재력을 키우고 190만 개의 일자리를 창출하겠다는 계획을 세웠다.

그린 뉴딜의 핵심, 전기 자동차

제러미 리프킨은 전기 자동차가 3차 산업 혁명 혹은 그린 뉴딜의 핵심이 될 것이라고 보았다. 3차 산업 혁명의 운송 메커니즘이 전기 자동차이기 때문이다. 그는 자동차 산업의 미래도 그리고 있다. 앞으로 펼쳐질 자동차 산업의 세 가지 특징은 휘발유 차량에서 녹색 에너지로 구동되는 전기 및 연료 전지 차량으로의 이행, 차량 공유 서비스로의 전환, 자율 주행 차량의 도입이다.[8]

조만간 화석 연료 사용의 정점이 올 것이다. 현재 세계는 매일 9,600만 배럴의 석유를 소비하고 있으며, 이중 63% 정도를 운송이 차지하고 있다. 앞으로 전기차 사용이 증가하면서 석유 수요는 크게 감소할 전망이다.

다음으로 리프킨은 도시 젊은이들의 차량 소유의 개념이 바뀔 것으로 보고 있다. 즉 도시 지역의 젊은이들이 '차량 소유권'보다는 '이동성 접근권'을 더 선호하는 추세에 있다는 것이다. 그처럼 차량 공유가 일반화되면 차량 수요가 전체적으로 줄어들 가능성이 높다. 오늘날 전 세계의 혼잡한 도시 지역에는 주로 석유를 사용하는 12억 대에 달하는 자동차와 버스, 트럭이 굴러다니고 있지만, 이들 숫자가 줄어들고 대부분 전기차로 대체되어 탄소 배출을 줄일 것이라

---

8   제러미 리프킨, 앞의 책, p.89

는 이야기이다.

또한 배터리 가격의 급격한 하락도 전기 자동차 판매의 증가 요인이다. 2010년에 킬로와트시당 1,000달러였던 리튬 배터리 가격이 2017년 말에는 209달러로 79%나 급락했다. 앞으로도 이런 추세는 지속될 전망이다.

3차 산업 혁명의 가장 중요한 특징은 융합이다. 인공 지능(AI), 사물 인터넷(IOT)이 무인 전기 자율 자동차에 결합될 것이다.

▶ SK이노베이션의 조지아주 전기차 배터리 공장 전경

출처: SK이노베이션 홈페이지

제2장

글로벌 경제와 부의 대전환[9] 요약

 본 파트의 내용을 요약하면 다음과 같다.

 첫째, 장기적 측면에서 보면 세계 경제의 성장 축이 미국 등 선진국에서 중국을 포함한 아시아 지역으로 이전되는 과정이 전개되고 있다. 이런 추세가 한국의 지역별 혹은 국가별 수출에서 나타나고 있다. 한국 수출 중 미국과 유럽 연합(EU) 비중은 상대적으로 줄어들고 중국과 아세안 비중은 늘어나고 있다. 한국 경제가 '세계 경제의 풍향계' 역할을 하고 있는 것이다.

 둘째, 각국 정책 당국의 과감한 재정과 통화 정책으로 2008년 글로벌 금융 위기를 극복했고, 2020년 코로나19 경제 봉쇄(Great Lockdown)를 이겨 내고 있다. 그러나 이 과정에서 세계 각 경제 주체의 부채가 크게 늘었다. 장기 간 동안 지속된 저금리와 풍부한 유동성으로 일부 자산 가격에 거품이 발생 했다. 금융 불균형이 심화되고 있는 것이다. 이 두 가지 문제를 극복해야 세계 경제는 다시 정상적 성장 궤도에 들어설 수 있을 것이다.

 셋째, 미국을 중심으로 세계 경제에 인플레이션 가능성이 높아지고 있다. 이 경우 각국 중앙은행은 금리 인상 등 통화 정책을 긴축적으로 운용할 수밖에 없다. 그렇게 되면 부채 문제가 드러나고 일부 자산 가격이 급격한 조정을 거칠 가능성이 높다. 그 이후 세계 경제에서 인플레이션 문제는 수면 아래로 가라앉을 수 있다. 일시적으로 스태그플레이션 현상이 발생할 수도 있다.

넷째, 미국의 대내외 불균형이 지나치게 심화하고 있다. 이런 불균형은 미국의 금리 상승, 자산 가격이나 달러 가치 하락으로 해소될 전망이다.

다섯째, 중국은 기업 부채가 과다하다. 이 문제를 해결하는 과정에서 중국 경제가 위기를 겪을 수도 있다. 그러나 중국 경제는 소비가 증가하면서 4~5% 정도의 안정적인 성장을 할 것이다. 중국 기업이 간접 금융(은행에서 차입)보다는 직접 금융(주식이나 채권을 통해 자금 조달)을 통해 더 많은 자금을 조달하면서 증권 시장이 실물 경제보다는 더 빠르게 성장할 전망이다.

이런 글로벌 경제 환경하에서 투자자라면 어떻게 자산을 배분해야 할 것인가? 다가올 위기를 부를 늘릴 수 있는 기회로 활용해야 한다. 국가별 자산 배분에 있어서는 미국보다는 중국 등 아시아 비중을 높여야 할 것이다. 정부는 그린 뉴딜 등에 다시 지출을 적극적으로 늘릴 전망이다. 그린 뉴딜의 핵심은 전기차 및 자율 주행차에 있다.

---

9   일부 내용은 최근 데이터를 활용하여 필자의 저서(『그레이트 리셋』, 2021.6)에서 재인용했음을 밝힌다.

투자의 신세계로 가고 싶은
투자자를 위한 Q&A

Q. 제2장 제목인
<글로벌 경제와 부의
대전환>이 어떤
의미인지 간단히
소개해주실 수
있으신지요?

세계의 성장 축 특히, 소비 축이 미국에서 중국 등 아시아 지역으로 이전되고 있다는 의미입니다. 2000년 이후 세계 경제에서 미국이 소비자, 중국은 생산자 역할을 했습니다. 그러나 미국의 대내외 불균형이 심화되었습니다. 미국 국내 총생산(GDP)에서 소비가 70%를 차지하고 있는데, 미국 가계의 부채가 많기 때문에 과거처럼 소비를 늘릴 수 없는 상황입니다. 그럼에도 세계 경제가 지속적으로 성장할 수 있는 이유는 아시아 소비자가 있기 때문입니다. 중국의 1인당 국민 소득이 2019년에 1만 달러를 넘어서면서 중국 경제가 소비 중심으로 성장할 가능성이 높습니다. 그다음에 인도와 아세안 국가의 가계가 소비를 늘릴 것입니다. 경제가 성장하는 만큼 아시아 지역의 주식 시장도 크게 성장할 전망입니다.

Q. 미국과 중국이 세계 경제의 패권을 두고 다투는 가운데 한국은 어떻게 대처하는 것이 현명할까요?

중국은 그동안 무역과 제조 강국을 추구했는데, 양적으로는 그 목표를 달성했습니다. 중국이 다음으로 추구하는 목표는 기술 강국과 금융 강국입니다. 미국은 그 위치를 중국에 빼앗기지 않기 위해서 중국을 견제할 수밖에 없습니다. 그래서 무역 전쟁이 있었고 다음에 금융 전쟁, 극단적으로 무력 전쟁까지 갈 수 있다는 시나리오(그레이엄 앨리스, 『예정된 전쟁』)가 나오고 있습니다. 한국은 양국 사이에서 매우 어려운 상황에 있습니다. 한국 산업의 경쟁력을 키울 수밖에 없습니다. 반도체가 우리에게 버팀목이 되고 있습니다. 그런 산업이 더 있어야 합니다. 2차 전지를 포함한 전기 자동차에서 그 가능성을 엿볼 수 있습니다.

Q. 2021년에서 2022년 사이에 세계 경제에 또 다른 위기가 찾아올 거라는 분석이 많습니다. 어떻게 생각하시는지요?

또 다른 글로벌 경제 위기가 올 가능성이 높다고 봅니다. 거의 모든 국가에서 금융 불균형이 너무 심화했기 때문입니다. 2008년 글로벌 금융 위기, 2020년 코로나19 경제 위기를 과감한 재정 및 통화 정책으로 극복했습니다. 그러나 그 과정에서 각 경제 주체의 부채가 지나치게 빠른 속도로 증가했고, 주식과 집값 등 각종 자산 가격에 거품이 발생했습니다. 불균형은 기간의 문제이지 언젠가는 해소될 수밖에 없습니다.

Q. 한국의 경우 가계
부채뿐 아니라 기업과
정부 부채의 비율도
높아지고 있습니다.
진짜 한국 경제는
희망이 없는 건가요?

잠재 성장률이 낮아지는 게 가장 큰 문제입니다. 2020년 현재 한국 경제의 잠재 성장률은 2% 안팎으로 추정되는데, 앞으로 더 낮아질 가능성이 높습니다. 잠재 성장을 결정하는 노동이 감소세로 전환되었고, 한국 기업들이 이미 상당한 자본 스톡을 축적해놓았기 때문에 투자도 크게 늘어나지 않을 것입니다. 생산성이 개선돼야 잠재 성장률이 올라갈 수 있는데, 생산성이라는 게 하루아침에 향상되는 것은 아닙니다. 여기다가 기업 및 가계 부채가 너무 많습니다. 1997년 외환 위기의 원인이 되었던 기업 부채가 1997년 GDP의 107%에서 2020년에는 111%로 증가했습니다. 같은 기간 가계 부채가 46%에서 104%로 급증했습니다. 부채가 많기 때문에 투자와 소비가 위축될 수밖에 없지요. 앞으로 정부가 돈을 많이 쓰겠지만 경제 성장률을 끌어올리는 데는 한계가 있습니다. 2%만 성장해도 잘했다는 말이 나올 것입니다.

Q. 1980년 이후
세계 경제는 장기간
디스인플레이션
시대였습니다.
그 이유는 어디에
있을까요?

수요와 공급 측면에서 살펴볼 수 있습니다. 우선 수요 측면에서는 대부분의 국가에서 실제 GDP가 잠재 GDP를 밑돌았습니다. 또한 돈이 도는 속도가 크게 줄었습니다. 통화승수가 낮아졌다는 의미입니다. 공급 측면에서는 기술 혁신 등으로 생산성이 향상되었습니다. 또한 글로벌라이제이션과 더불어 중국의 세계 시장 편입이 세계 물가 안정에 크게 기여했습니다. 2001년 중국이 세계무역기구(WTO)에 가입하면서 중국은 저임금 등 낮은 생산 요소 비용을 바탕으로 상품을 싸게 생산해서 전 세계에 공급했습니다. 2001~2020년 미국의 대중 누적 무역 수지 적자는 5조 4,549억 달러에 이르고 있는데, 그만큼 중국의 생산자가 미국의 소비자에게 상품을 저렴하게 공급했던 것입니다. 월마트에 진열된 상품의 절반 이상이 중국산일 정도입니다.

Q. 바이든 정부의 경제 정책과 주가 전망은 어떻게 예상하시나요?

바이든 정부의 경제 정책 핵심은 '중산층 육성을 통한 안정 성장'에 있습니다. 이를 달성하기 위한 재정 정책의 역할이 커질 것입니다. 미국 주식 시장은 다른 시장에 비해 상대적으로 부진을 면치 못할 가능성이 높아 보입니다. 첫째, 재정 적자를 보전하기 위해 세금을 인상할 것입니다. 법인세가 인상되는 만큼 기업 이익은 상대적으로 줄어들게 됩니다. 둘째, 기업 지배 구조 개편과 테크 기업의 규제 강화입니다. 셋째, 달러 가치 하락 가능성입니다. 금리 상승이나 달러 가치 하락을 통해 미국의 대내외 불균형이 해소될 수밖에 없을 것입니다. 넷째, 미국 가계가 주식을 더 살 가능성이 낮습니다. 가계 금융 자산 가운데 주식 비중이 2021년 3월 52%로 사상 최고치를 기록했습니다. 미국 가계가 더 이상을 주식을 늘리지 않을 것으로 보입니다.

Q. 앞으로 5년간
달러 가치는 어떻게
변할까요?

단기적으로 글로벌 금융 시장 불안으로 달러 가치가 오를 수 있습니다. 그러나 장기적으로 하락 가능성이 높습니다. 달러 가치 하락의 가장 중요한 원인은 세계 경제에서 미국 비중의 축소에 있습니다. IMF 통계에 따르면 2000년 미국 GDP가 세계에서 차지하는 비중이 30%였습니다. 그러나 2020년에는 25%로 하락했고, 2025년에는 미국 비중이 22% 정도까지 줄어들 전망입니다. 미국 비중 축소는 달러 가치 하락을 의미합니다. 다음으로 미국 경제에 누적되고 있는 대내외 불균형이 달러 가치 하락 요인입니다. 2020년 미국 연방 정부 부채가 GDP의 130%에 이를 정도로 높습니다. 대외 부채는 더 심각합니다. 2020년 GDP 대비 대외 순부채 비율이 67%로 2008년 27%에 비해 껑충 뛰었습니다. 달러 가치 하락을 통해 이런 대내외 불균형이 해소될 것입니다.

Q. 주식보다 달러나
금에 투자하는 건
어떨까요?

자산의 10% 정도는 금에 투자해도 좋을 것 같습니다. 금값을 결정하는 가장 중요한 요인은 달러 가치와 인플레이션입니다. 앞 질문에서 말씀드렸습니다만, 장기적으로 달러 가치가 하락할 가능성이 높습니다. 달러 가치가 하락하면 금값은 오릅니다. 또한 미국 경제에서 물가 상승률이 높은 수준을 유지하는 '하이 인플레이션'이 올 수 있습니다. 금은 인플레이션 헤지 수단이기도 합니다. 그러나 금은 '알을 낳지 않은 암탉'입니다. 채권에서 얻을 수 있는 이자도 주식에서 나오는 배당금도 없습니다. 이런 점을 고려한다면 금에 일부 자산을 투자해도 좋을 것 같습니다.

Q. 현재의 글로벌 경제 환경에서 투자자는 어떻게 자산을 배분해야 할까요?

앞으로 매우 불확실한 시대가 전개될 가능성이 높습니다. 다양한 자산에 분산 투자 해야 합니다. 또한 현금성 자산을 다소 늘리는 게 좋습니다. 현재 거품 영역에 있는 자산 가격이 1~2년 내에 붕괴될 가능성이 높습니다. 그때 현금을 보유하고 있으면 자산을 싸게 매입할 수 있습니다. 세계 성장 축이 미국에서 아시아 지역으로 이전되고 있는 만큼 국가별 비중에서는 미국 비중을 다소 낮추고 중국 등 아시아 비중을 늘리는 게 좋을 것 같습니다. 산업별로는 앞으로 경제 성장을 주도할 2차 전지를 포함한 전기차, 바이오/헬스케어 산업에 관심을 가져야 할 것입니다.

Q. 글로벌 경제와 부의 대전환이라는 주제를 더 자세히 이해하기 위해서는 어떤 책을 읽는 것이 좋을까요?

다음 같은 책을 추천합니다.
그레이엄 앨리슨(정혜윤 옮김), 『예정된 전쟁』, 세종서적, 2018
안드레 군더 프랑크(이희재 옮김), 『리오리엔트』, 이산, 2003
앨프리드 맥코이(홍지영 역), 『대전환』, 2019
유발 하라리(김명주 옮김), 『호모 데우스』, 김영사, 2017
제러미 리프킨(안진환 옮김), 『글로벌 그린 뉴딜』, 민음사, 2019
짐 로저스(전경아 역), 『위기의 시대, 돈의 미래』, 리더스북, 2020
김영익, 『그레이트 리셋』, 포레스트북스, 2021

66

현명한 투자자는 시장 앞에 겸손하고
유연합니다. 통찰력도 훌륭하지만
무엇보다 주식을 태하는 태도가 매우
성실한 것 같습니다.

99

제3장

투자의 원칙

김한진

김한진

한국 자본 시장에서 오랫동안 활동해온 베테랑 애널리스트. 현재 KTB투자증권 수석 연구위원으로 글로벌 자산 전략을 담당하고 있으며 신영증권과 흥국증권 리서치센터장, 삼성자산운용 리서치본부장 겸수석 이코노미스트, 피데스자산운용 부사장 등 분석과 운용을 두루 경험했다. 매경이코노미, 한경비즈니스, 조선일보 등이 주관하는 베스트 애널리스트 시상에서 경제 분석과 자산 배분 부문 최다 수상 기록을 가지고 있다. 저서로는 『주식의 시대, 투자의 자세』, 『인플레이션의 시대』 등이 있다.

01

어떤 투자 마인드를
가져야 좋을까?

서점에 가면 어떤 자세로 주식 투자에 임해야 하고 또 어떤 투자 기술이 필요한지를 다룬 책들로 넘쳐난다. 하지만 주식 대가들이 쓴 책을 완독하고 재무제표 읽는 법을 숙독하고 밤낮으로 전문가들의 방송을 챙겨 보고 애널리스트 보고서와 경제 신문을 숙독한다고 해서 반드시 높은 투자 수익이 보장되는 것은 아니다. 또한 밤새 해외 증시를 뜬눈으로 관전하고 제롬 파월(미국 연방 준비 위원회 의장)의 말과 모든 경제 뉴스를 꼼꼼히 다 챙긴다고 해서 반드시 성공 투자가 보장되는 것도 아니다. 도대체 진짜 내게 맞는 투자란 어떤 투자일까? 아니 내게 '주식 투자'란 무엇인가? 주식 해서 돈 잃지 않고 계속 수익을 내려면 어떤 자세로 투자에 임해야 할까? 그런데 주식 투자는 왜 하면 할수록 어렵게 느껴지는 걸까?

　이번 장에서는 주식 투자자가 꾸준히 지속할 수 있고 또 계속 따라 하다 보면 투자 실력이 늘 수 있는 야전 교범 같은 이야기를 나누려고 한다. 물론 세상에 성공 투자의 길은 여러 갈래이고 개인마다 투자 스타일도 다 달라 이를 뭉뚱그려 일반화하기란 어렵지만 평범한 투자자의 보편적 스타일을 겨냥해 말하는 것임을 양해해주셨으면 한다. '투자'의 사전적 정의는 '이익을 얻기 위해 어떤 일에 자본을 대거나 시간과 정성을 쏟는 일'이다. 그렇다면 주식 투자는 주권(株券)에 투자하는 데 시간과 정성을 쏟는 일이다. 돈을 지갑이나 예금에 넣어두면 편할 것을 굳이 손해를 감수하고 시간과 정성을 쏟아 주식에 투자하는 것은 그만큼 그 위험에 대한 반대급부, 즉 이자보다 높은 수익을 기대할 수 있기 때문이다. 이쯤 해서 독자분들은 대략 알아차리셨을 것이다. '시간과 정성으로 주식 공부를 잘해 성공 투자하시라는 뻔한 조언을 하시려는 모양이군!'이라고. 다소 실망스럽겠지만 빙고 맞다. 주식에 왕도가 없다는 것은 다 누구나 다 아는 바다. 몰라서 못 하는 게 아니라 건강 관리 수칙처럼 다 알면서도 실천이 어렵다는 것도 잘 알고 있다. 축구에 비유하면 전략 잘 짜서 공 잘 차고 열심히 뛰고 수비 잘해서 골 먹지 않으면 이기는 거다. 주식도 좋은 종목 잘 투자해 잘 간수하고, 때 맞춰 잘 팔고 위험 관리 잘하면 돈 버는 거다. 사실 세상만사 모든 일이 다 그렇다.

사실 필자는 투자에 성공해서 엄청난 무용담과 투자 비법을 쏟아낼 정도로 화려한 전적(前積)이 있는 전설의 펀드 매니저도 아니고 주식 투자로 떼돈을 번 사람도 아니다. 내세울 것은 별로 없지만 단지 투자 세계에 비교적 오래 몸담아온 덕분에 주식 시장의 생리에 대해서는 그래도 남들보다 많은 에피소드를 알고 있다. 그래서 비록 레전드급 선수는 아니라도 현장에서 코칭스태프 역할은 할 수 있다. 좋은 코치는 선수가 어떻게 훈련을 해야 하고 또 실전에서 어떤 점을 유의해야 할지를 옆에서 도와준다. 이해를 돕기 위해 프로 야구 선수들을 한번 생각해보자. 선수들은 평소에 잘 먹고 잘 자야 한다. 꾸준한 근력 운동과 달리기는 기본이고 유연성 운동도 많이 해야 부상을 입지 않고 시즌을 잘 보낼 수 있다. 그리고 과학적인 타격 연습과 반복적인 수비 훈련을 통해 실전에서 몸이 반사적으로 반응하도록 노력해야 한다. 경기가 있는 날에는 일찍 나와 연습하고 몸을 푸는 게 좋다. 타고난 재능도 중요하나 성실한 선수가 결국 성공한다. 경기 중에는 매 순간 최선을 다하고 경기 후에는 잘한 점은 기억하고 아쉬운 플레이는 반성하고, 똑같은 실수를 반복하지 않도록 보완해야 한다. 그렇다고 실수에 주눅 들어 있어서는 절대 안 된다. 투자도 마찬가지다. 그런데 아무리 기량이 뛰어난 선수도 막상 실전에서 가장 어렵다고 입을 모으는 게 하나 있다. 그것은 바로 정신적인 부분이다.

미국 메이저리그(MLB) 뉴욕 양키스의 전설적인 포수 요기 베라(Yogi Berra, Lawrence Peter Berra 1925.5 ~2015.9)는 "야구는 90%가 멘털이고 그중 절반은 육체다."라고 말했다.[1] 주식 투자도 정말 마음가짐이 90%이고 그 절반은 심신의 건강에서 나오는 것 같다. 실전에서 지나치게 긴장하거나 반대로 해이한 마음은 해롭다. 돈을 빨리 벌려고 하는 조급한 마음, 이웃이 잘된 걸 너무 부러워한 나머지 섣불리 저지르는 과욕, 성공했을 때 방심하는 마음과 실패했을 때 쪼그라드는 마음, 시장의 과열에 함께 도취되고 시장이 폭락할 때 시장과 멀어지는 마음 등이 우리를 실패로 이끈다. 물론 모두가 미칠 때는(시장 과열) 함께 미칠 필요도 있다. 다만 알고 미친 척하는 것과 제대로 미치는 것은 다르다. 반대로 주가가 폭락할 때에도 공포심 때문이 아니라 전략적으로 때를 기다릴 줄 아는 슬기로움이 필요하다.

그의 명언 가운데 "미래는 예전의 미래가 아니다.", "보는 것만으로도 많은 것을 관찰할 수 있다.", "끝날 때까지 끝난 게 아니다(It ain't over till it's over)."… 이른바 요기즘(Yogism)이라 부르는 숱한 명언들이 투자의 세계에서도 어쩜 그토록 와 닿는지 모르겠다. 어찌 야구뿐일까. 만사가 다 그렇다. 맞다, 미래의 투자 성과는 지금까지의 결과가 결코 보장해주지 않으며 우리가 지금 이 시간 무엇을 하느냐에 달려 있다. 또한 투자의 세계에서도 관찰을 잘하는 게 꽤 중요한데 여

---

1 『끝날 때까지 끝난 게 아니다』, 요기 베라 저, 송재우 역, 시유시, 2001.2.20

기서 관찰이란 무심코 바라보는 것에서 한 걸음 더 나아가 시세 이면의 의미를 곱씹어보는 것을 뜻한다. 한 가지만 더, 투자는 진짜 끝나봐야 아는 법. 아무도 그 끝을 장담할 수 없다. 그래서 끝까지 최선을 다해야만 한다. 전설의 투자자 앙드레 코스톨라니(Andre Kostolany, 1906.2~1999.9)는 "투자자는 100번 중 51번 이기고 49번은 잃는다. 두 번 이상 파산하지 않은 사람은 투자자라 불릴 자격이 없다."라고 했다.[2] 이 투자의 정글에서는 강한 자가 살아남고, 살아남는 자가 강한 법이다. 다음은 이러한 점들을 아우른 '슬기로운 투자 생활'에 대한 예시다. 물론 투자자 중에는 전업 투자자도 있지만 소중한 본업이 있는 분이 더 많다. 그래서 모두가 그대로 따라 하기는 어려울 것이다. 다만 이런 식에 가깝게 일상을 꾸려가는 것만으로 충분하다. 저마다의 입장과 형편에 맞게 이런 루틴을 모델 삼아 각자 지혜롭게 투자 생활을 즐기면 된다.

---

2 『돈, 뜨겁게 사랑하고 차갑게 다루어라』, 앙드레 코스톨라니 저, 김재경 역, 미래의 창, 2015.9.30

▶ 끝날 때까지 끝난 게 아니다(It ain't over till it's over).

　첫째는 하루의 시작을 간밤의 해외 증시에 대한 뉴스로 시작할 것을 권한다. 시장에 어떤 변화가 있었고 또 어떤 업종과 종목이 오르내렸고 이유는 무엇인지를 대략적으로 살피는 게 좋다. 물론 모든 주가 변동 내용과 기삿거리를 전부 알 필요는 없다. 가능하면 절제해서 두세 줄 정도만 기록에 남기면 좋다. 시장은 내일 또 열리고 뉴스도 내일 또 넘쳐날 테니 내일 또 다시 하면 된다. 매일의 주가는 점(dot)이지만 그것이 연결돼 선(line)이 되고 그 선을 둘러싼 주변 환경과 어우러져 투자 공간이 열린다. 주가는 점보다는 선(추세), 더 나아가 공간이 중요한데 투자자는 주가가 장기 상승 추세에서의 일시 조정인지, 아니면 하락 추세에서의 단기 반등인지, 미래의 차트를 끊

임없이 상상하는 연습을 해야 한다. 저녁에는 국내 증시에 대해서도 비슷한 방식으로 가볍게 리뷰하고 간단한 메모를 남기는 습관이 좋다.

국내 증시의 경우는 오늘의 강세 종목과 약세 종목, 여유가 있다면 52주 신고가와 신저가 종목(너무 많다면 코스피 100종목으로 제한), 그날의 대표 화제 종목의 특징을 메모해두면 나중에 유용하다. 그리고 적어도 한 달에 한두 번은 시황이나 경제 전문가들의 말을 들어 보는 게 좋다. 그들의 주장을 꼭 따를 필요는 없지만 저마다 주장하는 바가 무엇인지를 듣다 보면 자신만의 시장 판단력이 생긴다. 시황에 대해 나와 다른 의견도 유연한 마음으로 들어야 자신의 사고 폭이 넓어진다. 물론 전문가들이 얼마나 논리가 약하고 말을 자주 바꾸는지도 알게 될 것이다(그래도 그런 전문가들을 너무 욕하지는 말자. 그들이 없으면 내 나름의 기준을 잡는 것도 쉽지 않으니까). 거듭 강조하지만 너무 모든 것을 다 체크하고 커버하려고 애쓰지는 말아야 한다. 강박 관념에서 벗어나 즐기듯이 해야 꾸준히 또 오래 할 수 있다.

여기서 독자분들은 "나중에 검색하면 다 알 것을 왜 굳이 힘들게 직접 체크하고 기록까지 해야 해?"라고 반문하실 수도 있겠다. 하지만 '듣고 보는 것'과 직접 체크하는 것은 다르다. 대부분의 투자자들은 증권 방송을 드라마 보듯이 고개를 끄덕이며 보는데 그것만으로는 부족하다. 이런 저런 이야기를 다 듣고 나서 '그래 어쩌라고?' 투자는 누가 떠 먹여주는 완성된 근사한 요리가 아니다. 손수 재료를 다듬고 자신만의 레시피로 지지고 볶고 삶는 과정이 곧 투자다. 결코 누가 대신해줄 수 없다. 다행히 정보의 발달로 식재료(투자에 도움이 되는 정보와 지식)는 도처에 공짜로 널려 있다. 남의 얘기를 듣는 것은 헬스클럽에서 스스로 땀을 흘려 운동하는 게 아니라 누가 운동하는 것을 구경한 것에 불과하다. 그래서 각종 투자 정보나 남의 주장을 듣되 그것을 자기 요리로 조리하는 과정, 즉 걸러내는 과정, 생각하는 힘이 필요하다. 매일 투자 일지를 적다 보면 내용에 살이 붙고 수일 전의 메모와도 연결되면서 그 기록에 생기가 붙는다. 이렇게 시간이 지나면 나의 메모장에는 문득 떠오른 직관들도 차곡차곡 쌓이게 되는데 그게 바로 투자 근력이며 시장이라는 이름의 밀림에서 방향을 알려주는 나만의 나침반이 된다. 처음엔 마치 초등학생이 쓴 일기 같던 내 메모장이 어느새 투자 고수의 일기장으로 바뀌어 있을 것이다. 증시에는 항상 비슷한 재료가 반복되므로 어떤 이슈가 터져도 그리 새롭지 않고 침착하게 대응하게 된다. 어떤 기가 막힌 재료가 나와도 중요한 건 재료 자체보다 당시 주가가 얼마나 비싼지 혹은 싼지에 달려 있음을 인정하게 될 것이다. 더 나아가 모든 재료 위에 있는 것은 기업 실적이고 그 위에 있는 건 주가가 재료를 얼마나 반영하고 있는지임을 알게 될 것이다. 어떤 악재라도 주가가 그 악재를 반영해 미리 떨어져 있고 막상 그 악재가 당초 우려보다 약하다면 주가는 오를 것이다. 반대로 어떤 호재라도 실제 주가가 그 호재를 충분히 반영했고 막상 그 호재가 기대에 못 미친다면 주가는 빠질 것이다. 이렇듯 재료와 주가, 기대와 현실을 저울질하는 자신만의 밸류에이션 균형 감각이 놀랍게 발달할 것이다.

둘째는 시황에 의존해 투자할 것인가, 시장보다는 종목에 집중할 것인가를 천천히 정해갈 것을 권한다. 물론 어느 게 딱히 옳은 것도 아니고 하기 나름이며 의도하든 의도하지 않든, 투자를 오래 하다 보면 자신의 성향이 자연스레 어느 한쪽으로 기울어져 있음을 발견할 수 있을 것이다. 대부분의 투자자들은 시장도 보고 종목도 본다. 시장이 될 것 같으면 그 '되는 시장' 안에서 가장 좋은 놈을 사면 되고, 시장이 안 될 것 같으면 주식을 싹 다 비우는 게 어찌 보면 가장 속 편한 전략이다. 하지만 '되는 시장과 안 되는 시장'을 사전에 어떻게 다 알 것이며 그런 판단이 지속 가능한 것인지 따져볼 필요가 있다. 처음부터 자신의 스타일을 억지로 제한할 필요는 없지만 어떤 스타일을 더 중시하느냐는 시간이 흐를수록 중요해진다. 다 같은 달리기지만 단거리 선수와 마라톤 선수가 쓰는 근육은 다르지 않은가. 자기에게 더 잘 맞는 스타일을 계발해야 길게 볼 때 경쟁력이 생길 것이다. 평생 경제와 전략 분석을 업으로 삼아온 사람 입장에서는 톱다운(시장 분석)보다는 보텀업(종목 분석) 접근이 더 유용하다고 본다. 많은 투자자들이 전체 시황, 즉 주가 지수를 고민하는데 종목 중심의 투자자에게는 시장의 단기 굴곡은 그다지 중요하지 않다. 물론 우리가 시장 변곡점을 매번 맞출 수만 있다면 모르겠지만 실제로 그러긴 쉽지 않다. 지난 10년이나 5년, 아니 불과 2~3년간 시장을 정확히 맞춘 사람은 드물다. 사실 단기 시황 판단을 통해 성공한 자산 운용사도 세계적으로 찾아보기 어렵다. 시장 판단이 전혀 필요 없다는 뜻이 아니라 그 한계를 인식하자고 대안을 찾자는 거다. "나는 증시를 예측하고 경기 침체를 예견할 수 있기를 바라지만 불가능하기 때문에 워런 버핏처럼 수익성 좋은 기업을 찾는 일로 만족한다." 월가의 영웅 피터 린치의 말이다.[3]

주식이 다른 자산들(국채, 금, 달러 등)에 비해 장기 실질 수익률이 안정적이란 연구는 기존에 많이 나와 있다. 경제학자들은 수익률이 위아래로 출렁이지만 결국 추세선으로 회귀하는 평균 회귀(mean reversion) 현상을 중시하는데 주식 수익률은 비록 단기 변동성은 높지만 장기 추세는 다른 자산보다 우월하다는 사실을 입증해냈다.[4] 코스피(KOSPI)는 1980년을 기준 시점으로 현재 시가 총액을 비교한 지수다. 코스피는 40여 년이 지난 지금 33배나 올라 있다. 한편 다우존스 산업 평균 주가 지수(DJIA)는 1884년 이후 140년 동안 미국 경제의 성장과 함께 340배 올라 있다. 또 S&P500은 1957년부터 43배 올랐고 기술주 중심의 나스닥(NASDAQ)은 1971년 기준 시점에서 145배

3　『전설로 떠나는 월가의 영웅』, 피터 린치 · 존 로스차일드 저, 이건 역, 국일증권경제연구소, 2017.4
4　『주식에 장기투자하라』, 제레미 시겔 저, 이건 역, 이레미디어, 2020. 2 pp. 29-30

올랐다(이상 2021년 6월 말 현재). 원론적으로 자본주의 경제가 완전히 몰락하지만 않는다면 주가는 앞으로도 계속 오를 것이다. 주가 지수의 기초 자산은 그 나라를 대표하는 가장 경쟁력 있는 우량 기업이므로 장기로 보면 그 나라 명목 GDP 성장률 이상의 수익을 제공해줄 가능성이 높다. 어쩌다 한두 해 거꾸로 갈 수는 있지만 배당과 자사주 매입까지 보너스로 받는다면 미국이나 한국 등 웬만한 시장의 주가 지수는 연평균 최소 5~6%의 상승이 가능하다. 주가 지수가 10년에 2배 가까이 오를 수 있다는 뜻이다. 그렇다면 2040년쯤이면 코스피가 1만 포인트를 넘을 확률이 매우 높다. 그러니 주식은 자산 배분 관점에서 항상 일정 비중 들고 가는 개념이지 들락날락, 넣었다 뺐다 하는 선택적 개념의 자산이 아니다. 역사상 웬만한 국가의 주가 지수는 그간 상승 기간은 길고 하락 기간은 짧았다. 게다가 주식 시장은 그 어떤 자산 시장보다 공정 가격으로 투명하게 거래되며 거래 비용이 싸지 않은가. 지나 보면 한두 해의 주가 조정은 그다음 더 큰 상승으로 가기 위한 재충전 과정에 불과했다. 전 세계 실물 경제(국민 총생산)는 앞으로도 꾸준히 성장할 것이고 그에 따라 세계 증시의 시가 총액도 지금보다 훨씬 불어나 있을 게 분명하다.

투자의 신세계

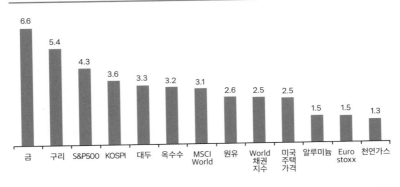

▶ 장기간 높은 수익을 보여 온 주가 지수(2000년 대비 상승 배수)

출처: Bloomberg, KTB투자증권
주: 2021년 6월 말 기준. 채권 지수는 금리 역수. 주택 가격은 케이스실러 미 20개 도시 주택 가격 지수.
MSCI World는 전 세계 주가 지수. 주가 지수는 배당을 포함. 유가는 WTI 기준

이처럼 증시 전체로 보면 긴 상승과 짧은 조정의 반복인데 사람들이 그토록 단기 시황에 연연해하고 또 주식 해서 돈 벌기가 쉽지 않다고 말하는 이유는 대체 무엇일까. 그것은 아마도 증시의 현란한 변동성과 잘못된 매매 타이밍 때문일 것이다. 또 고약한 약세장에서 소중한 재산과 멘털을 한번 털려본 투자자는 주식을 평생 외면하기 쉽다. 하지만 이보다 더 중요한 이유는 자금의 성격에 있다. 대부분 쌈짓돈 모아 목돈 만들려고 주식에 투자하는데 보통 사람들이 5년, 10년을 내다보기란 현실적으로 쉽지 않다. 이사 자금, 전세 자금, 자녀 결혼 자금, 퇴직금 등 돈의 꼬리표와 용처, 사용 기간은 각양각색인데다 여유 자금이 많지 않으니 장기 투자가 아무리 좋다 한들 그건 남의 얘기다. 더욱이 빚을 내서 투자하면 단기 시황에 더 민감

해질 수밖에 없다. 기회가 왔을 때 벌고 시장 전체가 빠질 것 같으면 적시에 탈출해야 하니 말이다. 시황 판단이 적중하면 비용과 위험은 줄이고 수익은 극대화할 수 있으니 정말 땡큐다.

원하든 원치 않든, 시장 판단을 해야 하는 또 다른 이유라면 시장 판단(top down)과 종목 선정(bottom up)이 동떨어져 있는 개념이 아니기 때문이다. 어떤 업종이나 테마가 오를 건지 판단하려면 전체 시황을 외면할 수 없다. 종목을 잘 고르려면 시장이 대형주 주도인지, 중소형주 주도인지, 성장주(고성장, 고PER)가 이끄는 시장인지, 가치주(성장성은 낮지만 PER도 낮고 사업이 안정된 기업) 중심의 시장인지를 파악해야 한다. 반도체나 소프트웨어 같은 기술주가 나을지, 화학, 철강, 자동차 같은 전통 업종이 좋을지를 결정하는 것 자체가 시장 판단이다. 주가 지수 산출의 함정도 투자자가 시장 판단을 멀리하기 어려운 이유다. 주가 지수는 사실 편·출입이 계속된 일종의 사후적 포트폴리오 같은 것이다. 주식 편입은 신규 상장과 증자, 전환 사채 주식 전환 등이고 편출은 상장 폐지와 자본금 감소(감자), 자사주 매입 소각 등이다. 또 증시에는 가끔씩 특정 산업의 구조 조정과 파산이 휘몰아친다. 1977년 건설주 파동(1973년부터 1978년까지 중동 수주액 급증에 강남 개발 붐까지 겹쳐 뜨겁게 오른 건설주 주가가 과열 후 폭락한 사태), 1990년대 증권주와 은행주 파동(1998년 외환 위기 때 대규모 감자와 퇴출 합병), 2000년 인터넷주 파동 등은 한국 증권사에 뚜렷한 상흔으로 남아 있다. 이러한 굵직한 사건 사이에도 자본 시장에는 끊임없는 상장과 퇴출,

투자의 신세계

주가 변동으로 시가 총액 순위에 역동적 변화가 계속돼 왔다. 어떤 종목을 들고 있느냐에 따라 전체 시장과 개인 계좌의 수익률 괴리는 더 커질 수 있다. 지수는 올랐지만 내 종목만 거꾸로 가는 경험을 해 본 적이 있을 것이다.

하지만 이런 시장 판단의 당위성을 다 고려하더라도 결론은 시황 분석에 쏟을 시간과 노력을 '내 돈 많이 투자해도 될, 돈 잘 벌 기업'을 찾는 데 쏟자는 것이다. 또한 시장 판단은 이처럼 종목 선정을 보완하기 위한 정도의 목적으로 하면 투자 효율이 더 높아질 것이다. 앞서도 계속 강조했듯이 '어차피 주가 지수는 오를 것이기 때문에' 시장을 장기적으로 또 긍정적으로 보고, 그때그때 시장 흐름에 순응하면서 '주가가 오를 종목'을 찾는 데 집중하고 시장 분석을 보조 수단으로 활용할 것을 권유한다.

셋째는 종목을 고르는 방법과 루틴에 관한 실전적인 제안이다. 투자자는 우선 자신의 생각이 항상 틀릴 수도 있음을 받아들이는 유연함이 있어야 하고 새로운 변화를 거부하지 말고 시류에 잘 쫓아가야 한다. 중용(中庸) 10장에 나오는 화이불류(和而不流)는 '주변과 조화를 이루고 화합하되 휩쓸리지는 않는다'라는 뜻이다. 투자자는 시장에 순응하지만 주관을 잃지 않는 마인드가 필요하다. 또한 좋은 종목을 고르려면 반드시 손품, 발품을 좀 팔아야 하는데 살짝 귀찮은 일이겠지만 투자자에게는 그 또한 즐거운 일이다. 인터넷을 검색

하고 애널리스트 의견을 청취하고, 주담(주식 담당자)과 통화를 하거나 직접 기업 방문까지 한다면 아주 잘하고 있는 거다. 금융감독원 전자 공시 시스템(DART)에 들어가 분기 보고서를 꼼꼼히 읽는다면 당신은 이미 전문가의 반열에 있는 것이다. 대다수 투자자들은 이런 과정을 생략하고 단지 방송이나 소문, 애널리스트 추천, 지인의 귀띔에 의존해 주식을 사고판다. 물론 잘못된 것은 전혀 아니다. 종목을 접하는 계기는 대부분 비슷하다. 다만 그다음이 중요하다. 우연히 한 번 듣고 산 주식은 아주 운이 좋거나 자신이 투자한 사실을 완전히 잊어먹은 경우가 아니면 대개 큰 수익이 나지 않는다. 너무 적게 샀거나 너무 일찍 파는 경우가 많기 때문이다. 뚜렷한 확신을 갖고 투자한 종목이라고 해서 모두 대박이 나는 것은 아니나 잘 모르고 투자한 종목에서 연타석으로 큰 수익이 나기란 쉽지 않다. 10루타 종목도 지나고 보면 나름 고비가 있었다. 종목에 대한 이해와 신념이 없다면 결국 자기가 처음 생각한 목표 가격에 도달하기도 한참 전에 다 팔아 치울 것이다. "떨어지면 다시 사면 되지 뭐."라고 말하지만 그게 생각만큼 쉽지는 않다. 무조건 장기 투자가 옳은 것도 아니지만 처음 그 종목을 선택한 이유에 어떤 결정적인 변화가 없다면 어느 정도 인내할 필요가 있다는 것이다. 물론 사자마자 주가가 오르면 좋지만 늘 그럴 수는 없다. 고수들은 "주식을 산 다음에 주가가 조금 빠지는 경우가 나중에 더 큰 수익이 났다."라고들 말한다. 남보다 그 종목을 일찍 발견했다는 것은 내가 그 종목에 경쟁력이 있다는 증거이고 초기에 주가가 조정을 받은 것은 주식 수를 더 늘릴 수 있는 기회를 부여 받은 것이니 결국 행운인 셈이다. 하지만 처음 그 종목을 택했던 이유가 크게 틀어져 있다면 과감한 손절매 용기가 필요하다. 아무튼 결론은 어떤 좋은 정보를 접한 경우, 그것을 자기 것으로 소화하는 과정이 꼭 필요하다는 것이다. 이유야 어쨌든 이 정도 가격(시가 총액)에 머물 수 없다는 확신이 있어야 버틸 수 있고 그 인내의 보상이 투자 수익이다. 그래서 앙드레 코스톨라니는 투자에서 얻은 돈은 고통의 대가로 받은 돈, 즉 고통 자금이라고 말했나 보다.[5]

넷째로 가능하면 주식 투자자는 꿈을 크게 품을 필요가 있다. 다만 막연한 행운을 바라는 꿈이 아니라 나름 근거 있고 합리적인 꿈이어야 한다. 주식 투자의 매력은 다양한 기업과 함께 꿈을 키워 나갈 수 있다는 것이다. 주식이 채권과 다른 점은 수익이 확정(fixed income)되어 있지 않고 무한대인 대신에 위험이 뒤따른다는 것이다. 즉 꿈을 사는 대신 위험이라는 비용을 떠안는 게 주식 투자다. 꿈은 곧 성장성이므로 꿈을 좇는 투자자라면 당대의 성장 산업을 찾아 거기에 계속 머무는 전략을 선호한다. 성장 산업 안에서 가장 경쟁

---

5 『돈, 뜨겁게 사랑하고 차갑게 다루어라』, 앙드레 코스톨라니 저, 김재경 역, 미래의 창, 2015.9.30

력이 있는 기업이라면 더 이상 말할 필요가 없다. 18세기 대항해 시대에는 신대륙 개척을 이끄는 선단이 성장주였고 이들이 당시 주주에게 가장 많은 수익을 안겼다. 19세기에는 방적 회사와 철도 회사가 성장주였고 20세기엔 전기 및 가전 회사가 성장주였으며 이어 자동차나 철강 회사도 한때 최고의 성장주로 군림했다. 1970~80년대에는 석유 화학이나 원유 개발 기업이 글로벌 성장주였다. 성장주는 그간 산업 혁명과 맥을 같이 해왔다. 지금은 4차 산업 혁명 시대니 당연히 인공 지능(AI), 빅데이터 또 이를 기반으로 한 혁신 산업이 성장주 반열에 서 있고 실제로 그런 기업들이 최근 증시에서 광풍을 일으켰다. 성장 산업은 세상이 마땅히 가야 할 방향, 굵직한 소비 패턴과 기술 추이, 그런 기업들의 사업 동향에서 힌트를 찾을 수 있다. 성장 산업은 짧게는 4~5년, 심지어는 그 이상도 명맥을 유지한다. 그러니 성장주를 놓쳤다 해도 기회는 또 있기 마련이다. 진짜 성장주라면 조금 늦게 사도 아무 문제가 없고 어떤 경우는 오히려 더 안전할 수 있다. 또한 성장 산업 안에서 대표 선수가 바뀌는 경우도 많다. 가령 1980년대 이후 전기 전자 산업이 성장 산업이었지만 RCA, GE, IBM, 휴렛팩커드, 델컴퓨터, 시스코시스템즈, 인텔, 텍사스 인스트루먼트, 소니, 도시바, NEC, 삼성전자 등의 경쟁력은 엎치락뒤치락 계속 바뀌었다. 지난 20년간 휴대폰 산업도 성장 산업이었지만 노키아, 블랙베리, LG전자와 애플, 삼성전자는 다른 성장을 보이고 있다. 그러니 성장 산업이라고 그 범주에 속한 모든 기업이 무차별적으로 다

뜨는 건 아니다. 핵심 경쟁력을 중심으로 나무(기업)를 봐야 하는 이유다. 특히 성장의 S커브[6] 한가운데 위치한 당대 최고의 성장 기업은 이익 증대와 멀티플 상승이 동시에 일어나므로 주가가 가속적으로 오른다. 성장 산업을 잘 쫓아가려면 고정 관념을 버리고 미래를 다룬 공상 과학(science fiction) 영화나 소설을 좀 더 즐겨봐야 할지도 모르겠다.

▶ 2009년 포춘지 선정 '세계에서 가장 빨리 성장하는 기업' 블랙베리

『100배 주식』이란 책[7]을 보니까 저자는 이익 성장과 함께 PER(주가/주당 순이익)가 뛰는 기업이 100배 주식의 주된 특징이라고 했다. 실

---

6 글로벌 컨설팅 업체 액센츄어가 성공 기업들의 공통 현상을 뽑아 만든 개념으로 기업의 매출이나 이윤의 완만한 성장세 다음에 가파른 성장, 이후 성장 정체의 3단계를 기울어진 S자로 비유한 것
7 『100배 주식(100 Baggers)』, 크리스토퍼 메이어 저, 송선재 역, 워터베어프레스, 2019.7

제로 그렇다. 성장 기업의 경우 이익이 늘면서 그 성장성에 가점(주가 프리미엄)이 붙어, 보다 높은 수준의 PER가 정당화되면서 모두가 예상치 못한 높은 주가 상승률을 보인다. 이런 점에서 앞으로 대박 날 종목은 이미 꽃이 활짝 핀 초대형 기업군보다는 그 아래에서 나올 공산이 크다. 즉 현재 시가 총액 최상위 종목보다 그 밑에 있는 종목들이 10배, 100배 주식으로 등극할 확률이 높고 이들이 미래의 주가 지수를 끌어 올릴 가능성이 높다는 것이다. 가령 코스피와 코스닥 시가 총액 상위 50위 밖에 있는 기업들 중에서 싹수가 있는 기업을 찾아야 한다. 실제로 중소형주는 지금보다 주가가 크게 올라도 여전히 중소형주일 수 있다. 이런 매력과 정보의 차별성 때문에 중소형주를 선호하는 마니아들이 많은 것도 사실이다.

강세장에서의 투자 자세와
대응 전략

강세장에 대한 정의는 사람마다, 또 기대 수준에 따라 다 다르겠지만 그 나라 대표 주가 지수 상승률이 연간 국채 금리(보통 10년 만기 국채 유통 수익률)의 두 배 이상이라면 강세장이라고 불러도 무방할 것이다. 돈을 은행에 그냥 묻어두기엔 아까운 투자 수익률이니까. 지금 같으면 한국의 1년 정기 예금 금리가 고작 1%를 조금 넘고 AA- 등급 회사채 3년물 연 수익률이 2%이니 코스피가 한 해 4%만 올라도 강세장이라고 볼 수 있다. 여기에 배당까지 챙긴다면 주식의 연 수익률이 6%를 넘으니 결코 낮은 수익률이라고 볼 수 없다. 물론 주식을 꼭 연초에 사서 연말에 팔고 시장을 떠나는 건 아니고 모든 투자자가 코스피만큼의 수익을 거두는 것도 아니지만 편의상 일단 그렇게 정의하기로 하자. 고작 연간 한 자릿수 수익률을 어찌 강세장이라고 부를 수 있냐고 따지겠지만 어느 나라 증시나 강세장이 한번 시작되면 보통 2~3년 정도는 지속되므로 강세장은 투자자에게 놓칠 수 없는 기회의 땅이다. 강세장은 당연히 약세장보다 대응하기가 수월하다? 기본적으로 강세장은 약세장보다 길기 때문에 강세장이라는 이름의 무빙 워크에 일단 올라타기만 하면 그 다음은 저절로 투자 수익이 날 것 같지만 실전에서는 결코 그렇지 않다. 왜 많은 투자자들이 강세장에서도 어려움을 겪을까. 강세장의 어떤 점들이 우리를 어렵게 만드는 걸까?

강세장은 주가가 추세적으로 올라 떠들썩한 축제 같은 국면이지만 어쩌면 운이 좋거나 준비된 실력 있는 자만이 이 파티를 누릴 수 있다. 강세장도 대중이 잘 모르는 가운데 주가가 적지 않게 오르는 강세장 전반전 국면과 누구나 강세장임을 다 인지하는 화끈한 강세장 후반전으로 나눌 수 있다. 즉 강세장은 저금리가 이끄는 유동성 장세와 금리 상승과 더불어 실물 경기와 기업 이익이 눈에 띄게 좋아지는 실적 장세로 구분된다(경기가 좋아져서 금리가 오르면 주식 반대쪽에 있는 안전 자산의 매력은 높아지고 주식의 이론 가치는 하락하므로 주가가 부담을 받는다.). 계절에 비유해서 전자를 봄이라 하고 후자를 여름이라 부른다. 물론 현실에서 강세장이 봄과 여름으로 뚜렷이 구분되지는 않는다. 2021년은 아직까지 전형적인 여름 장세인데 경기와 기업 실적 개선을 누구나 다 알 수 있고 주가 밸류에이션도 높아져 있으므로 여름 장세의 중후반기라고 볼 수 있다. 1980년 이후 한국 증시에서 강세장(코스피 기준)은 총 8번 있었고 강세장의 평균 기간은 2년 반 정도(30.6개월)였다. 또 지난 40년간 주가가 오른 기간은 전체 기간의 약 절반인 245개월(20.4년)이었고 강세장에서 주가 지수는 연평균 48% 올랐다. 한국 증시는 해외 증시보다 주가 박스권 국면이 길었던 게 특징이다. 이 104개월(8~9년)의 중간 보합 국면에서도 코스피가 연평균 3.6% 정도 올랐으므로 넓은 의미에서 지난 40년간 한국의 강세장은 전체의 72%에 달했다. 그러니 전체 기간의 약 3분의 1인 약세장만 잘 피했더라면 주식 투자는 참 쉬운 게임이었을 것이다. 참고로 미국 증시(S&P500)도 역사적으로 강세장이 전체 기간의 약 70%에 달했다.

하지만 투자자들로 하여금 강세장 대응을 어렵게 하는 요인은 무엇일까. 그 가장 큰 이유는 아마도 강세장 초반에 이게 강세장인지 아닌지를 잘 알 수 없기 때문일 것이다. 강세장은 대개 깊고 지루한 약세장 끝에, 또는 시장에 대한 무관심과 회피 심리가 정점일 때 시작되는 경우가 많다. 그래서 강세장 초기에 가장 많이 나오는 말은 "OO 이유로 지금 주가 반등은 일시적인 것이다."라는 주장이다. 강세장 초입에 대부분의 전문가들은 강세장을 부정하는 성향이 큰데 이는 데이터 중심의 판단 성향 때문이다. 실제로 강세장 초기에 경제 지표는 전혀 돌아서지 않는 경우가 많고 오히려 부정적인 뉴스만 가득하다. 이후 경기 부진과 경기 호전 신호가 애매하게 뒤섞여 있을 때는 이미 주가가 바닥에서 적지 않게 올라 있을 때다. 실제로 한국과 미국의 경우 주가 지수는 경기 선행 지수를 3~6개월 정도 선행해왔다. 경기 선행 지수가 실제 경기를 약 6개월 이상 앞서도록 잘 설계돼 있다면 주가 지수는 생산이나 소비 등 동행지표나 체감 경기를 1년 정도 앞서는 결과를 보인다. 그러니 실물 경기가 좋아진다는 뉴스가 대중화되고 매 분기 기업 실적이 애널리스트 예상치를 웃도는 어닝 서프라이즈가 한두 분기 이어졌을 때에는 이미 주가가 여름 장세 한복판에 위치해 있을 확률이 높다. 이때는 이미 수익 가치나 성장 가치를 충분히 반영하고도 남는 높은 밸류에이션의 종목들이 즐비해져 있다. 게다가 강세장 중반까지는 물가와 금리가 크게 오르지 않아 직전 겨울 장세(경기 침체 국면)에서 봄(경기가 더 이상 나빠지지 않는 국면)까지 펼쳐졌던 중앙은행의 저금리 정책이 그대로 유지되는 경우가 많다. 즉 시장 금리는 조금 오르지만 유동성은 여전히 풍부하고 경기와 기업 실적이 호전되는 여름 초중반에 주가는 향후 경기 확장을 선제적으로 모두 다 반영하는 성향이 있다. 대부분의 투자자들은 이때가 돼서야 시장 위험이 크게 없음을 확인하고 증시에 뛰어드는데 문제는 이때 시장에 입장하는 투자자들은 위험은 적게 지지만 대신 적지 않은 권리금(프리미엄)을 지불해야만 한다.

강세장의 또 다른 특징이자 형태는 어떤 경제 충격(shock) 이후 주가가 브이(V) 자로 튀는 강세장이 많다는 것이다. 이때도 주가 반등 초기에 투자자들은 약세장에서의 일시적인 속임수인지, 진짜 강세장의 출발인지 잘 모를 때가 많다. 강세장은 대개 그 직전의 폭락장에서 잉태돼 약세장을 제물 삼아 의심의 벽을 타고 전개되므로 투자자들은 차분하게 대응할 마음의 여유가 없다. 워밍업도 없이 바로 본게임에 뛰어드는 것과 마찬가지다. 또 요즘엔 선물 시장의 발달로 선물 매도 포지션을 쥔 투자자들이 매수로 방향을 틀고, 공매도를 걸어놓은 투자자도 빌려서 판 주식을 되갚기 위해 다시 사는 환매수(숏커버링)를 하는 등 강세장 초입에 주가 반등을 가파르게 만드는 기술적 요인이 많아졌다. ETF(Exchange Traded Funds, 상장 지수 펀드)의 발달도 강세장 초반에 주가 상승의 기울기를 가파르게 만드는 요인 중 하나다. 각종 레버리지 순방향 ETF와 역방향 ETF 규모가 커졌기 때문이다. 아무튼 강세장 직전에 주가하락의 기울기가 가파를수록 강세장 초반의 주가 상승 기울기도 가파를 수밖에 없다. 1930년 이후 미국 증시에서 강세장 초기 3개월 간 지수 상승률은 23%, 6개월간 상승률은 47%에 달했다.[8]

한국 증시도 강세장 초기 6개월 수익률이 평균 20%에 달했다. 한국의 강세장 평균 기간은 30.6개월이니 강세장 초기 5분의 1 진행 시점에 이 정도의 지수 상승률을 달성했다면 종목별로는 바닥에

---

8   『주식 시장은 어떻게 반복되는가』, 켄 피셔 저, 이건·백우진 역, 에프앤미디어, 2019.6

서 30% 이상 오른 종목이 즐비하다는 얘기다. 따라서 강세장 초기에 머뭇거린 투자자들은 이처럼 높은 비용을 지불하고 증시에 뛰어들어야 한다. 한편 강세장 중반까지 시장에 발조차 담그지 못한 투자자들은 점점 초조해지고 '이제라도 들어가야 하나 말아야 하나?'를 하루에도 몇 번씩 고민하게 된다. 2008년 세계 금융 위기 이후 강세장 출발이 그랬고 이번 COVID19 쇼크 후 2020년 강세장 출발은 더욱 극적이었다. 게다가 이번 COVID19 쇼크는 본격 강세장을 준비할 수 있는 봄(저금리 환경에서 주가가 더 이상 빠지지 않고 조금씩 오르는 강세장의 전형적인 초입) 국면을 거의 생략하다시피 해 투자자들의 대응이 더 어려웠다.

요컨대 투자자들이 강세장에서 수익률을 내기 어려운 이유는 너무 늦게 강세장에 올라타기 때문이다. 더욱이 강세장 후반전의 너무 뜨거운 파티 열기에 도취된 투자자는 강세장이라는 이름의 열차에서 내리는 것을 까먹는다. 가끔 강세장의 화끈한 연장전, 즉 거품 장세도 있지만 아무튼 강세장의 종착역은 곧 약세장의 출발역이다. 실제로 매번 신규 계좌 개설과 고객 예탁금 및 신용 융자 잔고가 가파르게 느는 시기는 약세장 말기나 강세장 초입이 아니라 대개 증시가 한여름에 진입했을 때다. 물론 양질의 아주 긴 강세장이라면 조금 늦게 동참해도 괜찮지만 태생적으로 경기 사이클이 짧은 강세장이나 중앙은행의 긴축이 빨라지고 자산 시장 전체가 경기 확장보다 너무 급하게 과열로 치달은 경우는 약세장이 예상보다 일찍 찾아온다.

강세장에서 수익률이 저조한 또 다른 이유는 주도주에 제대로 편승하지 못했거나 화려한 종목 장세에서 여기저기 기웃거리다가 너무 많은 종목들을 조금씩 사고 또 일찍 팔았기 때문이다. 그중엔 수익이 난 종목도 있겠지만 손실 종목도 있기 때문에 강세장에서의 잦은 교체 매매는 자칫 지수 상승률에 한참 뒤지는 초라한 성적표로 귀결된다. 그리고 그런 잦은 교체 매매의 끝자락에서 투자자들은 자칫 내재 가치 대비 너무 비싼 종목을 정리하지 못한 채 약세장 깊은 골짜기까지 체념하며 들고 있기 쉽다. 이 같은 배경에서 강세장에 대응하는 우리의 투자 마인드와 전략을 정리해보면 다음과 같다.

▶ 월가 강세장의 상징 돌진하는 황소

첫째로 강세장은 기습적으로 찾아오고 그 초기에 주가 반등 폭이 크기 때문에 초동 대응이 중요하다. 경제 쇼크나 버블 붕괴, 대규

모 부도, 테러, 전염병과 같은 사건 사고가 증시를 패닉으로 몰고 가고 있다면 주식을 사는 쪽으로 생각을 바꿔야 한다. 경기 침체 국면에서 경제 지표나 기업 실적이 더 이상 나빠지지 않는 게 확인돼도 주식 매수를 적극 고려해야 한다. 물론 시장은 늘 똑같이 반복되지 않고 경우에 따라서는 생각한 것보다 몇 차례 더 충격을 받아 지하실로 곤두박질치는 경우도 있다. 하지만 그 위험을 피하려고 너무 몸을 사리다 보면 강세장 초기 반등을 놓치기 쉽다. 약세장 끝에서 주식을 살 것인가 말 것인가를 결정하는 데 필요한 건 밸류에이션밖에는 없다. 복잡한 지표가 많지만 단순화해서 보면 우리 코스피 시장 전체 PBR(주가/주당 순자산)이 0.7배 밑으로 떨어지거나 PBR 또는 PER(주가/주당 순이익)가 장기 평균에서 20% 이상 싸진다면 눈 딱 감고 주식을 사야 한다. 대한민국이 완전히 망할 게 아니라면 말이다. 2006년 이후 지난 15년간 코스피 평균 PER는 11.4배, 평균 PBR은 1.13배다. 지난 2020년 3월 코스피 장중 최저점(1439.43)에서 PER는 7.4배였고 PBR은 0.56배였으니 15년 장기 평균에서 PER는 35%, PBR은 50%나 싸진 셈이다. 주가가 얼마나 떨어졌느냐도 중요하지만 이보다 주가의 저평가 정도 즉 밸류에이션을 믿고 행동해야 한다. 어차피 약세장에서 주식을 가장 싸게 살 수 있는 날은 아무도 모르며 대개는 주가가 어느 날 장중 벼락같이 찍고 튀어 오른다. 비록 완벽한 바닥에서 주식을 사지는 못했어도 주가가 반등하는 와중에 PER나 PBR이 아직 장기 평균 한참 밑에 있다면 아직 늦은 게 아니다. 강세장 중반까지도 싼 종목들은 더러 남아 있으니까. 또 강세장이라고 해서 주가가 계속 오르기만 하는 것은 아니다. 강세장 중간에 종종 강세장 종료로 오해할 만한 짧은 조정 기간에 투자자들은 보유 주식을 빼앗기기 쉽다. 더 높이 오르려는 증시는 강세장에서 종종 주가 하락의 할리우드 액션을 보인다. 이때도 오직 믿을 건 밸류에이션이다. 시장에 속지 않으려면 가치 평가라는 잣대를 기준으로 삼는 수밖에 없다.

둘째로 강세장이 어디쯤 와 있는지에 대한 판단은 시장 전체를 통해서도 할 수 있지만 종목을 통해서 하는 게 좀 더 수월하다. 만약 평소에 정말 사고 싶었던 종목이 있는데 지금 바겐세일 중이라면 매수를 마다할 이유가 없다. 문제는 그 시점에 자의든 타의든 현금이 없다는 게 늘 아쉬운 일이지만. 그래서 평소 주식 가치에 대한 기준을 다듬어놔야 한다. 시가 총액 상위 종목(보통 코스피 100종목이나 코스닥 50종목)들의 다수가 아직 밸류에이션상 싸다면 아직 강세장이 남아 있다고 봐도 무방하다. 밸류에이션은 그 기업의 내재 가치 대비 주가 수준을 따지는 것인데 종목마다 달라 일반화되긴 어렵다. 다만 성장성이 높은 우량 기업(소프트웨어, 게임, 플랫폼, 당대의 신기술 산업 등)의 PBR이 아직 4~5배 이하거나 한국을 대표하는 수출 블루칩(반도체, 자동차)들의 PBR이 1배를 한참 밑돌고 있거나 설비 자본이 큰 화학, 철강주의 PBR이 0.5배에도 크게 못 미치고 있다면 전체 증시의 상승

여력이 남아 있다고 봐도 무방할 것이다.

셋째로 앞서 언급했지만 주식 강세장은 일반적으로 투자자들의 처음 예상보다 훨씬 과열된 수준에 이르러서야 끝나는 경우가 많다. 특히 지금은 통화 정책이나 재정 정책이 예전보다 대담해진 만큼 주가도 더 과열되기 쉬운 환경이다. 물가나 금리의 안정 요인은 커진 반면, 혁신 기업들의 성장은 빨라진 점도 강세장을 길게 만드는 요인이다. 강세장이 언제까지 지속될지를 알려면 경기 사이클이 지금 어디쯤 와 있는지를 파악하는 게 중요하다. 보통 경기 사이클과 기업 이익 사이클은 대체로 일치하기 때문이다. 하지만 우리는 어쩌면 거꾸로 자산 시장의 과열 정도나 정책의 강도를 통해 경기 사이클을 찾는 게 훨씬 쉬워진 희한한 세상에 살고 있는지도 모른다. 금리를 내리고 이제 막 재정 보따리를 풀기 시작한다면 경기 회복 초입이 분명하고, 통화 당국이 돈줄을 죄고 재정 확대의 당위성을 잃고 증세 카드를 만지작거린다면 아마도 경기 확장이 꽤 무르익은 시점일 것이다. 특히 자산 시장의 과열은 경기의 성숙 정도를 알리는 중요한 신호다. 실물 경기가 거꾸로 자산 시장에 휘둘리는 모습이기 때문이다. 이런 의미에서 지금 글로벌 경기는 확장 초반이라기보다는 적어도 중반은 되는 것 같다.

넷째, 강세장 대응에 정말 중요한 것은 뭐니 뭐니 해도 그 강세장에 가장 어울리는 종목군을 공략하는 것이다. 강세장에서는 얼핏 아무거나 사도 대충 수익이 날 것 같지만 실제로는 그렇지 않다. 하락 종목 수보다 상승 종목 수가 많을 뿐이지 주가가 떨어지는 종목이 하나도 없다는 건 아니다. 보통 경기 확장 초반에는 주가가 너무 빨리 올라 대응이 쉽지 않고 강세장 중반부터는 강세장인 건 알겠는데 종목 고르기가 어려워 대응이 쉽지 않다. 강세장 초반에는 경기와 연관이 높은 에너지, 소재, 산업재(해운 조선 기계) 주가가 질서 있게 강세를 보이지만 경기 회복의 중반부에 이르면 주가가 경기를 상당 부분 앞서 반영한 상태라서 종목별 옥석 가리기가 본격화된다. 이른바 주가의 차별화와 양극화가 커지게 된다. 특이한 점은 경기가 어느 정도 무르익으면 한쪽에서는 밸류에이션과 실적 개선을 꼼꼼히 따지면서도 다른 한편에서는 묻지 마 투자가 성행한다. 강세장 끝물에 꿈을 품은 소프트웨어, 바이오, 무형재, 일부 중소형주 주가가 강한 이유가 그것이다. 여전히 유동성이 풍부한 상황이라면 더욱 그렇다. 강세장에서는 기술적으로 신고가를 뚫고 올라가는 종목 가운데 이익이 더 좋아질 기업을 계속 주목해야 한다. 최근 6개월 이상 주가가 계속 오른 종목을 단지 주가가 많이 올랐다는 이유만으로 '남의 종목'으로 보고 포기하지 말아야 한다. 강세장에서는 달리는 말이 계속 더 잘 달리는 성향이 있다. 이 가운데 당시 경기를 이끄는 주도 업종은 보다 높은 주가 프리미엄(PER 등 주가 멀티플)이 부여되므로 특히 놓쳐서는 안 된다.

주목할 점은 경기 확장이 보다 진전될수록 원가 상승을 제품 가격에 전가시키고 소비 회복에 수혜를 입는 기업의 실적이 좋아진다는 사실이다. 소비재, 유통, 자동차 같은 재량 소비재 업종 및 금융 업종에서 그런 기업이 더 많이 나타난다. 일자리가 늘고 임금이 오르니 소비 구매력이 더 커지고 기업은 고마진, 고가 상품을 더 많이 출시하기 때문이다. 한편 정보 통신 산업, 즉 기술주도 경기 확장기에 주가가 센 편인데 이는 기술 섹터가 이제는 소비재 성격이 강한 데다 지금은 글로벌 경기 자체를 하이테크 혁신 기업들이 이끌고 있기 때문이다. 반면에 경기 확장 중반까지 강했던 단순 우량 대형주나 산업재, 에너지, 철강 화학 등 소재 업종 주가는 경기 확장과 함께 예전보다는 살짝 약해지는 성향이 있다. 주가가 경기를 앞서 반영했기 때문이기도 하고 금리 인상에 영향을 받기 때문이다. 물론 이러한 특징은 큰 틀에서 업종 전체 주가 흐름이 그렇다는 것이지 해당 업종의 모든 종목의 주가가 기계적으로 그렇게 움직인다는 뜻은 아니다.

강세장의 종목 선정에서 한 가지만 더 부연하면 시장 전면에 있는 화려한 주도주는 아니지만 이익과 주가 변동성이 적고 꾸준히 성장하는 기업들도 주목해야 한다. 높은 브랜드 가치가 있는 글로벌 소비재나 무형 자산의 가치가 높고 시장 점유율이 견고한 소프트웨어, 음식료, 제약, 금융 업종 등에서 이런 안정 성장 기업이 많이 발견된다. 이들은 비록 고성장 기업은 아니지만 예측 가능하고 경제적

해자가 있는 좋은 사업 모델을 갖고 있다. 이들은 중위험 중수익 종목으로 배당 성향(배당금/순이익 비중)도 높아 특히 연기금 등 장기 자산 운용자들이 선호한다. 강세장 초입에 이런 안정 성장주를 싸게 사서 꾸준히 들고 있다면 그건 대단한 행운이다. 이들은 비록 화려하지는 않지만 강세장 구간 내내 고성장주 부럽지 않게 어느새 주가가 크게 올라 있는 효자 종목군이다.

주식 시장의 4계절, 강세장과 약세장의 순환

주식 시장 국면을 나누는 방법 가운데 가장 보편적인 방법은 금융 환경과 경기 흐름의 조합을 사용하는 것이다. 저금리와 경기 부진이 조합된 봄(금융 장세), 금리 상승과 경기 확장이 만난 여름(실적 장세)은 둘 다 주가 강세 국면이다. 이어 중앙은행의 금리 인상으로 촉발되는 가을(역금융) 장세와 금리 하락과 경기 둔화가 조합된 겨울(역실적) 장세는 주가 약세 국면이다. 문제는 이런 국면 흐름은 실제로는 다소 모호하고 불규칙하다는 점이다. 또한 비슷한 국면이라도 주가나 금리, 환율 등 여러 가격 변수들의 흐름은 늘 일정하지 않았다.

크게 보면 2008년 금융 위기 이후 글로벌 증시는 장기 실적 장세였으며 이 강세장(봄, 여름) 끝에 중앙은행의 금리 인상에도 불구하고 가을은 비교적 짧게 마무리됐다. 또한 대개의 약세장(가을, 겨울)은 금융 시장의 큰 충격이나 자산 과열에서 비롯됐는데 그런 충격은 대규모 금융 완화를 통해 그다음 강세장으로 이어졌다. 이번 COVID19 위기 이후 주식 시장 흐름과 계절성도 과거와 크게 다르지 않다. 항상 그랬듯이 최근 4계의 순환도 파행적이고 급한 모습을 보이고 있어 투자자들의 대응이 쉽지만은 않다.

주: 『주식 시장 흐름 읽는 법』(우라가미 구니오 저, 박승원 역, 한국경제신문사, 2019.3)을 참고해 작성

▶ 1980년 이후 한국 증시: 강세장과 약세장

구분	강세장	약세장	중간장
국면 횟수	8번	6번	3번
총기간	245개월	136개월	104개월
전체 기간에서의 비중	51%	28%	21%
평균 진행 기간	30.6개월	22.7개월	34.7개월
가장 길었던 기간	2003.4~2008.5 (62개월)	1995.1~1998.9 (45개월)	2012.4~2016.11 (56개월)
가장 짧았던 기간	1998.10~1999.12 (15개월)	2008.6~2008.11 (6개월)	2001.10~2003.3 (18개월)

주 : 코스피 기준. 1980년 지수 도입 초년도는 제외

▶ 1990년 이후 미국 증시 강세장과 약세장

구분	강세장	약세장
국면 횟수	7번	7번
총기간	256개월	110개월
전체 기간에서의 비중	70%	30%
평균 진행 기간	40개월	15.5개월
가장 길었던 기간	2000.9~2019.9 (121개월)	1998.9~2002.4 (44개월)
가장 짧았던 기간	2002.5~2006.8 (52개월)	2019.10~2020.6 (9개월)

주 : S&P500기준. 1990년 이후 평균. 기간 평균은 2020년까지

투자의 신세계

약세장에서의 투자 자세와
대응 전략

1980년 이후 한국 증시의 약세장(코스피 추세 기준)은 모두 6차례가 있었고 주가 약세장의 평균 진행 기간은 2년 정도(22.7개월)였다. 약세장에서의 코스피 지수 하락률은 연평균 마이너스 22%였다. 코스피 역사상 가장 길었던 약세장은 1995년 1월부터 1998년 9월까지의 45개월로 외환 위기 시기가 여기에 포함된다. 반면 가장 짧았던 약세장은 2008년 6월부터 2008년 11월까지의 6개월이었다. 1929년 경제 대공황에 버금간다는 금융 위기로 세계 경제가 곧 망할 것 같았지만 이때도 약세장은 고작 반년에 그쳤다. 약세장은 보통 경기는 좋으나 금리가 올라서 주가가 맥을 못 추는 가을 장세와 경기가 본격 나빠져 주가가 하락하는 겨울 장세로 나뉜다. 전자(가을)는 경기가 좋기는 하지만 추가로 개선되지 못하고(추가로 개선될 여지가 없을 정도로 경기가 호황) 물가 상승으로 중앙은행이 금리를 올리면서 촉발되는 약세장이다. 반면 후자(겨울)는 경기 자체가 꽁꽁 얼어붙어 낮은 금리와 풍부한 유동성에도 불구하고 주가가 떨어지는 전형적인 침체 구간이다. 강세장이 저렴한 주가와 경기 기대, 풍부한 유동성이라는 세 박자가 맞아 떨어진 봄과 실제로 경기 호조가 확인되는 여름으로 구분되듯이, 약세장도 과열된 주가와 주변 여러 우려가 반영되는 약세장 전반부와 그 악재가 현실로 확인되는 약세장 후반부로 구분될 수 있겠다. 물론 현실에서 약세장이 이처럼 뚜렷이 구분되지는 않는다. 보통은 경기가 악화돼도 이미 저렴해진 주가와 전격적인 금리 인하가 만나 겨울 장세가 그야말로 초스피드로 끝나 버리는 경우가 더 많다. 코로나19 상황이 그랬다.

강세장에서 약세장으로의 전환도 강세장 전환 때와 마찬가지로 결국 당시의 주가 수준, 즉 밸류에이션 상태가 중요하다. 약세장은 엄청난 악재로 촉발되는 경우도 있지만 그렇지 않은 경우도 많다. 1987년 10월 19일 뉴욕 증시에 일어났던 블랙 먼데이(주가 대폭락)와 2000년 닷컴 버블 붕괴의 약세장은 외부 악재보다는 증시 자체의 무게, 주가 과열에서 비롯된 것이다. 2008년 세계 금융 위기나 2020년 코로나19 약세장은 명백한 대형 악재가 방아쇠 역할을 했지만 이 또한 주가가 비싸졌기에 촉발됐다. 즉 약세장 시작의 공통점은 당시 주가가 과열 내지 거품 상태였다는 점이다. 만약 주가가 내재 가치보다 너무 싸고 경기가 이륙하는 중이고 기업 실적도 회복 초입이었다면 아무리 큰 악재나 이벤트가 터져도 잠시 조정을 부르는 이유는 될지언정 주가 상승 추세 자체를 막지는 못할 것이다. 2001년 9.11 테러가 그랬고 2010년 남유럽 재정 위기가 그랬고, 또 그 사이에 크고 작은 여러 악재들이 그랬다. 강세장이 주가가 싸다 보니 저금리에 힘입어 경기가 더 이상 나빠지지 않는다는 안도감만으로 시작되듯이, 약세장 또한 너무 비싸진 주가에 경기가 더 좋아지기는 어렵고 금리는 곧 오를 거란 우려에서 촉발된다. 여름 장세에서 주가가 기업 실적 개선에 더 높은 프리미엄(PER)을 정당화되면서 초고속으로 오르듯, 반대로 겨울 장세에서는 경기와 기업 실적 실망에 주가 프리미엄마저 떨어지면서(디레이팅) 주가가 가속적으로 떨어진다. 또한 강세장에서 모든 종목 주가가 샅샅이 다 오르듯, 반대로 약세장에서는 직전 강세장에서 터무니없이 비싸진 종목들의 주가가 구석구석 빠르게 제자리를 찾아갈 뿐만 아니라 한술 더 떠 멀쩡한 종목들까지도 억울하게 적정 가치 아래로 곤두박질친다. 이런 점에서 약세장에 대응하는 투자 자세와 대응 전략을 정리해보면 다음과 같다.

첫째로 약세장도 강세장만큼이나 초기 대응이 가장 중요하다는 점을 잊지 말아야 한다. 대부분의 약세장은 그 초기에 주가 하락률이 크기 때문이다. 강세장도 그렇지만 약세장 또한 예고 없이 찾아오므로 사실 약세장 진입 사실을 당시에는 놓치기 쉽다. 어떤 형태의 약세장이든 이를 논리적으로 예측하고 정확하게 맞추긴 어렵다. 약세장 초기에 사람들은 주가가 떨어지는 진짜 이유를 잘 모르기 때문에 여전히 비싼 주가를 합리화하는 논리를 펼치고 약세장 전환 사실을 부정하기 일쑤다. 투자자들은 어닝 사이클이 꺾였는데도 가치평가에 여전히 관용적인 경우가 많다. 강세장이 끝나가는 여러 징후에도 불구하고 강세장 끝자락에서는 그간 익숙해진 관성 때문에 강세장이 영원히 지속될 것이란 미신에 빠진 사람들이 더 늘어난다. 간혹 예의 바르게 천천히 진행되는 약세장도 있지만 시장은 곧 본색을 드러낸다. 낙관론자들의 싹을 아예 잘라버리는 듯한 삭풍이 한두 차례 휘몰아치고 나면 이미 약세장에 대응할 적절한 골든 타임을 놓친 후가 된다. 그래서 특히 그간 강세장을 이끈 주도 종목 다수가 고점에서 20~30% 동반 하락하면 약세장 진입을 의심해봐야 한다. 약세장에 진입했을 때 강세장에 익숙해져 있는 사람들은 "이는 일시적인 조정이고 강세장에 올라 탈 수 있는 마지막 기회다."라고 주장한다. 물론 그런 경우도 있다. 추세적인 약세장 진입과 강세장 중간에 나타나는 기술적 조정을 사전에 완벽히 구분해내는 방법은 세상에 없다.

둘째로 그래서 강세장 전환을 판단할 때와 마찬가지로 약세장 전환 여부도 밸류에이션을 기준으로 판단해야 한다. 강세장이 한창일 때 약세장 도래를 다소 일찍 보고 '주식을 팔 것인가 말 것인가'를 결정하는 게 중요한데 물론 너무 일찍 팔면 기회 비용이 크고, 너무 늦으면 약세장 대응이 어려우니 쉬운 일은 아니다. 복잡한 지표가 많지만 단순화해서 보면 코스피의 경우 PBR이 1.2배를 넘거나 PBR 또는 PER가 장기 평균에서 20% 넘게 할증된 상태에서는 주식을 사는 것보다는 줄일 준비를 해야 한다. 물론 기업 이익이 너무 획기적으로 개선돼 PBR이나 PER 레벨 자체가 변하는 패러다임 전환 시기라면 신중한 판단이 필요하다(이러한 멀티플 혁신은 한국 증시에서도 수년 내 일어날 가능성이 충분히 있다.). 이 밖에 최근 너무 높은 밸류에이션으로 시장에 진입한 시가 총액이 큰 신규 상장 종목들의 주가가 크게 흔들린다면 이 또한 약세장 진입을 알리는 신호다. 한편 주가가 호재와 악재에 얼마나 민감한지를 봐도 약세장 지속 여부를 간접적으로 파악할 수 있다. 즉 기업의 분기 실적이나 경기 지표의 호조에도 불구하고 주가가 시큰둥하게 반응하거나 그럴듯한 호재가 나왔는데도 주가가 빠진다면 이는 주가가 너무 비싸졌다는 증거다. 또한 예전에는 악재로 인식되지 않던 재료나 이벤트에 주가가 너무 쉽게 흔들린다면 이 역시 증시 기반이 약하다는 신호다. 투자의 전설 앙드레 코스톨라니 말대로 시장에 주식보다 바보가 많으면 약세장이 시작될 가능성이 높음을 시사한다.

셋째는 약세장이 강세장보다 훨씬 짧다는 사실을 항상 잊지 말아야 한다. 경기와 주가가 반드시 일치하는 건 아니지만 경기 수축

기간이 확장 기간보다 짧고 기업들의 경기 대응 본능이 주가에 녹아들어 있기 때문이다. 좋은 기업들은 어떻게 해서든 경기 침체를 극복하고 생산성을 높이고 수익을 창출한다. 통화 정책과 재정 정책도 약세장 기간을 단축시키는 지원군이다. 강세장이 약세장보다 길다면 약세장을 완벽하게 맞추려는 태도는 오히려 긴 강세장에서 남들보다 기회를 일찍 놓칠 수 있다는 생각을 해봐야 한다. 시장 판단에 크게 의존하지 않아도 성실하게 종목에 집중하는 투자자라면 약세장 진입 시점에 자신의 계좌에 현금 비중이 자연스럽게 높아져 있을 것이다. 종목들의 밸류에이션이 비싸져서 살 만한 종목이 그리 많지 않았을 테니 말이다. 종목의 가치 평가를 중시하는 투자자에게 약세장은 덜 고통스럽다. 가치 평가를 잘했다는 전제하에 약세장에서 쥐고 있는 종목의 손실 폭도 작고 가치 면에서 나쁘지 않으니 이후 손실을 빨리 만회할 것이다. 게다가 현금을 쥐고 있으니 약세장 구간에서 보다 싼 가격에 주식 수를 늘리고 더 유망한 주식을 싸게 살 수도 있을 것이다. 결국 약세장은 강세장보다 짧기 때문에 진득한 투자자는 들락날락하는 투자자보다 장기로 보면 수익률이 더 좋다. 주가가 오르는 기간에 더 많은 주식을 갖고 있었기 때문이다.

넷째로 약세장은 말 그대로 예측보다는 대응에 가깝다는 것을 인정할 필요가 있다. 어차피 약세장은 적정 주가 수준이 아니라 과열 또는 버블 영역에서 출발하고 그 끝도 주가의 과도한 하락으로 마무리되기 쉽기 때문이다. 경기 사이클이 지금 막 하강하고 있다면 모르지만 그렇지 않다면 이미 지금의 주가는 몇 개월 후 경기 침체까지도 반영하고 있을 공산이 크다. 온갖 뉴스에 먹구름이 가득하고 전문가들의 부정적인 시장 관측이 우세하다면 이는 이미 약세장이 상당히 진행됐다는 증거다. 지금 경기가 아주 고약하고 심하게 꼬여 앞이 전혀 보이지 않아도 이 역시 주가가 이미 거기에 맞춰 내려와 있을 확률이 높다. 만약 지금 통화 정책과 재정 정책 수단이 완전 고갈됐고 어떤 희망조차 안 보인다면 이 역시 주가에 어느 정도 반영돼 있을 것이다. 주식 시장에서 우리가 어떤 증거를 얻어 확인했다는 것은 이미 그 증거에 의존해 행동하기에는 타이밍이 조금 늦었음을 뜻한다. 보이는 것이 전부는 아니므로 약간의 힌트에 의존해 조금 빨리 행동하는 게 주식 시장에서는 성공으로 이어지는 경우가 많다. 거듭 강조하지만 합리적인 증거와 정교한 판단으로 시장에 대응하려는 태도는 실전 투자에서 스스로 자신을 좁은 틀 안에 가두는 우를 초래한다. 최선의 방법은 지금 주가가 말도 안 되게 비싼가, 싼가 정도만 파악하려고 노력하는 것이다. 대개는 어느 자산이나 상식을 뛰어넘어 터무니없이 비싸져야 약세장이 시작되고 터무니없이 싸져야 강세장이 시작된다.

끝으로 약세장을 대응하는 데 있어 누구나 뜻대로 잘 안 되는 게 있다면 그것은 바로 심리적인 부분이다. 사람마다 다르겠지만 약세장은 우리 마음을 매우 어렵게 만든다. 대개 순서는 이렇다. 현실 부정, 후회와 회한, 두려움과 공포, 우울과 상실감을 지나 투자자의 마음은 어느새 자포자기로 향해 있다. 손실을 빨리 만회해보려는 조급한 마음에 엉뚱한 헛발질도 한두 번 하게 된다. 투자자라면 주가가 오를수록 주가가 싸 보이고 주가가 떨어질수록 주가가 비싸 보이는 이상한 현상을 경험해봤을 것이다. 약세장이 깊어질수록 주가가 더 비싸 보인다면 자신의 눈을 한 번쯤 의심해야 한다. 강세장이었다면 뒤도 안 돌아 보고 샀을 가격보다 더 싸졌는데도 오히려 '팔자' 엔터 키를 누르게 되는 게 우리의 연약한 마음이다. 그래서 주식 시장의 적(敵)은 항상 바로 내 안에 있다고들 말하는 모양이다. 강세장에서의 탐욕만큼이나 약세장에서 체념하는 마음도 우리 내부의 큰 적이다. 무조건 남들과 거꾸로 행동할 필요는 없지만 항상 남들과 다른 생각을 하려는 시도는 해야 한다. 약세장에서는 모니터와 핸드폰에서 잠시 떨어져 가벼운 여행을 하거나 훌륭한 전설들의 책을 접하면 마음의 여유도 생기고 어느새 주가에 대한 나의 평정심과 균형감도 되찾게 된다.

약세장에서 반드시 잊지 말아야 할 것은 바로 '마음의 여유를 잃지 않는 것'이다. 약세장에서 계좌의 손실이 눈덩이처럼 불어나고 언제 회복될지도 모를 막막한 상황이라면 반드시 기억하시라. "이 또한 지나가리라. 미래에 수익은 이미 나 있지만 그 택배 선물 상자가 아직 내게 도착하지 않았을 뿐이다."라고 자기 주문을 외울 필요도 있다. 희망 고문이 아니라 정말 좋은 종목을 쥐고 있는데 부득이 피할 수 없는 약세장에 서 있다면 반드시 낙관적인 생각으로 멘털을 지켜야 한다. 아무리 어려워도 마음만 잘 다스리면 솟아날 구멍이 있다. 진정한 투자 실력은 약세장을 지나가면서 길러지고 단단해진다. 그 체험은 돈으로도 살 수 없는 소중한 자신만의 무형 자산이다. 앙드레 코스톨라니는 이렇게 말했다. "주식 투자는 부(富)와 파산(破産) 사이를 오가는 위험한 항해다. 두 번 이상 파산하지 않은 사람은 투자자라고 불릴 자격이 없다."라고.

▶ **약세장의 상징으로 사용되는 곰**

투자 실패와 성공의 차이 : 사례 소개

투자에 성공하려면 우리는 과연 어떤 자세로 시장에 임해야 할까. 필자가 아는 몇몇 현명한 투자자는 강세장과 약세장이 갖는 패턴과 생리를 잘 이해하고 시장 앞에 겸손하고 유연한 태도로 대응하는 자세를 갖고 있다. 타고난 직관력도 있지만 주식을 대하는 태도가 매우 성실한 것 같다. 그들은 종목 찾기에 매우 집요하고 침착하며 지나친 탐욕을 자제하는 공통점이 있다. 돈을 빨리 벌려고 서두르기보다는 생각을 많이 하되 한번 결정한 것은 소신 있게 끝까지 밀고 나가는 스타일이다. 이번 파트에서는 앞서 다룬 여러 내용들에 대한 이해를 돕기 위해 세 분의 투자자를 소개하고자 한다. 고성실 씨, 오순발 씨, 그리고 배안목 씨는 서로 다른 배경과 투자 스타일을 갖고 있다. 이번 단원에서는 이 세 분의 사례를 통해 배워야 할 점과 반면교사로 삼을 점을 찾으면 좋겠다. 자, 지금부터 이분들의 투자 세계를 일부만 살짝 공개한다(물론 이분들의 성함은 가명이고 예를 들기 위한 픽션이다.).

고성실 씨 사례(51세, 경기 거주, 주식 투자 경력 14년)

내가 주식을 처음 해본 것은 2007년 봄 코스피 1,500 포인트 부근에서다. 당시는 불과 4년 전인 2003년에 비해 지수가 3배가량 올라 있을 때였다. 평소 나의 신조는 '땀 흘려 일해 성실하게 돈 벌자'였고 카드나 고스톱도 멀리하고 평생 로또 한 장 사본 적 없는 사람이었다. 차일피일 고민하던 차에 증권사 다니는 절친과의 저녁 자리는 내 결심을 굳히는 계기가 됐다. 사실 당시는 주가가 너무 비싸 불안한 마음도 있었지만 "이번 장은 예사롭지가 않아. 내가 볼 땐 코스피 3천은 금방 넘어갈 것 같은데. 지금이라도 늦지 않았어."라는 친구의 말과 주변 친구들이 다 주식으로 돈 벌었다는 말이 나를 투자의 세계로 이끌었다. 다음 날 아내와 상의 끝에, 아니 아내를 거의 설득해 증권사에 가서 계좌를 텄다. 약간의 여유 돈에 적금까지 깨 2천만 원을 주식에 넣었다. 친구들 추천을 받아 당시 가장 뜨거웠던 조선주 하나와 한국에서 가장 안전하다고 생각한 현대차, 삼성전자 등

3종목으로 나름 분산투자를 했다. 내가 사자마자 주가는 계속 올랐고 그해 10월쯤 코스피는 대망의 2천 포인트를 뚫었다. 황홀한 기분이었다. 그때 나는 이럴 게 아니라 이참에 확실하게 투자하는 게 좋겠다고 결심해 신용 대출 등으로 추가로 2천만 원을 마련했다. 그리고 그때 우연히 소개받은 대한해운이라는 한 종목에 나머지 돈을 다 올인했다.

하지만 2007년 11월 코스피는 2,085포인트를 피크로 하락했다. 그때부터 나는 어쩔 줄 모르고 몇 달을 보내다가 해를 넘겨 2008년 초 우선 빚으로 100만 원에 올라 탄 대한해운을 딱 반 토막에 손절했다. 이후 코스피는 계속 떨어져 2008년 여름에는 내가 진입한 지수대인 1,500마저 붕괴됐다. 나머지 종목들은 그해 가을까지 속수무책으로 들고 있다가 결국 매입가 대비 30%에서 70%의 손실을 보고 모두 정리했다. 4천만 원의 투자 원금이 2천만 원으로 반 토막 나는 데 딱 1년 반밖에 걸리지 않았다는 게 스스로 믿겨지지 않았다. 미국발 세계 금융 위기는 생각보다 내 첫 주식 투자에 치명상을 안겼다. 누구를 원망할 수도 없었다. 나중에 돌아보니 내가 주식을 모두 정리한 2008년 10월은 코스피 900으로 완전 바닥을 찍은 달이었다. 생애 첫 주식 투자의 쓰라린 수업료를 요란하게 지불하고 다시는 주식의 주 자 근처에도 안 가겠노라 다짐하고 내 손으로 계좌를 폐쇄해버렸다. 하지만 은행에 생돈을 갚을 생각을 하니 참으로 화도 나고 기가 막혔다.

세계 금융 위기의 후폭풍이 아직 가시지 않은 2008년 겨울 나는 답답한 마음에 인생 상담이나 할 겸 여의도 한 자산 운용사에 계신 선배를 찾아갔다. 오랜만에 만난 그 선배는 그쪽에서 유명한 시황 전문가이기도 했는데 저녁을 사주며 내 자초지종을 듣더니 "준비도 안 된 상태에서 조금 성급했네. 사람들이 모두 광분할 때 상투가 아니었던 적이 없지."라고 경험담을 말해줬다. 저녁을 먹은 후 선배는 자기 사무실로 데려가 서가에 꽂혀 있는 책을 2권 빼서 주며 "이런 거 읽을 마음 있어? 주식으로 잃은 멘털은 주식으로 치유하는 게 가장 좋긴 한데…" 그때 본 책 중 한 권은 『워런 버핏의 가치투자 전략』(티모시 빅 저, 김기준 역, 비즈니스북스)이란 책이었고 또 한 권은 『목숨을 걸고 투자하라』(원제는 The Battle for Investment Survival, 제럴드 로브 저, 박정택 역, 굿모닝북스)라는 책이었다. 워런 버핏이라면 예전부터 들었던 인물인데 도대체 그가 얼마나 잘난 사람인지 궁금해서 먼저 읽기로 했다. 책에는 왜 집중 투자와 주식 보유 기간이 투자 수익을 결정하고, 왜 우량한 기업을 낮은 가격에 사야만 하는지, 그 이유가 잘 설명되어 있어 나도 모르게 형광색 펜으로 줄을 쳐가며 시간 가는 줄 모르고 읽었다. 이어서 또 한 권은 제럴드 로브라는 사람이 쓴 책인데 제목부터 마음에 들었다. 그 책에서 가장 기억에 남는 부분은 "대세 상승 흐름은 최후의 순간 엄청난 오버 슈팅과 함께 막을 내린다는 것"이었다. 내가 투자를 한 딱 1년간 상황이 그랬다. 장세 순환과 투자 심리, 나 같은 초보가 겪을 수밖에 없는 실수들이 가슴에 와 닿게 이렇게 다 써 있다니! 폐부에 팍팍 꽂혔다. '조금 일찍 이런 책들을 접했다면 좋았을 것을….' 후회도 됐다. 물론 두 권 다 100% 이해한 건 아니고 지금 읽어도 모르는 말이 더 많지만 당시 주식 관련 책을 난생처음 두 권 읽고 나니 나는 마치 무협지에서 숨겨진 비서(秘書)를 얻은 것 같은 마음에 살짝 들떴고 오기도 생겼다. 어느새 나도 모르게 잃어버린 돈을 다시 시장에서 찾아와야겠다는 전의가 불탔다. 그로부터 시간이 조금 지난 2010년 7월경 나는 코스피 1,700 포인트대에서 심기일전해 주식 시장에 다시 들어와 지금까지 계속 투자를 이어오고 있다. 당시 나는 쥐어 짠 500만 원의 시드 머니로 투자를 다시 시작했다. 아내도 내가 노력하는 모습이 기특했는지, 속는 셈 치고 비자금을 지원해줬다. 이후 나는 정말 꾸준히 적게 잃고 많이 땄다. 물론 이후 투자 원금을 몇천만 원 더 태웠지만 지금은 계좌가 1억으로 불어나 있다. 지난 10여 년간 내 투자 수익률은 연평균 30%는 넘는 것 같다. 나는 금융 위기 전 쓰라린 경험을 토대로 나름 몇 가지 원칙을 정했다. 이런 투자 원칙을 정하는 데는 그 고마운 선배의 도움과 와신상담 하는 마음으로 읽은 좋은 책들이 큰 힘이 됐다. 버핏의 다른 책들과 앙드레 코스톨라니, 필립 피셔, 존 템플턴, 피터 린치, 윌리엄 오닐, 켄 피셔, 엔서니 볼턴 등의 책을 사서 봤다. 부끄럽지만 내가 스스로 세운 투자 원칙을 공개하면 다음과 같다.

첫째, 좋은 주식이 보이지 않으면 주식을 사지 않는다. 둘째, 50%

이상 수익이 보이지 않으면 주식을 사지 않는다. 셋째 종목을 추천받거나 증권 방송을 통해 종목을 들으면 이 기업이 적어도 앞으로 3년간 이익이 증가할 수 있는 기업인지 아닌지를 생각해본다. 넷째, 주도주 성격의 업종이나 테마군에서 제일 강한 경쟁력을 지닌 우량 기업을 사려고 노력한다. 다섯째, 분기 실적이 계속 늘면 보유하고 그렇지 않으면 매도를 검토한다. 여섯째, 위 다섯 가지 원칙을 매일 읽고 지킨다. 물론 부끄럽게도 지난 10년간 실전에서 내가 저지른 실수는 헤아릴 수가 없다. 매매한 종목만도 20개가 넘고, 지나 보니 원칙에 부합되지 않는 종목들이 더 많았다. 나름 원칙을 철저히 지키려고는 했지만 종목을 분석하는 전문성도 부족한데다 단기 시황에 쫓겨 엄벙덤벙 이것저것 샀다 팔았다를 반복했다. 내가 지난 10년간 대표적으로 실패한 종목은 두산인프라코아, 삼성에스디에스, 현대로템, 신풍제약 등이었고 반면에 성공한 종목은 한샘, 동원산업, 영원무역, 엔씨소프트, 카카오 등이었다. 손실을 본 종목들의 공통점은 단기 재료에 혹해 단기 급등한 종목을 급하게 산 경우가 대부분이었고 또 모두 PER가 너무 높은 종목들이었다. 주가가 빠지자 내가 못 버티고 손절매하고 나면 내가 판 걸 어찌 알았는지 그 뒤에 한결같이 주가가 다 올랐다. 반면에 고맙게도 수익을 내준 종목들을 지금 곰곰이 따져보면 '이 기업 향후 2~3년간 돈 벌겠네. 성장하겠네.'라는 마음으로 여유 있게 산 종목들이었다. 이처럼 주식 시장에서 깨달은 것들을 나는 그때그때 메모해놨는데 지금 보니 내가 봐도 꽤

찮은 말들이 꽤 있다. 물론 구루들의 좋은 책에서 그대로 옮겨 놓은 것이 많고 내가 투자에 실패해 멘털이 완전히 나갔을 때 지금까지 나를 이끌어준 그 선배의 말씀이 많이 녹아 있다. 그분은 지금도 나의 주식 멘토다.

다음은 나의 실전 투자 원칙들이다. 시황 판단보다는 돈을 잘 벌 기업을 찾으려고 노력하자. 코스피 OOO포인트도 붕괴될지 모른다는 말이 시장에 팽배하고 모두가 겁에 질려 있으면 땡빚을 내서라도 주식을 사자. 시장에 대한 사람들 의견이 비슷할 때는 앞으로 그것보다 주가가 한참 더 많이 오르거나 반대로 큰 폭의 조정이 올 수 있음을 염두에 두자. 시장에 대해 누구의 말도 온전히 믿지 말자. 다만 참고만 하자. 성장하는 좋은 기업이라도 너무 장기 투자하면 안 된다. 대략 주가 상승 주기를 최대 2년으로 보고 투자하자. PER나 PBR이 너무 높은 주식을 살 때는 정말 스스로에게 물어보자. 지금 이 종목을 사지 못해 이렇게 애달아할 이유가 도대체 무엇인지 이유를 3가지만 대보자. 중소형주를 살 때는 오너가 걸어 온 길과 진정성 정도는 파악하려고 노력하자. 기업이 어떻게 돈을 버는지 정확히 모르고 주식을 사는 경우가 많은데 그래도 꼭 이것만은 따져보자. 이 기업이 파는 제품 가격이나 마진이 앞으로 얼마나 오를 건지를. 주식을 사기 전에 매출이 꾸준히 늘 기업인지, 제자리에 머물 기업인지, 아니면 이제부터 후퇴할 기업인지를 따져보자. 잘 모르는 여러 종목에

투자의 신세계

분산 투자하는 것보다는 잘 아는 한 종목에 투자하는 게 오히려 안전하다. 살 만한 종목이 없다면 현금 비중을 늘려놓고 기다리자. 기다리는 것도 투자다. 머지않아 더 매력 있는 종목을 더 싼 가격에 살 기회가 반드시 올 것이다. 아무리 좋은 종목이라도 싸게 사는 게 중요하다. 음식에는 호불호(好不好)를 가져도 주식은 편식하지 말자. 업종, 사이즈(대형주, 중소형주), 스타일(가치주, 성장주) 구분 없이 딱 한 가지만 따지자. 이 종목이 앞으로 돈을 더 벌 기업인지 아닌지를.

오순발 씨 사례 (36세, 서울 거주, 주식 투자 경력 8년)

나는 경력 8년 차의 겸업 투자자다. 내 본업은 헤어 디자이너로 일찌감치 내가 좋아하는 이 길을 택했다. 친한 친구들은 나를 오렌버핏(워런 버핏과 내 성을 합친 별명)이라 부른다. 운이 좋아 내가 산 주식은 곧잘 오른다. 나는 종목을 고르는 대단한 원칙도, 전문 지식도, 학벌도 없다. 단지 가끔 증권 방송을 보면서 차트가 예쁜 종목을 사는 게 내 투자 방식의 전부다. 나는 주식과 연애는 하지만 결혼은 하지 말라는 격언을 따른다. 10%까지는 손실을 감내하지만 그 이상의 손실 구간에선 거의 매도한다. 시장에 종목은 차고 넘치니까. 차트는 어쩌면 미용과도 같다. 헤어 스타일은 그 사람 분위기나 스타일, 얼굴과 잘 어울려 편안함을 주고 예쁘면 그만이다. 반면 뭔가 어

수선하고 헝클어져 있고 얼굴과 따로 노는 헤어가 밉듯이 주가 차트도 그렇다. 내 계좌에는 종목이 3개를 넘지 않는다. 잠시 넘을 때도 있지만 그런 경우는 며칠 내에 반드시 판다. 나는 돈도 많지 않고 머리도 좋은 편이 아니어서 종목 3개도 벅차다. 나는 최소한 현재 보유 종목과 매수 후보 종목만큼은 눈 감고도 일봉 차트가 머릿속에 쭉 그려져야 안심이 된다. 나는 차트에서 추세선을 중시하고 특히 바닥에서 거래량이 느는 종목을 좋아하고 주가가 올라가면서 거래량이 주는 종목을 선호하며 주가가 급등한 상태에서 대량 거래가 터진 경우는 매도한다. 주로 일봉을 보지만 간혹 주봉도 보고 매매 타이밍을 결정할 때는 10분이나 30분 봉도 참고한다.

내가 주식을 하게 된 계기는 손님들 수다 때문이었다. 2013년 가을쯤 손님 두 분이 주식 이야기를 열심히 하길래 갑자기 호기심이 발동해 쉬는 날 시내에 있는 증권사에 들렸더니 의외로 직원분이 친절하게 도와줬다. 얼떨결에 계좌까지 트고 여윳돈 150만 원을 입금하고 시험 삼아 며칠 전 손님들이 얘기한 호텔신라를 한번 사달라고 했다. 진짜 사지는지 궁금해서 그랬는데 그 자리에서 살 수 있는 걸 보니 너무 신기했다. 추가로 살 돈도 없고 겁도 나고 해서 그냥 뒀는데 이듬해 2014년 8월 12만 원이 넘길래 얼른 팔아 치웠다. 150만 원의 계좌가 1년도 안 돼 260만 원이 되니 기뻤다. 그때 나는 주식을 판 다음에서야 거꾸로 내 종목이 왜 올랐는지를 알아 봤다. 호텔신라가

투자의 신세계

오른 건 중국인들이 많이 와서 면세점에서 물건을 많이 사갔기 때문이란다. 난 처음엔 중국인들이 신라호텔에서 많이 묵어서인 줄로만 알았다. 그렇다면 중국인들이 계속 여행을 온다면 또 뭐가 장사가 잘될까? 하는 의문이 들었다. 여행 하면 생각나는 게 여행주니까 곧 바로 나는 호텔신라를 판 돈으로 이번엔 하나투어를 샀다. 2014년 여름 7만 원에 들어간 하나투어는 그해 연말까지 계속 제자리였는데 해가 바뀌어 2015년 초부터 올라 18만 원에 서둘러 팔았다. 그때 내가 판 이유는 아무리 중국 사람들이 여행을 많이 오고 또 우리가 해외 여행을 많이 간다 해도 이건 좀 무리겠다 싶어서다. 이번에도 운이 좋았다. 아무튼 내 계좌는 2년도 안 돼 150만 원에서 650만 원으로 크게 불어났다. 나는 내친김에 적금을 해지해 2015년 9월 계좌를 1천만 원으로 만들어 당시 가장 뜨거운 제약 업종에서도 대장주인 한미약품을 30만 원에 샀다. 이미 연초 바닥에서 너무 올라 있어 조금만 먹고 나올 생각이었는데 그해 11월 70만 원에 2배 넘게 먹고 팔았으니 정말 난 주식 천재란 생각이 들었다. 이제 간이 배 밖으로 나왔다. 한미약품을 팔아 2,300만 원으로 불어난 계좌를 이번엔 셀트리온 한 종목에 투자했다. 이후 2016년 7월 나는 제자리를 맴돌고 있는 셀트리온을 팔아 다시 한미약품에 인생 승부를 걸었다. 이번엔 내가 팔았던 가격보다 더 내려온 한미약품을 7천만 원어치 신용으로 베팅했다. 그것은 지금까지 내 인생에 가장 멍청한 짓이었다. 바닥에서 보면 1년 만에 10배 이상이나 오른 주식인데 당시 나는 이

성을 잃었나 보다. 한미약품은 내 신용을 삼키고 악재가 터져 2016년 말 25만 원까지 추락했다. 주식은 사라지고 반대매매 안 당하려고 물 타느라 진 빚만 그대로 남았다. 지금은 담담히 말하지만 나는 그때 아주 나쁜 생각까지도 했다. 하지만 꽃다운 서른 나이에 이건 아니지 않은가. 손실을 한 방에 만회하려면 선물 옵션이란 걸 해보라고 누가 가르쳐줬지만 아는 게 없어 포기했다. 집을 반 지하 곰팡이 냄새 나는 원룸으로 옮기고 밥값도 아껴야만 했다. 잡념에서 벗어나려고 몸이 부서져라 휴일도 없이 일만 했다.

죽으라는 법은 없다고 급한 빚부터 조금씩 갚으며 정신을 차려가던 2018년 어느 여름, 비번이라 나는 모처럼 고교 절친들이랑 영화를 보고 저녁도 먹었다. 한 친구는 증권 전문 방송사의 프리랜서 작가(출연자 섭외부터 앵커나 출연자의 콘티, 대본을 작성하는 일)이고 또 한 친구는 회계 법인에서 일하고 있는데 내 처지를 아는지라 그들도 조심스런 눈치였지만 작가 친구가 뜬금없이 투자 클럽을 만들자고 제안했다. 돌아가면서 책도 하나씩 정해 읽고 와 수다도 떨고 투자한 종목을 공유하고 만날 때마다 종목도 하나씩 추천하자고 제안했다. 나는 돈도 없고 투자도 끊었다고 했지만 걔네들은 경험 많은 내가 꼭 필요하다며 함께 힘을 합치면 내가 주식으로 다시 일어설 수 있다고 용기를 줬다. 그리고 둘이 모은 돈이라며 봉투를 내밀었다. 봉투엔 300만 원이 들어 있었는데 나는 부모님께 빌린 500만 원을 합쳐 이를 시드 머니 삼아 지금은 빚은 다 갚고 손실은 회복 중이다. 친구들 덕분에 다시 시작한 투자에서 2018년 하반기 이후 내가 투자해 성공한 종목은 엔씨소프트, NAVER, 효성티앤씨 등이다. 물론 실패한 종목도 있었는데 스튜디오드래곤과 현대홈쇼핑 등이 대표적이다. 최근 나의 성공과 실패작은 반반이었는데 다만 실패한 종목은 대부분 10%~20%에서 손실을 끊은 반면, 성공한 종목은 30% 이상 큰 수익이 났다. 실패한 종목들의 공통점은 차트를 잘못 읽거나 너무 뜨거운 종목을 비싸게 산 경우가 대부분이었고 성공한 종목은 대개 신고가를 경신하는 종목을 쫓아 사서 6개월, 1년 이상 길게 보유한 경우다. 나는 늘 많이 오른 주식을 사는 위험을 안고 투자를 한다. 나는 기업 내용을 보는 투자자가 아니라 사람들 인기가 몰리는 종목에 동참해서 먹고 튀는 전략을 취하고 있다. 초기 투자 때처럼 완전 상투에서 크게 당한다면 언제라도 몰락할 위험이 있다. 하지만 쓰라린 실패 경험은 내게 위험 관리라는 값진 교훈을 선물했다. 나처럼 경제나 증시에 대해 잘 모르고 재무제표나 기업 가치도 읽을 줄 모르는 사람은 어차피 차트에 의존할 수밖에 없다. 나는 주가에 대한 선입견 없이 오직 차트만 본다. 그렇다고 반드시 단기 투자자인 것은 아니다. 추세를 타고 3개월에서 1년 정도는 충분히 기다릴 줄 아는 중기 투자 스타일이다. 나는 최근 1년 중 가장 뜨겁게 달아오르는 종목을 좋아한다. 아직도 시장에 대해 무지하고 차트에 대해 배워야 할 게 많은 투자자지만 그래도 요즘은 나름의 투자 원칙을 정립해나

가고 있다. 함께 고민하자는 뜻에서 나의 투자 스타일과 원칙을 공유하면 다음과 같다.

나는 자유로운 영혼의 투자자다. 마치 게임을 하듯 주식을 한다. 나는 원래 속으로 노래를 흥얼거리며 일하고 투자도 그렇게 한다. 추세적으로 꾸준히 오를 것 같은 종목을 버스 타듯 슬쩍 올라타 적당한 정류장에서 훌쩍 내리는 게 내 투자 전략의 전부다. 다만 버스를 잘못 탄 것 같으면 다음 정류장에서 바로 내린다. 아무리 힘들어도 손절매 원칙을 꼭 지킨다. 조급한 마음에 쉴 새 없이 종목을 교체하는 게 능사가 아니다. 종목을 계속 갈아타는 것은 급한 마음에 버스를 계속 갈아타고 종일 왔다 갔다 하다가 결국 제자리에 있는 것과 같다. 처음 주식을 할 때 나는 단기 투자를 지향했지만 어느새 지금 중기 투자자가 되어 있다. 아니 처음에는 단기를 1~2주로 생각했지만 지금은 단기를 6개월, 중기를 6~12개월, 장기는 1년 이상으로 생각하고 있다. 나는 특히 거래량과 이평선들의 정배열 여부와 추세를 중시하고 모양이 갖춰지기 조금 전에 일찍 행동에 옮긴다. 차트는 볼 때마다 다르므로 같은 차트라도 시간을 두고 여러 번 감상한다. 나는 주로 방송에서 종목을 추천받아 그중 중장기 차트가 마음에 드는 후보 종목을 늘 10개 정도 골라놓고 그중에서 단기 차트를 보고 타이밍을 결정해 매수하고 교체해나간다. 나는 보유 종목 3개를 원칙으로 하고 새로 종목을 사고 싶을 때에는 보유 종목 하나를 판다.

그럴 때는 차트가 가장 안 좋거나 가장 덜 오른 종목이거나 목표 수익을 초과 달성한 종목 순으로 매도한다. 강세장에서는 좋은 차트가 많고 약세장에서는 나쁜 차트가 많이 발견되므로 시장에 회자되는 주요 종목들의 차트, 특히 최근에 뜨거웠던 주도주 차트를 보고 시장 전체 분위기를 간접적으로 파악한다.

배안목 씨 사례 (62세, 대전 거주, 주식 투자 경력 2년)

나는 대전에 있는 중견 기업에 다니다가 재작년 은퇴해 지금은 시간만 부자인 은퇴 생활을 보내고 있다. 은퇴하면서 우리 부부의 고민 아닌 고민은 무엇을 하면서 노후를 재미있게 잘 보낼 것인가 하는 것이었다. 물론 경제적인 부분도 문제지만 아직은 건강하고 왕성하게 활동할 수 있는데 마땅히 할 일 없이 종일 TV만 보며 시간을 보낸다는 것은 답답한 일이 아닐 수 없다. 나는 살면서 재미 삼아 주식을 조금씩 샀다 판 경험도 몇 번 있었지만 닷컴 버블 때 인터넷 주식에 투자해 당시 천만 원이나 날린 경험도 있어 은퇴 후 주식 투자는 별로 생각을 안 했었다. 하지만 종일 집에 있으면서 주식을 조금씩 하다 보니 재미도 있고 시간도 잘 가고 치매 예방 효과도 있을 것 같아 나는 앞으로 딱 10년만 진지하게 주식을 해볼 생각이다. 내 주식 투자 경력은 기간상으로는 30년이지만 실제로는 은퇴 후 이제 1

년 남짓이니 아직 주린이 맞다.

실은 내겐 손아래 동서가 한 명 있는데 그는 여의도의 한 운용사 펀드 매니저로 있다가 일찌감치 회사를 그만두고 전업 투자를 하고 있다. 내 동서는 주식에 참 탁월한 사람이다. "주식을 뭐 사면 좋겠냐?"고 동서에게 물은 적이 내 평생 한 네다섯 번 있었던 것으로 안다. 동서는 그때마다 종목을 콕 찍어서 알려줬다. 종목이 몇 개 안되므로 나는 그것을 모두 기억할 수 있다. 1997년쯤에는 오직 한국이동통신(현 SK텔레콤)이었고 2000년 닷컴 버블 붕괴 직후에는 신세계와 롯데칠성이었으며 2004년부터는 몇 년간은 NAVER였고 2008년부터는 현대차였고 2015년부터는 줄곧 삼성전자 하나만 노래를 불렀다. 평생 그가 개인적으로 투자하고 매매한 종목도 실제로 고작 5~6개밖에 안 되다니 놀랍지 않은가. 그러니 명절이나 어른 생신 때 가끔 만나 "동생, 요즘 주식 뭐가 좋아?"라고 내가 물으면 그때마다 그의 입에서는 나오는 종목은 누구나 다 아는 평범한 우량 대형주였다. 그래서 답답한 나머지 "동생, 그런 것 말고 좀 개인이 살 만한 종목은 없어?"라고 물으면 "개인이 다 살 수 있는 종목입니다. 다른 종목은 제가 자신이 없어서요."라는 대답만 돌아왔다. 그때는 동서가 왜 몇 년째 똑같은 종목만 추천하고 또 실제로 쥐고 있었는지 도무지 이해할 수 없었다. 가령 2008년 설날 때부터 2011년 추석 때까지 무려 4년간 그가 추천한 종목은 오직 현대차 우선주뿐이었고 그

투자의 신세계

때마다 나는 "뭐 다른 좋은 종목은 없고?" 하고 앵무새처럼 약간 짜증 섞인 질문만 했다. 지금은 국민주가 되었지만 2014년 설날부터 지금까지 무려 7년간 그는 삼성전자 한 종목만 추천하고 또 실제로 들고 있다. 삼성전자 주가는 2014년 이후로만 3배 올랐다. 나는 동서가 처음 추천한 시기에는 너무 평범하고 시시하다고 안 샀고, 추천 받은 종목의 주가가 적지 않게 오른 다음에는 겁이 나서 못 샀다. 하지만 동서는 그렇게 지난 20여 년간 이들 종목으로 꽤 많은 부를 축적했고 나는 주식 시장 문밖에서 그 안만 계속 기웃거리다가 시간을 낭비했다. 정말 훌륭한 정보원을 바로 옆에 두고도 나는 그것을 전혀 활용하지 못했다. 물론 나도 열심히 직장 생활 하며 아이들 키우고 후회 없이 잘 살아왔지만 주식만 생각하면 많은 후회가 밀려온다. 나는 전문가라고 불리는 사람들이 다 동서 정도는 되는 줄 알았다. 하지만 지나 보니 동서는 아주 탁월한 직관을 가진 특별한 사람이라는 것을 알았다.

나는 인생 느지막이 소일거리를 찾다가 어쩌면 마지못해 주식 시장을 두드리는 투자 지각생이다. 은퇴 후 드디어 내가 처음 산 종목은 5세대 통신(5G)의 대표주인 K종목이었다. 물론 동서가 알려줬는데 그답지 않게 의외로 이번엔 중소형주였다. 내가 같은 아이템은 아니어도 그래도 평생 반도체 LCD장비 계통에서 일했기에 기술 이해도가 있고 한 다리 건너 내용도 확인할 수 있어 2019년 중반 용기 있게 4만 원에 살 수 있었다. 문제는 주가가 두 배 이상 올랐음에도 팔지 못하고 지금까지 들고 있어 수익률이 30%밖에는 되지 않는다는 점이다. 이것저것 너무 재다가 조금 늦게 사고 또 너무 적게 사고, 고점에 팔지도 못하고, 코로나 위기로 주가가 폭락했을 때도 용기가 없어 더 사지도 못한 게 아쉬웠다. 사실 나는 코로나 때문에 시장 전체가 어떻게 될지 모른다는 생각에 현금을 주식에 다 투자하지도 못했다. 사람 욕심이란 게 끝이 없지만 아무튼 그래도 은퇴 후 내 첫 투자 성적표에 플러스 수익률이 찍힌 것은 감사할 일이다. 최근에는 남아 있는 현금으로 이 종목 저 종목 기웃거리며 조금씩 샀다 팔았다를 반복했는데 오히려 손실만 났다. 꾸준히 유튜브도 챙겨 보고는 있는데 전문가라는 사람들의 말은 맥락은 알아듣겠으나 조금 난해하다. 특히 경제나 시황은 결론 위주로 좀 쉽고 간결하게 말해주면 더 좋겠다. 사실 요즘은 이런 것을 모두 공부해야만 주식 투자를 할 수 있는 시대라니 머리에 쥐가 날 정도다. 아내도 "그렇게 신경 쓸 거면 쓰는 것 좀 줄이고 편하게 살자."라며 요즘 잔소리 하는 날이 많아졌다. 그래도 믿을 사람이 동서밖에 없어 어제는 전화로 이런저런 얘기를 나눴다. 내 동서지만 참 좋은 친구다. 불쑥 종목이나 물어보는 주린이 형님한테 하나도 귀찮은 티 안 내고 친절하게 답해주는 고마운 친구다. 어제도 세상 돌아가는 이야기부터 집값이나 통화 정책, 비트코인 등 이런저런 주제를 쭉 훑고 나서야 전화를 끊었다. 동서는 늘 남이 보지 않는 것을 보는 통찰력이 있다. 대화 내용을 다 공개하기는 어렵지만 동생이 얘기한 핵심 내용만 요약해서 소개하면 다음과 같다.

　어떤 자산이든 계속 한 방향으로만 가지는 않죠. 장기간 한쪽 방향으로 추세가 이어져온 자산은 그만큼 지금 반전의 시기가 가까워졌음을 뜻합니다. 지금은 국내외적으로 오히려 주식 시장 밖에 그런 비싼 자산들이 많아 보여요. 일부 자산은 1970년대 오일 쇼크나 2000년 닷컴 버블, 2008년 금융 위기를 일으킨 자산의 과열만큼이나 큰 거품이 형성되어 가고 있다고 봅니다. 국내외 증시에서는 고평가된 종목들과 아직 저평가된 종목들이 공존하고 있습니다. 물론 고평가된 자산들이 투자자들을 좀 더 높은 곳으로 유인할 수 있습니다. 하지만 이는 나중에 모두를 더 큰 곤경에 빠뜨릴 거라 봅니다. 그런데 고평가된 자산일수록 사람들은 오히려 앞으로의 가격 하락을 전혀 의심하지 않고 태평한 성향이 강합니다. 전문가들도 지금까지 비싼 자산을 비싸다고 말한 적이 별로 없죠. 그들도 잘 모르거니와 대중의 눈치도 보고 또 틀렸을 때 바보가 되기 싫으니까요. 하지만 시간이 좀 걸릴 수는 있어도 고평가된 자산은 결국 가파르게 크게 떨어집니다. 고평가된 자산이 천천히 떨어지는 경우는 거의 없어요. 그렇다면 그건 애초 고평가된 자산이 아니겠죠. 저는 한국의 고삐 풀린 가계 부채와 국가 부채, 낮은 출산율과 고령화, 그리고 주택 시장을 아주 염려합니다. 나라를 걱정하는 마음에서도 그렇고 앞으로 투자 환경의 지각판을 뒤흔들 만한 요인이기 때문입니다. 반면에 긍정적인 것은 한국의 일류 기업들이 스스로 너무나 잘해 주고 있다는 것입니다. 좋은 기업들 덕택에 코스피는 결국 높은 PER 영역대로 올라설 것이고 머지않아 4천을 넘어 그 이상의 시대를 열어갈 게 분명합니다. 그런 걸 생각하면 저는 지금 멀리 미국의 혁신 성장 기업도 물론 좋지만 한국의 몇몇 대형 우량주를 사서 묻어두고 싶어요. 다만 지금은 제가 원하는 주식을 가능하면 조금 더 싸게 사려고 기회를 엿보고 있습니다. 저는 장기적으로는 주식만큼 더 좋은 투자 수단은 없다고 확신합니다.

투자의 신세계로 가고 싶은 투자자를 위한 Q&A

Q. 박사님께서 가장 중요하다고 생각하시는 투자의 원칙은 어떤 것인지요?

주식 투자에 왕도는 없지만 가장 중요한 투자 원칙은 강세장이 약세장보다 길다는 사실을 인정하고 시장 판단보다는 종목 발굴에 더 집중하는 것이라 생각합니다. 그리고 '돈 잘 벌 기업'을 찾아 그곳에 가능한 오래 머무는 게 중요하다고 말씀드렸습니다. 그런 좋은 기업은 그 시대 경제를 이끄는 성장 산업군에서 찾을 확률이 높다고 본문에서 말씀드렸죠. 하지만 이보다 더 중요한 투자의 원칙은 탐욕과 공포에서 벗어나 평정심을 유지하는 것입니다. 가장 큰 적은 너무 빨리 돈을 벌려고 하는 내 안의 욕심이라고 생각합니다.

Q. 하면 할수록 어려워지는 게 주식 투자라고 합니다. 투자 실력을 쌓을 수 있는 비법 같은 게 있을까요?

시장 앞에 겸손하게 대응하는 게 중요하다고 봅니다. 자기 생각이 늘 틀릴 수 있음을 인정하는 유연한 자세도 투자 실력을 쌓는 데 도움이 된다고 봅니다. 투자는 여러 식재료(시장과 종목에 대한 정보)를 가지고 자신만의 방법으로 요리를 하는 과정과 같다고 본문에서 말씀드렸습니다. 투자는 누가 대신해줄 수 없고 자신만의 성실한 루틴을 찾아서 차곡차곡 만들어가는 과정이라고 생각합니다. 투자 메모나 일기를 쓰는 루틴은 투자 실력을 쌓는 데 큰 도움이 됩니다.

Q. 주식이 국채, 금, 달러 같은 다른 자산에 비해 장기 실질 수익률이 안정적이라고 합니다. 그 이유를 좀 더 자세히 설명해주실 수 있으신가요?

주가는 장기로는 적어도 경제 성장률과 물가 상승률 이상으로 오르도록 설계돼 있습니다. 주식 시장에 상장된 기업은 그 나라의 평균 기업보다 우수한 기업들입니다. 그리고 주식은 기업이라는 실물 자산을 기초로 하기 때문에 길게 보면 인플레이션을 보상합니다. 거기에 보너스로 배당금까지 받으면 인정하든 안 하든 주식은 장기간 실증적으로 다른 자산보다 우수한 수익률을 보였습니다. 저금리가 정착될수록 주식은 앞으로 더 유망한 자산이 될 것입니다.

Q. 가치 투자, 장기 투자가 정답이라는 사람도 있고 그렇지 않다는 사람도 있습니다. 박사님께서는 어떻게 생각하시는지요?

가치 투자나 성장주 투자나 잘만 하면 그게 정답입니다. 문제는 가치 판단을 잘못하고 성장성 판단을 제대로 못 한다면 스타일 논쟁은 무의미합니다. 투자 스타일은 개인의 취향과 선택의 문제이기도 하죠. 다만 주식 투자의 묘미는 위험을 안고 높은 기대 수익을 사는 데 있습니다. 위대한 기업에 올라타 그 기업의 꿈의 기울기를 향유하고, 게다가 그런 좋은 기업을 가능한 싸게 산다면 금상첨화죠. 이익도 늘고 PER(주가/주당 순이익)도 올라갈 기업을 찾았다면 신념을 갖고 장기 투자 하는 게 좋겠죠. 하지만 기업을 잘못 골랐다면 무조건 장기 투자가 능사가 아닙니다. 최악의 주식 투자는 잘못 고른 기업을 단지 막연한 행운에 속아 장기 보유하는 것입니다.

Q. 주식 투자를 하기 위해서는 어떤 것부터 차근차근 어떤 순서로 공부해야 할까요?

실전 투자를 통해 주식을 공부할 것을 권합니다. 그러려면 처음에는 실패를 해도 감당할 만한 수준의 소액으로 하는 게 좋습니다. 완벽하게 공부한 뒤 투자에 임하는 것은 비현실적인 방법입니다. 실패를 통해 야생에서 생존하는 법을 터득해야 하는데 이는 누구도 가르쳐주지 않습니다. 처음엔 종목을 고르기 위해 아주 기초적인 재무제표 보는 법과 재무 비율, 투자 지표, 기본적인 증권 관련 용어들을 공부하면 충분합니다. 인터넷만 봐도 다 있습니다. 나머지는 투자하면서 본문에서 권해드렸듯이 투자 메모(일기)를 쓰면서 적응해나가면 됩니다. 그리고 여러 구루

들이 쓴 책을 반드시 읽어보시기 바랍니다. 제3장의
곳곳에 제가 소개해드린 책도 좋습니다.

Q. 주식 투자를
시작하기 전에 꼭
공부해야 할 것을
하나만 꼽는다면 어떤
것이 있을까요?

처음 투자할 때 꼭 공부해야 할 것을
하나만 꼽는다면 저는 PER(주가/주
당 순이익)라고 봅니다. PER는 주식의
프리미엄을 뜻하는데 물론 절대 평
가 지표는 아닙니다. 하지만 종목별 적정한 PER를 고
민하는 것부터 공부를 하시면 실력이 늡니다. 본문에
약간의 설명이 있으니 참고하시기 바랍니다. 그다음
PBR(주가/주당 순자산), PSR(주가/주당 매출액)을 알아가
시기 바랍니다. 이런 밸류에이션 지표는 맹목적인 투
자자와 합리적인 전문 투자자를 나누는 중요한 기준
이 됩니다.

Q. 2021년은
전체적으로 어떤
성격의 시장이고 어떤
업종이 유리할까요?

2021년은 경기 확장의 전반전에
서 후반전으로 넘어가는 시기입니
다. 경기 확장 후반기는 보통 경기 확
장 전반기에 주가가 선제적으로 오
른 소재, 에너지, 산업재보다는 정보 통신(기술주), 자
동차, 내구 소비재, 유통업, 금융업 등이 강세를 보입
니다. 고용도 늘고 소득도 늘고 금리가 오르기 때문이
죠, 하지만 지금은 모든 업종에서 밸류에이션이 높고
주가가 비싸져 있어 향후 주가가 오르는 종목 수가 점
점 줄어들 거라 봅니다. 종목별 차별화와 양극화가 향
후 장세 특징이 될 것 같습니다.

Q. 주식 투자는 언제 시작하는 게 좋을까요?

가능하면 빨리 시작하는 게 좋겠습니다. 코스피와 미국 주가 지수 등은 10년에 2배 가까이 오를 확률이 높습니다. 본문에서 2040년쯤이면 코스피가 1만 포인트 내외에 도달할 가능성이 높다고 말씀드렸는데 젊을 때 투자하면 그만큼 주가 상승을 장기간 누릴 수 있습니다. 하지만 조급해할 필요는 전혀 없습니다. 주가는 계속 오를 것이고 좋은 종목은 계속 등장할 것입니다. 정작 중요한 것은 준비도 없이 조급한 마음에 자신이 감당할 수 없는 규모의 너무 큰돈을 투자하는 일입니다. 또한 주가 지수는 오르는데 투자 실력이 없어 거꾸로 가는 종목을 고르고 매매 타이밍을 잘못 잡는다면 아무 소용이 없습니다.

Q. 월급쟁이도 주식 투자를 해야 하는 걸까요?

당연히 투자해야 합니다. 주식은 자산 배분 관점에서 항상 일정 비중을 들고 가는 개념이지 넣었다 뺐다는 하는 선택적 개념의 자산이 아닙니다. 다만 사회 초년생부터 주식에 너무 많은 돈을 투자하는 건 저는 찬성하지 않습니다. 앞서 말씀 드렸듯이 소액으로 실전 공부하는 기간을 몇 년간 갖고 그동안 예적금으로 시드 머니를 만들 것을 권합니다. 즉 일정 시드 머니를 준비하는 동안 주식 문맹을 탈출하는 것이죠. 몇 년간의 기초 공부 과정과 소액 실전 투자 과정을 수료하셨다면 모아둔 시드 머니로 보다 업그레이드된 투자를 하시면 됩니다. 그때는 5년 정도를 목표로 시드 머니의 3~4배 정도의 목표 수익을 세우

시기 바랍니다. 이렇게 단계를 밟아 전략적으로 하시면 좋겠습니다.

Q. 초보 투자자는 삼성전자나 엘지화학, 삼성SDI 등 우량주를 장기 투자하는 것이 맞을까요?

반드시 대형 우량주에만 투자할 필요는 없고 우량주라고 무조건 장기 투자하는 것도 옳지 않습니다. 다만 초보자는 종목을 두루 공부해야 하므로 가능한 업종 대표 우량주를 공략할 필요가 있죠. 음식료에서 금융까지 업종별 대표 종목에 투자하다 보면 해당 산업을 공부하고 코스피200 종목에 대한 이해도 생깁니다. 물론 아무 종목이나 사지 마시고 나름 현재 유망하다고 판단되는 종목을 사야 합니다. 한편 투자 기간에 예속될 필요는 없습니다. 적정 목표가를 설정하고 그 가격에 도달 시 매도하면 결과적으로 그 기간이 투자 기간이 되는 게 좋습니다. 그런데 처음엔 스스로 목표가를 잡기 어려우니 추천자의 의견이나 애널리스트 목표가를 의지해 매매하시면 되겠습니다. 주가가 너무 빨리 목표가에 도달했거나 잘못 투자했다면 원치 않지만 때로 단기 투자자가 되어야 합니다.

66

주식 투자에서 성공하는 방법 중 하나는
반드시 다가올 미래에 투자하는 것입니다.
앞으로 어떤 산업이 세상을 바꿀지 많은
시간 고민해보았습니다.

99

제4장

포스트 코로나19, 다가올 미래(5N)에 투자하라!

염승환

염승환

이베스트투자증권 디지털사업부 이사. 2000년대
초 대학생 때부터 주식 투자를 했고, 2005년 이트
레이드증권(이베스트투자증권의 전신)에 입사해 15년간
고객들과 함께 성장해왔다. 한국경제TV, 매일경제
TV 등 다양한 방송에 출연하면서 개인 투자자들과
소통하기 시작했고, 삼프로TV, 이리온 등 유튜브 채
널에도 고정 출연하며 '염블리'라는 닉네임으로 불
리고 있다. 저서로는 『주린이가 가장 알고 싶은 최다
질문 TOP 77』, 『미스터 마켓 2021』 등이 있다.

2019년 12월 중국 우한에서 코로나19 바이러스가 발견되었고 그후 코로나19 바이러스는 전 세계를 강타했다. 코로나19 바이러스의 전염은 엄청 빨랐고 서슬 퍼렇게 강력했다. 한국, 일본을 비롯하여 아시아를 강타한 코로나19는 미국, 유럽 등 서구 선진국 지역까지 엄청난 속도로 전파되었다. 초기 방역에 성공한 호주, 대만 등 일부 국가를 제외하고 대부분의 국가에서 코로나19 바이러스는 무섭게 확산되었고 많은 사람들이 감염되었다. 바이러스에 대한 저항력이 약한 고령층에서는 많은 사망자가 발생하였다.

전염을 막기 위해 전 세계가 국경을 막고 경제 봉쇄 정책을 펼쳤다. 여행은 꿈도 꾸지 못했고 집 밖에 나가는 것도 쉽지 않았다. 미국에서는 하루에만 10만 명이 넘는 코로나19 확진자가 발생했다는 소식이 매일 들려오기도 했다. 경제 활동이 막히고 실업자가 급증하고 주식 시장은 급락했다. 2008년 금융 위기 이후 10년 만에 글로벌 경기는 최악의 상황이 된 것이다.

하지만 금융 위기와 코로나19 팬데믹은 근본 원인이 달랐다. 금융 위기는 인간 스스로 만든 위기였다. 그로 인해 경제가 회복하는데 많은 불협화음이 발생했다. 위기의 진원지인 대형 금융사를 살리기 위해 국민의 세금을 투입하는 것이 올바른 것인지 논란이 많았다. 물론 미국 연준은 무제한 양적 완화로 금융사들을 살려줬고 경제는 살아났다. 반면, 이번 코로나19 팬데믹은 인간이 어떻게 할 수 없었던 불가항력적인 사건이었다. 금리를 낮추고 돈을 무차별적으로 푸는 것에 대해 전 세계가 동참했고 거부감이 없었다. 누구의 잘못도 아니었기 때문이다. 금융 위기와 달리 코로나19로 인해 풀린 돈들은 기업, 개인 등 실물 경제에 투입되었다. 위기에 빠졌던 기업들은 살아났고 개인들은 받은 돈으로 소비를 했고 주식에도 투자하며 경제를 살렸다.

2021년 6월 글로벌 주식 시장은 사상 최고치를 기록하고 있다. 글로벌 경기의 바로미터인 한국의 수출은 2020년 11월부터 8개월째 증가세를 보이고 있다. 기업들의 이익은 사상 최고치를 경신할 것으로 전망되고 있다. 2020년 11월 승인된 코로나19 백신도 미국, 유럽을 중심으로 대부분의 성인들이 접종을 완료하면서 집단 면역이 가시화되고 있다. 한국을 비롯한 아시아는 접종률이 낮았지만 백신 보급이 늘어나면서 접종 속도가 빨라지고 있다. 코로나19 팬데믹은 이제 조금씩 사라지고 있는 상황이다. 글로벌 경제도 코로나19에 이미 적응을 했고 포스트 코로나19를 준비 중이다.

EU에서는 7월 1일부터 코로나19 백신 여권이 발급됐다. 백신 여권을 보유한 사람은 2주간의 격리 없이 자유롭게 EU 국경을 넘나들 수 있다. 비단 EU만이 아니다. 미국, 한국, 싱가포르 등 대부분의 국가가 경제 및 국경 개방을 준비 중에 있다. 코로나19로부터 시작된 비정상적인 상황은 이제 정상화될 것이다. 또한 많은 사람들이 외출을 준비 중이다. 국가, 기업도 마찬가지이다. 갇혀 있던 경제가 다시 활동을 시작했다. 그렇지만 투자자들은 다가올 새로운 시대를 준비해야 한다. 우리는 코로나19 이전으로 돌아갈 수 없다.

　코로나19 이후 어떤 산업이 세상을 바꾸고 주식 시장을 주도할지 많은 시간을 고민해보았다. 다가올 확실한 미래는 무엇일까? 주식 투자에서 성공할 수 있는 가장 좋은 방법 중의 하나는 반드시 다가올 미래에 투자하는 것이다. 정확한 시기는 알 수 없지만 세상의 모든 차가 친환경차로 바뀌는 것처럼 확실한 미래는 존재한다. 고민 끝에 다가올 5개의 미래(5N)를 예측해보았다. 물론 과거부터 지금까지 진행 중인 산업도 포함되어 있다. 5N은 친환경(New Energy), 유럽의 부활(New EU), 새로운 공간(New Space), 새로운 세계(New Universe), 새로운 소비(New Consumption)이다. 산업 전문가가 아닌 만큼 깊이가 얕을 수도 있는 점은 양해를 부탁드린다. 대신 넓은 내용과 다양한 기업들로 부족함을 채웠다. 5N과 함께 반드시 다가올 미래에 투자하자! 5N이 여러분을 기다리고 있다.

01

친환경(New Energy)

2015년 12월 프랑스 파리에서 유엔 기후 변화 협약 당사국 총회가 열렸다. 지구 평균 온도가 2도 이상 상승하지 않도록 온실가스 배출량을 단계적으로 감축하자는 내용이다. 기온이 1도 이상 상승하면 매년 30만 명이 기후 변화로 사망하고 10%의 생물이 멸종 위기에 처할 수 있다. 기온이 2도 이상 상승하면 부산 낙동강 하구 및 인천 공항이 침수된다고 한다. 기온이 5도 이상 상승하면 북극 온도가 20도가 되고 히말라야 빙하가 소멸된다고 한다. 이산화탄소 배출로 인한 지구 기온 상승을 억제하기 위해 195개 모든 당사국은 이산화탄소 배출 감축 목표를 지키기로 약속했다. 이후 EU 정상들은 2030년까지 온실가스 배출량을 1990년 대비 55% 감축하는 것에 합의했다. 탄소 중립의 시대가 시작된 것이다.

▶ 제21차 유엔 기후 변화 협약 당사국 총회에 모인 각국의 정상들

출처: 위키백과

인류는 지난 100년간 화석 연료와 동고동락을 해왔다. 석탄, 석유를 에너지원으로 활용하여 전기를 생산하고 자동차를 굴렸다. 하지만 그로 인해 지구는 뜨거워졌다. 온실가스 배출로 지구 기온이 상승했고 각 지역의 기후가 변화하면서 생태계가 훼손되고 있다. 문제가 생겼을 때 그 문제를 해결하는 방법은 문제를 발생시킨 근본 원인을 찾아내고 개선하는 것이다. 지구 온난화는 이산화탄소 배출 증가가 원인이다. 이산화탄소 배출을 줄이면 된다. 물론 말처럼 쉽지 않다. 글로벌 제조업체 대부분이 이산화탄소를 배출하고 있기 때문이다. 그래도 변화는 시작되었다. 이산화탄소 배출 감축은 이제 의무 사항이 되었다. 파리 기후 협약을 탈퇴했던 트럼프 대통령에 이어 미

투자의 신세계

국 대통령에 오른 바이든 대통령은 취임 직후 파리 기후 협약 복귀를 선언했다. 글로벌 1위 국가 미국의 동참으로 탄소 배출 감축은 모든 나라들의 정책 0순위가 된 것이다.

▶ 지구 온난화 관련 인포그래픽

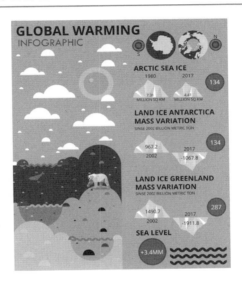

코로나19가 발생한 후 많은 사람들이 탄소 배출 감축이라는 친환경 산업에 의문 부호를 표시했다. 글로벌 경제가 안 좋은 상황에서 친환경은 사치스러운 일이라고 생각했고 다시 과거로 돌아갈 가능성이 높다고 판단했다. 하지만 EU는 과감한 결단을 내렸다. 친환경 산업의 적극적인 육성을 통한 경제 재건을 선언했다. 태양광, 풍

력을 활용한 전기 생산을 의무적으로 늘렸고 전기차, 수소차 등 친환경 운송 수단에 대한 혜택을 부여하는 동시에 많은 이산화탄소를 배출하는 내연 기관차에는 벌금을 부과했다. 이산화탄소 배출량이 기준치를 초과하게 되면 벌금을 내야 한다. 실제로 독일 자동차 기업 폭스바겐은 이산화탄소 배출량 기준치 초과로 1,345억 원이 넘는 벌금을 부과받았다. 자동차 제조사들은 벌금을 회피하기 위해 전기차 생산을 늘리고 판매 비중도 높이고 있다. 2021년 5월 기준 독일은 신차 판매 중 20%가 친환경차이다. 전기차 비중이 가장 높은 노르웨이는 신차 2대 중 한 대가 전기차이다.

자동차 강국 미국은 EU에 비해 늦었지만 바이든 행정부의 적극적인 정책에 의해 친환경차 시장이 고성장하고 있다. 연비 규제를 다시 강화했고 전기차 보조금은 늘려서 친환경차 판매를 증진시키고 있다. 다가올 미래 중의 하나인 전기차의 주도권을 중국과 EU에 빼앗긴 미국은 전기차 시장 1위를 차지하기 위해 정부 주도로 시동을 걸었다. 바이든 정부는 2021년 4월 총 2조 2,500억 달러 규모의 인프라 부양책을 발표했다. 8년 동안 국가 기반 시설을 개선하고 녹색 에너지로의 전환을 목표로 하는 계획이다. 여기에는 전기차 산업에 대한 지원 방안도 포함되어 있다. 1,740억 달러 규모로 전기차 구매 시 지급되는 보조금, 충전 인프라 등 다양한 지원책이 들어가 있다.

미국은 친환경차 시장에서 가장 소극적인 국가였다. 앞으로는 달라진다. 바이든 행정부의 적극적인 정책 대응으로 미국의 전기차 시장 규모는 77.6만 대에서 2025년 350만 대까지 증가할 것이다. 2025년에는 글로벌 전기차 시장이 1,422만 대를 기록할 것으로 전망하는데 350만 대 규모면 굉장히 빠른 성장이라고 할 수 있다. 중국, EU에 이어 잠자는 호랑이였던 미국이 눈을 뜬 것이다.

바이든의 당선으로 미국은 회색 옷(화석 연료)을 버리고 녹색 옷(친환경)을 입기 시작했다. 친환경차만이 아니라 태양광, 풍력 등 신재생 에너지 산업 육성에도 상당한 규모의 자금을 투입할 예정이다. 2021년 4월 미국에서 열린 기후 정상 회의에서 40개국의 정상들은 산업화 이전 대비 평균 온도 차이를 2030년까지 1.5℃ 이하로 맞추는 온실가스 감축 목표(NDC)에 합의했다. 미국은 2005년 대비 50% 감축하는 목표치를 제시하였고 이는 오바마 행정부에서 제시했던 2025년 26% 감축안과 대비하면 굉장히 공격적인 목표치이다. 물론 EU, 중국도 목표치를 상향했지만 가장 소극적이던 미국이 이제 녹색 옷을 입었다는 사실이 중요하다. 미국이 주도하면 다른 국가들은 따라갈 수밖에 없다.

탄소 배출 감축을 위해 미국 정부가 적극적인 의지를 표명한 가운데 EU는 친환경 선도 지역답게 보다 강력한 탄소 배출 감축 정책을 준비 중에 있다. 바로 탄소 국경세이다. 탄소 국경세란 자국 기업에 부과되던 환경 부담금을 해외 기업에게도 부과해 탄소 배출을 더욱 적극적으로 감축하는 정책이다. 2021년 7월 초안이 나올 예정으로 2023년부터 탄소 배출 톤당 5만 원 정도의 세금을 부과하는 정책이다. 2005년부터 시행된 탄소 배출권 거래 제도와 유사하다. 탄소 배출권 거래 제도는 특정 기업들에게 정부가 탄소 배출 허용치가 담겨 있는 크레디트를 제공하는 제도이다. 허용치보다 적게 배출하면 크레디트를 판매하여 수익을 낼 수도 있고 허용치를 초과하면 크레디트를 구매하여 부족한 양을 채우는 정책이다. 테슬라는 허용치보다 적은 탄소 배출로 인해 크레디트가 남았고 남은 크레디트를 판매해 실적이 흑자를 기록하기도 했다. 실제 탄소 배출권 거래 제도를 시행함으로써 2012년 탄소 배출량 대비 2020년 탄소 배출량은 18억 톤에서 13억 톤으로 감소했다.

탄소 국경세는 보다 강력한 규제로 직접 기업들에게 세금을 부과한다. 특히 시멘트, 철강, 화학 같은 산업은 타격이 클 수밖에 없다. 제품 1톤 생산 시 부과해야 할 세금이 시멘트 4만 원, 화학 8만 원, 철강 9만 원으로 이익 훼손이 불가피한 상황이다(시멘트 1톤 가격은 6만 원 수준). 특히 한국은 중간재를 많이 생산하고 있어서 탄소 배출에 따른 비용 부담이 만만치 않을 것으로 전망되는데 2023년에만 탄소 국경세로 6,100억 원을 지불할 것으로 시장에서는 예상하고 있다. 탄소 국경세를 내지 않기 위해서는 기업들이 자발적으로 탄소 배출을 줄이는 수밖에는 없다. 석탄 대신 수소를 사용하고 탄소 배출을 줄이는 탄소 저감 장치, 탄소 포집 장치 등이 광범위하게 사용될 가능성이 높다.

▶ 탄소 국경세

탄소 배출 감축을 위해서는 세 가지 노력이 필요하다. 첫 번째로 석탄, 천연가스 등을 활용한 발전 대신 풍력이나 태양광 등 재생 에너지 발전을 늘려야 한다. 두 번째로 내연 기관 대신 전기차, 수소차 등 친환경 자동차 비중을 늘려야 한다. 세 번째로 탄소 배출 저감 장치 등 온실가스를 제거하는 기술이 필요하다. 이제 탄소 배출 감축은 모든 국가들의 의무 사항이 되어버렸다. 어느 국가 어느 기업도 결국 피할 수 없는 상황이다. 각 국가들의 적극적인 지원과 더불어 기업들도 친환경 기술 개발에 전력을 다할 것이다. 여기서 살아남는

기업과 도태되는 기업 간의 간극은 더욱 벌어질 것이다. 주식 시장에서도 ESG(기업의 비재무적 요소인 환경, 사회, 지배 구조를 뜻하는 용어로 지속 가능한 발전을 위한 기업과 투자자의 사회적 책임을 강조) 바람이 거세다. 막대한 자금을 운영하는 국민연금도 석탄 발전에 관련된 사업을 하는 기업에게는 투자를 금지하는 것을 검토 중이라고 한다. 탄소와 친한 기업은 주식 시장에서도 찬밥 신세를 면치 못할 가능성이 높다. 투자자들도 녹색 바람이 불고 있는 친환경 시대에 이 바람을 타는 기업과 타지 못하는 기업을 잘 구분해서 장기 투자를 해야 한다. 투자할 기업을 선정할 때 그 기업이 친환경 관련 전략이 있는지도 확인하고 선택지에 넣어야 한다.

한국 기업들은 다행히 그 준비가 잘 되어 가고 있다고 생각한다. 애플이 가입한 것으로 알려져 화제가 되었던 RE100(기업이 사용하는 전력의 100%를 재생 에너지로 충당하겠다는 캠페인)에 한국의 SK, 한화 등 주요 그룹도 동참했다. 한국의 전기차, 수소차 등 친환경 자동차 경쟁력은 이미 세계 최고 수준이다. 현대차, 기아는 2025년까지 플랫폼, 연료 전지 기반의 다양한 전기차, 수소차 출시를 예고했다. 미국 주택용 태양광 1위 한화솔루션을 비롯해 풍력 윈드타워 세계 1위 씨에스윈드, 미국 수소 연료 전지 1위 기업 플러그파워의 지분을 인수한 SK 등 글로벌 경쟁력을 갖춘 기업들이 다수 포진해 있다. 반도체, 자동차, 석유 화학, 철강, 조선 등 수많은 글로벌 제조 기업들을 보유한 한국은 친환경 시대에 가장 고성장 할 수 있는 국가이다. 경험 많고 경쟁력 있는 제조 기업들을 중심으로 친환경 인프라 구축, 친환경 기술 개발 등 다양한 분야에서 시장을 선도해 나갈 가능성이 높다. 강 건너 불구경하듯이 멀뚱멀뚱 바라만 보던 한국 기업들은 이제 사라졌다. 친환경(New Energy) 시대에 맞춰 한국 기업들은 친환경 투자를 시작했고 기업 가치는 새롭게 재평가될 것이다.

▶ RE100 주요 참여 기업

출처: EKOenergy

투자 유망주

1)SK(034730)

SK는 SK하이닉스, SK이노베이션, SK텔레콤, SK건설 등의 계열

사를 보유한 한국의 대표적인 지주 회사이다. ESG하면 바로 떠오르는 기업으로 최태원 회장의 공격적인 친환경, 성장 산업 투자로 유명한 기업이다. 특히 수소 분야에 투자를 많이 하고 있는데 미국 수소 연료 전지 1위 기업 플러그파워 지분 9.9%를 1.6조 원에 인수하였다. 플러그파워는 수소 연료 전지 사업 외에 수전해(물을 전기 분해하여 수소를 생산) 설비를 보유하고 있다. 또한 세계 최초로 청록 수소 대량 생산에 성공한 미국 모놀리스사에도 투자했다. 청록 수소는 메탄(CH4)을 천연가스로 열분해하여 수소(H_2)와 고체 탄소(C)로 분해하여 생산되는 수소이다. 탄소 기체가 아닌 탄소 고체가 나오는 만큼 탄소 배출을 줄일 수 있어 친환경 수소로 분류된다. 적은 전력량과 탄소 포집 장치가 필요하지 않아 경제적이다.

▶ **SK가 투자한 모놀리스사의 청록 수소 생산 과정**

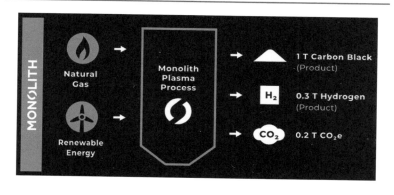

출처: Monolith 홈페이지

투자의 신세계

참고 자료 : 수소의 분류

❶ 그레이 수소: 석유 화학의 공정 과정에서 부가적으로 생산되는 부생 수소. 천연가스 개질을 통해 생산된 개질 수소 등 생산 과정에서 이산화탄소가 발생함

천연가스 → 개질 → 수소 + 이산화탄소

❷ 블루 수소: 그레이 수소 생산 과정에서 배출되는 이산화탄소를 포집, 제거한 수소(별도의 이산화탄소 포집 및 저장 과정이 필요)

❸ 청록 수소: 열분해 기술을 활용하여 천연가스로부터 이산화탄소 배출 없이 수소를 분리

천연가스 → 열분해 → 수소 + 고체 탄소

❹ 그린 수소 : 태양광이나 풍력 같은 신재생 에너지로 생산된 전기를 활용하여 물을 전기 분해해 생산된 수소. 이산화탄소를 전혀 발생시키지 않는 진정한 청정 수소

SK는 향후 5년간 18조 원을 투자하여 수소 사업의 생산-유통-공급 밸류 체인을 구축할 예정이다. 수소는 기후에 영향을 받지 않고 생산에 필요한 부지 면적이 작아 국내 환경에 적합한 친환경 에너지이다. 탄소 배출을 줄이고 새로운 에너지원으로 부상 중인 수소와 관련해 가장 공격적이고 가장 검증된 업체가 SK이다.

2)현대모비스

차는 기계이다. 사용할수록 부품은 닳게 된다. 현재 전 세계에서 운행 중인 자동차는 10억 대가 넘는다. 자동차 AS 부품 사업은 경기와 상관없이 꾸준히 수익을 낼 수 있는 황금알을 낳는 거위이다. 현대모비스는 자동차 AS 부품 사업을 하는 기업이다. AS 부품 사업을 통해 꾸준히 현금을 창출하고 있고 이 돈으로 현대차그룹이 진행할 전기차, 수소차, 자율 주행차, UAM 등의 신사업을 위한 연구 개발을 주도하고 있다. 특히 자동차의 에너지원이 화석 연료에서 친환경 연료로 바뀌는 상황에서 현대모비스는 전동화, 친환경 부품의 핵심 제조업체로서 시장의 주목을 받을 가능성이 높다. 현대모비스는 현대차그룹의 새로운 전기차 플랫폼인 e-GMP를 개발했다. 현대차의 아이오닉5, 기아의 EV6에 탑재된 플랫폼으로 대량의 배터리셀을 모은 배터리팩에 구동 모터 등을 결합하여 만든 전기차의 핵심 부품이다. 전기차 시대에는 플랫폼이 핵심이다. 전기차는 엔진이 없기 때문에 새로운 형태의 전기차 전용 플랫폼이 필요하다. 현대모비스는 e-GMP 플랫폼 개발로 세계적인 전동화 부품 업체로 진화하고 있다.

▶ 현대모비스가 개발한 전기차 플랫폼 e-GMP

출처: 현대자동차그룹 홈페이지

　　수소차에는 연료 전지가 들어간다. 화석 연료 대신 수소를 에너지원으로 하는 배터리라고 생각하면 된다. 수소는 무공해 청정에너지다. 이산화탄소 배출도 없고 물만 배출된다. 물론 물이 배출되면 자동차 운행에 문제가 생기기 때문에 가습기 역할을 하는 장치가 있어 기체 형태로 물을 배출시킨다. 수소차의 핵심인 연료 전지도 현대모비스가 제조하고 있다. 2017년 충북 충주에 수소 연료 전지 전담 공장을 구축했다. 글로벌 자동차 시장이 전동화, 친환경화하는 상황에서 이 둘 모두에 대응할 수 있는 부품사가 현대모비스이다. 그리고 자율 주행, UAM(도심형 항공 모빌리티) 등 현대차그룹의 신사업에 있어서도 핵심적인 역할을 담당할 것으로 기대하고 있다. 현대차그룹의 성장을 위해서는 반드시 현대모비스의 기술이 필요하다. 장기적인 주가 재평가를 기대해보자.

3)LG전자

LG전자는 가전의 명가이다. 가전제품 사업부의 영업 이익은 2017년부터 세계 최대 가전업체 월풀을 제치고 1위를 유지하고 있다. 매출액은 6,000억 원 차이로 근소한 2위를 기록하고 있다. 가전제품 사업부의 가치는 20조 원으로 평가받고 있다. LG전자 주가의 가장 큰 부담 요인이던 스마트폰 사업부는 2021년 7월에 종료하였다. 연간 8,000억 원의 적자를 기록하던 사업부를 정리하였기 때문에 LG전자의 몸집은 매우 가벼워졌다. LG전자는 이제 가벼워진 몸집으로 전기차용 부품 사업을 확장하고 있다. 2021년 7월 1일, 글로벌 3위 캐나다 자동차 부품사인 마그나와 합작 법인인 LG마그나 이파워트레인을 출범시켰다. 마그나는 벤츠 250만 대를 위탁받아 생산할 정도로 자동차 부품, 완성차 생산 등에 있어서 세계 최고 수준의 경쟁력을 갖춘 기업으로 알려져 있다.

LG전자는 자체 전장 부품 사업부, LG마그나 이파워트레인, ZKW를 통해 전동화 부품 사업 3각 편대를 완성하였다. 자체 전장 부품 사업부는 차량용 인포테인먼트 부분을 담당한다. 자율 주행차에서 가장 중요한 것 중의 하나가 인포테인먼트이다. 인포테인먼트 전용 소프트웨어 개발을 통해 자동차 내에서 교통 상황, 날씨 등 다양한 정보를 얻을 수 있고 음악 청취, 영상 시청, 메신저 등의 기능을 실행할 수 있다. LG마그나 이파워트레인은 전기차의 핵심 부품인 모터, 인버터(주파수를 바꾸어 모터의 회전 속도를 바꾸는 전력 변환 장치), 차량 충전기 등을 생산한다. 특히 전기차는 엔진이 아닌 모터로 구동을 하기 때문에 모터 품질이 매우 중요하다. LG전자의 인버터 모터는 세계 최고 수준의 기술력을 보유한 것으로 알려져 있다. 일반 모터와 달리 필요한 에너지의 양에 따라 모터 회전 수를 조절할 수 있어서 에너지 효율을 높일 수 있다. 세계 최고 수준의 자동차 부품 경쟁력을 보유한 마그나와 자동차 모터 분야 세계 최고 기술력을 보유한 LG전자와의 만남은 많은 투자자들을 설레게 할 수밖에 없는 요소이다.

▶ LG전자와 마그나의 합작사 이파워트레인

출처: LG전자

ZKW는 2018년 LG전자가 1.4조 원에 인수한 오스트리아 자동차 부품 회사로 차량용 조명, 라이다 센서 등의 전동화 부품을 생산하고 있다. ZKW는 LED 주간 주행 램프, 레이저 헤드램프와 같은 차세대 광원을 탑재한 프리미엄 헤드램프를 세계 최초로 양산한 기술력을 보유한 업체이다. 라이다 센서는 자동차가 전방 상황을 인지하는 데 필수적인 부품으로 자율 주행차의 핵심이라고 할 수 있다. ZKW는 유럽에서만 자율 주행 특허 50건을 출원하였다. LG전자는 이 3각 편대와 함께 친환경차, 자율 주행차 시대를 완벽하게 준비하고 있는 기업이다. 스마트폰을 버리고 자동차를 선택한 LG전자의 비상을 기대해보자.

4)에코프로에이치엔

탄소 중립으로 가는 과정이 시작되었다. 탄소 중립을 위해서는 신재생 에너지를 사용하여 탄소 배출을 없애는 방법도 있지만 배출된 탄소를 없애주거나 줄여주면 된다. 에코프로에이치엔은 탄소 배출을 줄여주는 장치를 만드는 기업이다. 에코프로에이치엔은 에코프로에서 환경사업부가 인적 분할하여 떨어져 나온 기업이다. 유해가스 및 온실가스 저감 장치, 대기 환경 플랜트 등을 제조한다. 주요 사업부는 세 개의 사업부로 구성되어 있다.

첫 번째는 미세 먼지 저감 솔루션 사업부이다. 중공업, 자동차, 화학 등의 산업에서 발생하는 미세 먼지의 원인인 휘발성 유기 화합물(VOCs)을 제거하는 사업이다. VOCs는 대기 중에서 광화학 스모

투자의 신세계

그를 유발하는 물질로 대기 오염만이 아니라 지구 온난화의 주범으로 전 세계에서 배출을 줄이기 위해 정책적으로 관리하고 있다. 동사는 전자레인지에 사용되는 마이크로웨이브(Microwave) 기술을 활용한 VOC 제거 설비를 2018년 전 세계 최초로 상용화하는 데 성공하였다.

두 번째는 온실가스 감축 솔루션 사업부이다. CDM 사업이라고도 일컫는데 CDM 사업이란 선진국이 개발 도상국에 자본과 기술을 제공하여 온실가스 감축 사업을 하고 감축 실적을 확보하여 수익을 얻는 사업이다. 동사는 CDM 사업에서 특히 과불화탄소 감축에 매우 큰 강점을 갖고 있다. 주로 반도체 식각 공정에서 과불화탄소(PFCs)가 배출되는데 이산화탄소의 지구 온난화 지수가 1이라면 과불화탄소는 6,500~9,200으로 매우 높기 때문에 반드시 감축을 해야 하는 온실가스이다. 전 세계적으로 반도체 투자가 꾸준히 늘어날 수밖에 없는 상황에서 과불화탄소 감축은 반드시 필요하다.

세 번째는 클린룸 케미컬필터 사업부이다. 반도체와 디스플레이 등 IT 공정의 클린룸에 존재하는 유해 물질을 제거하여 수율을 개선시키고 불량을 방지하는 역할을 하고 있다.

미세먼지 저감 솔루션
중공업, 자동차, 화학 등의 산업에서 발생하는 미세먼지의 원인인 VOCs 제거

온실가스 감축 솔루션
반도체와 디스플레이 산업에서 발생하는 온실가스를 분해하여 환경보호에 기여

클린룸 케미컬 필터
반도체와 디스플레이 공정의 클린룸 내부에서 발생하는 유해가스 제거

출처: 에코프로에이치엔 홈페이지

에코프로에이치엔은 각종 유해 물질을 제거하고 탄소 배출을 줄이는 데 있어서 탁월한 기술력을 보유한 업체이다. 친환경의 핵심은 탄소 배출 감소이다. 에코프로에이치엔은 친환경에 있어서는 최고의 파트너이다.

5)KRBN(US)

기업들에 대한 투자가 고민된다면 ETF 투자도 좋다고 생각한다. KRBN은 유럽과 미국의 탄소 배출권 가격으로 구성된 지수를 추종하는 탄소 배출권 ETF이다. 미국 증시에 상장되어 있고 미국 캘리포니아, 미국 북동부, 유럽 탄소 배출권 시장 선물 가격으로 구성된 지수를 추종하는 ETF이다. 미국의 전 국무장관인 존 케리가 펀드의 자문 위원장으로 있다. 탄소 국경세의 시행을 앞두고 탄소 배출권 시장 역시 고성장을 할 가능성이 높다. 또한 탄소 배출권 가격도 지속적으로 상승할 가능성이 높다.

▶ KRBN 최근 1년 수익률

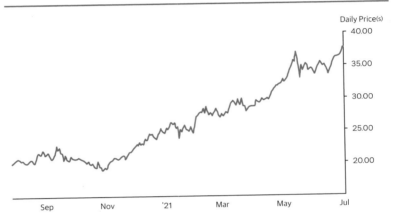

출처: ETF.COM

유럽의 부활(New EU)

미국이 강대국이 되기 이전 세계를 지배한 국가는 영국이다. 네덜란드는 대규모 무역 선단을 꾸리는 데 주식을 활용하였던 국가이다. 투자자들에게 돈을 받고 주식을 나눠주었고 무역을 통해 발생한 이익을 주주들에게 배당했다. 주식을 거래할 수 있는 시스템도 네덜란드가 만들었다. 세계 최초의 증권 거래소는 네덜란드 암스테르담에 있다. 영국의 제임스 와트는 증기 기관을 상용화시켰고 이로 인해 인류는 기계의 힘을 사용하게 되었다. 1차 산업 혁명이 시작된 것이다. 인간의 노동력만으로 제품을 생산하던 시대가 끝났고 인류는 에너지원(석탄)만 있으면 기계의 힘을 빌려 제품을 대량으로 생산할 수 있는 체제를 갖추게 되었다. 증기 기관차도 개발되었다. 석탄만 있으면 먼 거리를 이동할 수 있었다. 말을 이용하여 이동하던 시대가 끝난 것이다. 이동 거리에 제약이 사라지자 무역은 더욱 발달하였고 유럽은 진보한 기술력을 기반으로 전 세계를 지배하게 되었다.

▶ 네덜란드 암스테르담 구 증권 거래소 조감도

하지만 유럽은 유럽 내에서 발생한 두 번의 전쟁으로 인해 그 주도권을 미국에게 내주게 된다. 2차 세계 대전, 금 본위제가 끝난 후 달러는 기축 통화가 되었고 전 세계의 주인공은 유럽에서 미국으로 바뀌게 되었다. 미국이 세계 최강자가 된 것이다. 최강자가 있으면 항상 경쟁자도 있게 마련이다. 1990년까지는 러시아(구소련)가 미국의 독주를 위협하며 체제 경쟁을 펼쳤고 2010년 이후로는 중국이 G2로 부상하며 경제적, 정치적인 면에서 미국을 위협하고 있다. 그런데 유

럽은 어디에 있는 것일까? 진일보한 기술과 사상으로 인류를 지배하던 유럽은 이제 존재감이 없어 보인다. 오히려 코로나19가 유럽을 강타하자 민낯이 드러나며 존재감이 약했던 이유를 여실히 보여주었다. 유럽인들의 코로나19 방역에 대한 인식은 매우 안일했고 진단 키트, 엑스레이 등의 의료 기기는 턱없이 부족했다. 의료 시스템도 마비되며 코로나19 확진자 수는 급증했고 경제 활동은 상당 기간 위축되었다. 우리가 알던 그 유럽이 아니었던 것이다.

유럽은 태생적으로 여러 국가들이 모여 있기 때문에 의견이 갈라지고 압축된 힘을 내기가 어려운 대륙이다. 이러한 약점을 타개하기 위해 유럽의 28개 국가는 단일 시장, 단일 화폐의 기치를 내걸고 EU를 만들었다. 단일 화폐의 힘은 강력했다. 특히 스페인, 그리스 등 유럽 내에서 상대적으로 경쟁력이 떨어지고 통화 가치가 낮았던 국가들은 유로화 도입으로 통화 가치가 상승하면서 구매력이 증가하게 되면서 소비가 증가하였고 부동산 등 자산 시장에 대규모 자금이 유입되면서 자산 버블이 형성되었다. 관광 산업이 주요 수입원인 남유럽 국가들은 이러한 현상을 더욱 즐겼다. EU라는 높은 신용도를 활용해 그들이 감당할 수 있는 수준보다 더 많은 대출을 받을 수 있게 되자 경치 좋은 해안가에 호텔, 빌라 등 부동산을 대규모로 건설하였다.

투자의 신세계

파티는 오래가지 않았다. 2008년 미국에서 금융 위기가 터졌고 EU 역시 엄청난 경제 충격이 오고 말았다. 남유럽 국가들의 기초 체력보다 높은 수준에 있던 유로화는 그들에게는 어울리지 않는 옷이었다. EU도 무제한 양적 완화를 도입하면서 위기를 극복했지만 후유증은 심각했다. EU는 미국처럼 단일 국가가 아니다. 여러 국가가 모여 있기 때문에 의견 일치가 어려웠고 특히 제조업 강국인 독일이 주도권을 쥐고 있는 것이 더욱 큰 문제였다. 독일은 흑자 재정을 선호하는 국가이다. 두 차례의 전쟁을 통해 막대한 배상금을 지불했고 하이퍼인플레이션까지 경험한 상태였기 때문에 곳간에 돈을 넉넉하게 쌓아 놓길 원했다. EU에서 가장 부자 국가인 독일은 남유럽 국가들을 돕는 데 인색했다. 남유럽 국가들이 많은 돈을 빌렸고 그 돈으로 파티를 벌였고 이제 돈을 다시 갚아야 하는데 독일이 왜 대신 갚아주어야 하는가 하는 입장이었다. EU라는 단어가 무색할 정도로 독일은 인색했다.

미국은 단일 국가이고 경제 위기를 타개하기 위해 연준을 중심으로 일관성 있게 통화 정책을 추진했고 경제를 정상화시키는 데 성공했다. 반면 EU는 독일의 인색함, 단일 화폐 체제하에서 비싼 화폐를 사용해야만 했던 남유럽 국가들의 과소비와 그로 인한 부실, 일관성 없는 통화 정책 등으로 말미암아 또다시 수렁에 빠지고 만다. 경기가 아직 완벽하게 회복되지 못했던 2011년, 유럽은 물가 상승을 잡기 위한 명목으로 금리를 올리고 만다. 회복기에 있던 유럽 경제는 금리 인상 충격으로 재정 위기에 빠지게 된다. 금리 인상의 후유증은 오래갔다. 2020년 코로나19 팬데믹이 발상할 때까지 유럽은 저성장 국면을 지속하게 된다. 적극적이고 일관된 통화 정책으로 경제 위기를 극복하고 정상화에 성공한 미국은 구글, 아마존, 애플, 테슬라 등 혁신 기업을 중심으로 주식 시장이 10년간의 대세 상승을 이어가게 된다. 반면 유럽 증시는 미국을 부러워하면서도 10년간 답답한 박스권 흐름을 보였다.

EU에 대해서 너무 안 좋은 얘기만 한 것 같다. 하지만 이것이 현실이다. EU는 미국, 아시아에 비해 낡았고 늙었다. 증시 역동성도 떨어지고 혁신 기업도 많지 않다. 그런데 이제 EU가 달라진다. 아니 이미 달라지고 있다. 코로나19는 유럽에게 처음엔 재앙이었지만 의료 시스템이 정상화되고 백신 접종이 가속화되면서 이제는 역설적으로 축복이 되고 있다. 보복 소비가 발생하면서 글로벌 물동량이 급증했고 공급 부족으로 투자가 늘어나고 있다. 유럽은 경기 민감형 산업 구조를 가지고 있는 대륙이다. 물론 관광업 등 서비스업 비중도 높지만 경기 민감주가 유럽 증시에서 차지하는 비중은 50%가 넘는다. 투자 증가, 물동량 증가는 제조업 비중이 높은 유럽 경제 및 증시에 긍정적이다. 거기에 백신 접종 가속화로 국경이 열리고 관광 수요까지 급증한다면 유럽 경제는 회복을 넘어 성장까지도 바라볼 수 있게 된다.

▶ 유럽 증시 섹터 비중(경기 민감주 비중 58.3%)

섹터	EuroStoxx 600	S&P 500
산업재(경기 민감)	16.3%	9.0%
금융(경기 민감)	16.3%	12.1%
경기 소비재(경기 민감)	13.7%	11.9%
헬스케어	13.6%	12.8%
필수 소비재	11.4%	6.1%
소재(경기 민감)	7.8%	2.8%
정보 기술	7.2%	26.1%
에너지(경기 민감)	4.3%	3.0%
유틸리티	4.1%	2.6%
통신 서비스	3.1%	11.0%
부동산	2.2%	2.6%

출처: Bloomberg, 삼성증권

실제로 유럽 증시는 이제 조연이 아니라 주인공이다. 2021년 5월 유럽 증시는 10년래 최고점을 돌파하였다. 유럽 증시가 글로벌 증시에서 가장 강한 상승세를 보인 경우가 거의 없었는데 매우 이례적이다. 백신 보급 가속화, 글로벌 설비 투자 증가에 따른 제조업 경기 회복, 유럽중앙은행(ECB)의 완화적인 통화 정책 지속, 전 세계 어느 국가보다도 강력한 친환경 인프라 정책, 프랑스를 중심으로 한 제조업 부흥 정책 등 유럽은 새롭게 변모하고 있다.

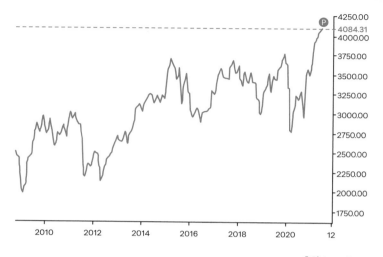

출처: Investing.com

　지난 10년간 투자자들의 관심에서 멀어져 있던 유럽 증시에 투자해야 하는 이유는 명확하다. 다른 지역보다 상대적으로 매력적이기 때문이다. 통화 정책 면에서 미국보다 완화적인 정책이 지속될 것이다. 미국은 테이퍼링 등 긴축 시그널이 자꾸 나오고 있는데 반해 EU는 다르다. 유럽중앙은행의 라가르드 총재는 통화 완화 정책을 지속하겠다고 계속 언급하고 있다. 기회만 생기면 긴축을 하려고 했던 과거의 EU가 아니다.

　재정 정책 면에서는 신흥국보다 매력적이다. 중앙은행이 아니라 정부가 직접 돈을 푸는 재정 정책에 매우 소극적이었던 EU에서 경제 회복 기금 예산안을 논의 중인데 시행될 경우 강력한 경기 부양이 가능할 것으로 예상하고 있다. 특히 독일은 추경 예산안을 포함한 전체 재정 정책 규모가 GDP 대비 17%에 달할 것으로 전망되고 있다. 재정에 인색했던 독일이 바뀌고 있는 것이다. 2021년 9월 예정된 독일 총선도 기대감이 높아지고 있다. 녹색당의 베어복 후보가 2021년 4월 말 발표된 여론 조사에서 32%의 지지율을 얻어 집권당인 메르켈 총리가 있는 기민당의 라셰트 후보를 앞섰다. 녹색당은 기민당과 달리 재정 사용에 있어 매우 적극적인 당이다. 탄소 배출 감축을 위한 친환경 투자에 매우 적극적인 투자 계획을 갖고 있는 것으로 알려져 있다. 녹색당이 집권할 경우 유럽의 경기 부양은 더욱 가속화될 가능성이 높다.

제조업 부흥과 친환경 정책 강화도 유럽 시장의 매력을 높이는 요인이다. 프랑스를 중심으로 유럽 각국은 이번 코로나19 팬데믹 사태로 관광 등 서비스업 위주의 경제 구조가 위기에 얼마나 취약한지 다시 한번 깨달았다. 2008년 금융 위기 이후 터진 남유럽 국가들의 재정 위기, 2020년 발생한 코로나19 팬데믹 위기 등 서비스업 중심의 산업 구조는 그 허약함을 여실히 드러냈다. 유럽 국가 중에서 프랑스가 제조업 부흥에 적극적이다. 자동차를 프랑스 내에서 직접 제조하는 비중을 높이고 의료 분야에서도 2억 유로 규모의 예산을 편성해 프랑스의 의료 산업 부흥을 꾀하고 있다. 동북아시아에 위치한 한국, 중국, 대만처럼 제조업 비중을 높여 서비스업 위주의 구조를 탈피하겠다는 것이다. 경기 민감형 산업 구조를 갖고 있는 유럽 증시에 이는 긍정적인 요인이 될 것이다. 제조업 부흥과 더불어 진행될 EU의 친환경 투자도 유럽 경기를 부양시키고 성장을 도와줄 요소이다.

유럽 시장에 투자하자! 이제 EU는 못난이가 아니다. 향후 몇 년간은 주인공이 될 수 있는 지역이다. 상대적으로 소외받았던 유럽 시장에 투자하고 그 성과를 향유하자. 지금이 시작이다!

투자 유망주

1)한온시스템

한온시스템은 현재 매출액 기준으로 전 세계 자동차 부품 회사 중에서 42위를 기록하고 있는 대표적인 자동차 부품 회사이다. 매출의 50% 정도가 한국을 포함한 아시아에서 발생하지만 유럽 비중이 매우 높은 편이다. 유럽의 매출 비중은 35% 정도로 추정된다. 한온시스템은 유럽의 터키, 포르투갈, 슬로바키아에 현지 법인을 보유하고 있다.

유럽은 현재 친환경차 열풍이 한창이다. 유럽은 미국, 아시아에 비해 그동안 성장이 정체되어 있었지만 유일하게 앞서가는 분야가 바로 친환경 부문이다. 유럽이 세계에서 가장 잘하고 있는 분야인 친환경과 관련된 산업 투자는 더 증가할 것이다. 현재 독일은 신차 판매의 20%가 친환경차이고 북유럽 일부 국가들은 친환경차 판매 비중이 50%를 넘어서고 있을 정도로 전기차 대중화가 가속화되고 있다. 전기차에서 가장 중요한 부품은 배터리이다. 배터리 다음은 무엇일까? 바로 열 관리 시스템이다. 기존 내연 기관 자동차에도 열관리 시스템이 들어가 있지만 친환경차에서 열 관리 시스템은 자동차의 주행 성능을 결정하기 때문에 매우 중요한 부품으로 인정받고 있다.

열 관리 시스템은 히터, 에어컨 등과 같은 공조 시스템을 의미한다. 내연 기관차에서 히터와 에어컨 등은 운전자를 위한 편의 장치이지만 친환경차에서는 주행 거리를 결정하는 장치이기 때문에 단가도 400% 이상 비싸다. 배터리는 온도에 굉장히 민감한 부품이다. 너무 춥거나 뜨거우면 배터리가 제 성능을 발휘할 수 없다. 매우 추운 겨울철에는 배터리의 성능이 떨어져 주행 거리가 평소의 50% 수준에 그칠 수 있다고 한다. 배터리는 열에도 취약하다. 전기차에는 특히 전자 부품이 많이 탑재되는데 기본적으로 전자 제품은 대부분 발열 현상이 발생하기 때문에 배터리 주변 온도가 높아질 수밖에 없다. 열 관리 시스템은 배터리 주행 성능, 안전을 결정하는 매우 중요한 부품이다. 한온시스템은 공조 부품 전 세계 2위 업체로 열 관리 시스템 분야에서도 세계적인 경쟁력을 갖추고 있다. 현대차, 독일의 폭스바겐, 미국의 테슬라 등에 납품하고 있을 정도로 경쟁력을 인정받고 있다. 유럽 시장을 장악한 자동차 회사 폭스바겐은 자사의 전기차 ID3, ID4에 MEB 플랫폼을 탑재했는데 MEB 플랫폼에는 한온시스템의 열 관리 시스템이 탑재되어 있다.

▶ 한온시스템 열 관리 시스템

출처: 한온시스템 홈페이지

▶ 폭스바겐의 ID.4

출처: vw.com

매각 이슈로 주가 변동성이 조금 있지만 유럽의 친환경차 시장 성장의 최대 수혜 기업임은 자명하다. 유럽의 회복, 유럽의 성장과 함께 갈 기업이다.

2)한국조선해양

한국조선해양은 글로벌 1위 선박 제조사를 보유한 현대중공업 그룹의 중간 지주사이다. 2019년 현대중공업을 물적 분할하면서 탄생했는데 현재 비상장사인 현대중공업(지분 100%)과 현대삼호중공업(지분 80.5%), 상장사인 현대미포조선(지분 43%)을 거느리고 있다. 한국에서 지주사는 항상 할인을 받는 경향이 있다. 사업 회사가 상장을 한 상황인데 지주 회사는 그 사업 회사의 지분을 보유하고 있기 때문에 중복으로 가치를 평가하는 상황이 발생하기 때문이다. 사업 회사 보유 지분을 30% 정도 할인하기 때문에 늘 가치 대비 할인을 받는다. 한국조선해양도 그러한 부분에서 자유로울 수 없지만 지주 회사 할인을 감안해도 거부할 수 없는 매력이 있다. 바로 세계 1위의 조선 회사들을 보유하고 있기 때문이다.

자회사 현대중공업은 명실 공히 세계 조선업 1위 기업이다. 모든 선종에서 글로벌 경쟁력을 보유하고 있다. 현대삼호중공업 역시 현대중공업과 수주를 양분하면서 대형 선박에서 강점을 보유한 조선사이다. 현대미포조선은 중형 선박 최강자이다. PC선(원유 운반선),

LPG선, 중형 LNG선은 세계 1등이다. 아직 100% 승인이 나지 않았지만 대형 LNG선 1위 기업인 대우조선해양의 인수도 앞두고 있다. 한국조선해양에 투자하면 조선 업종 ETF에 투자하는 것과 같은 효과가 발생할 수 있다.

▶ 한국조선해양의 초대형 원유 운반선

출처: 한국조선해양 홈페이지

조선업은 전통적으로 유럽 경기와 매우 밀접한 관계를 맺고 있다. 유럽은 제조업 비중이 높고 경기 민감형 산업 비중이 높은 지역이다. 글로벌 경기에 영향을 많이 받기 때문에 물동량도 전 세계에서 가장 많다. 특히 중국과 거래하는 비중이 높아서 중국 경기의 영향을 많이 받는다. 중국 경기가 좋아지고 유럽의 경기가 좋아져서 투자가 늘어나게 되면 물동량도 증가하기 때문에 선박 발주 역시 많이 늘어나게 된다.

선박을 발주하기 위해서는 막대한 자금이 들어간다. 때문에 유럽의 선주들은 유럽 은행의 대출을 받아 조선사들에게 발주하는 경우가 많다. 유럽 경기가 좋아지면 유럽 은행들의 대출 여력도 늘어나기 때문에 선박 발주가 크게 증가할 수 있다. 또한 대부분의 글로벌 선사들이 유럽에 있기 때문에 유럽의 경제 성장은 국내 조선사 수주에 막대한 영향을 줄 수밖에 없다.

오랜 침묵을 깨고 유럽이 깨어나고 있다. 유럽 경기 회복의 최고 수혜 산업은 조선업이다. 한국조선해양은 유럽의 성장을 함께 할 기업이다.

3)유럽 ETF
유럽 증시와 기업에 직접 투자하는 것도 좋은 방법이 될 수 있다. 역시 ETF가 가장 좋은 대안이 될 것이다. 가장 대표적인 유럽 ETF는 미국 증시에 상장된 Vanguard FTSE Europe ETF(VGK)이다. 1,300개의 기업에 투자하는 유럽의 대표 ETF이다.

▶ VGK 주요 구성 기업

■ Nestle S.A.	2.70%	■ SAP SE	1.23%
■ ASML Holding NV	2.11%	■ AstraZeneca PLC	1.17%
■ Roche Holding Ltd	1.94%	■ HSBC Holdings Plc	1.03%
■ LVMH Moet Henn...	1.56%	■ Novo Nordisk A/...	1.00%
■ Novartis AG	1.47%	■ U.S. Dollar	0.97%
		Total Top 10 Weig...	15.19%

출처: ETF.COM

유럽의 성장은 유럽 은행의 성장과 일맥상통한다. 유럽 은행주에 투자하는 것도 대안이 될 수 있다. 유럽 은행주를 추종하는 iShares MSCI Europe Financials ETF(EUFN)이 대표적인 상품이다. 영국의 대표 은행 HSBC, 독일의 보험사 Allianz, 프랑스 대표 은행 BNP 파리바 등이 ETF에 담겨 있다.

▶ EUFN 주요 구성 기업

■ HSBC Holdings Plc	6.84%	■ UBS Group AG	3.26%
■ Allianz SE	6.03%	■ ING Groep NV	2.95%
■ BNP Paribas SA C...	4.12%	■ Prudential plc	2.95%
■ Banco Santander...	3.89%	■ AXA SA	2.86%
■ Zurich Insurance...	3.53%	■ Intesa Sapaolo S...	2.64%
		Total Top 10 Weig...	39.06%

출처: ETF.COM

새로운 공간(New Space)

"이것은 한 사람에게는 작은 한 걸음에 지나지 않지만, 인류에게 는 위대한 도약이다!" 이 말은 인류 역사상 최초로 달을 밟고 돌아 온 미국의 닐 암스트롱이 달에 첫발을 내딛으며 했던 말이다. 우리 는 '우주' 하면 미국의 유인 우주선 아폴로 11호의 달 착륙을 떠올 린다. 하지만 본격적인 우주 시대의 개막은 사실상 구소련이 열었다. 1957년 구소련의 인공위성 스푸트니크 1호가 발사에 성공하면서 우 주 시대는 시작되었다. 그 후 구소련은 1961년 유리 가가린을 우주로 보내 인류 최초로 우주 비행을 성공시켰다. 최초의 인공위성인 스푸 트니크에 이어 유인 우주 비행까지 구소련은 압도적인 우주 기술을 자랑하며 우주 산업의 문을 열어주었다.

출처: TIME

    당시 냉전 중이던 미국은 자존심에 큰 상처를 입었고 당연히 가만히 있지 않았다. 소련을 이기기 위해 나사(NASA)를 중심으로 미국 GDP의 3%에 달하는 막대한 돈을 투입하였다. 엄청난 자본력과 기술력을 바탕으로 미국은 소련보다 먼저 달에 사람을 보내는 데 성공하게 된다. 1969년 7월 16일 미국의 유인 우주선 아폴로 11호가 우주로 출발하였고 4일 뒤인 7월 20일 인류는 역사상 처음으로 달에 발자국을 남기게 된다. 우주 시대를 열어준 나라는 구소련이었지만 우주 시대를 본격적으로 발전시킨 나라는 미국이었다.

▶ 달 착륙에 성공한 아폴로 11호

출처: NASA

그 후 미국은 다양한 우주선과 인공위성을 쏘아 올리며 나사가 곧 우주임을 전 세계에 각인시켰다. 물론 다른 국가들도 가만히 있지는 않았다. 구소련의 몰락을 틈타 유럽, 중국, 일본, UAE 등 많은 국가들이 우주 개발에 몰두했고 인공위성, 화성 탐사선 등을 우주에 쏘아 올렸다. 2020년 7월에는 미국, UAE, 중국에서 제작한 3대의 화성 탐사선이 모두 화성으로 출발하였고 미국, 중국, UAE 모두 화성 궤도에 안착하는 데 성공하였다. 특히 중국의 화성 탐사선 텐원 1호는 화성 지표면에 착륙하는 데 성공하여 세계에서 3번째로 화성에 탐사선을 착륙시킨 국가가 되었다. 한국도 1990년대부터 우주 개발에 뛰어들었고 1992년 8월 11일 우리별 1호를 우주에 쏘아 올리며 우주 시대에 동참하게 된다. 정부의 전폭적인 지원에 힘입어 한국은 현재 세계 6위권의 인공위성 개발 기술력을 확보한 것으로 평가받고 있다.

우리는 지구에 살고 있다. 지구는 우리가 보았을 때 굉장히 큰 행성이지만 우주로 가면 그냥 조그마한 행성에 불과할 정도로 하찮은 존재에 불과하다. 현재 관측 가능한 우주의 크기는 지름이 930억 광년으로 추정된다고 한다. 지구에서 태양까지는 8광분이 걸린다고 한다. 가늠하는 것이 의미가 없을 정도로 우주는 너무 넓다. 너무 넓고 미지의 영역인 우주에 이미 수많은 나라들이 뛰어들었고 치열한 경쟁을 펼치고 있다. 국가만이 아니다. 전기차 기업 테슬라를 창업한 일론 머스크의 '스페이스X', 아마존을 창업한 제프 베이조스의 '블루 오리진', 우주여행을 꿈꾸는 리처드 브랜슨의 '버진 갤럭틱' 등 민간 기업들도 우주에 뛰어들고 있다. 이제 우주는 국가에서 민간까지 영역이 넓어지고 있고 주식 투자자들은 우주에서 새로운 기회를 찾고 있다. 새로운 공간(New Space)인 우주! 우주라는 거대한 산업에서 우리가 집중해야 하는 분야는 어디일까?

출처: Virgin Galactic

2017년 모건 스탠리는 2040년 글로벌 우주 산업 시장을 약 1조 달러로 전망했다. 2020년 뱅크 오브 아메리카(BOA)는 2030년 시장 규모를 1.4조 달러로 전망했다. 자동차의 연간 시장 규모가 2조 달러인 점을 감안하면 1.4조 달러는 자동차 산업 하나가 더 생긴 것과 비슷할 정도의 굉장히 큰 수치로 볼 수 있다. 반도체가 0.7조 달러, 스마트폰이 0.7조 달러의 시장 규모를 형성하고 있는 것과 비교하면 향후 우주 산업 시장의 성장성은 매우 크다고 할 수 있다. 참고로 한국의 우주 산업 시장 규모는 2018년 기준으로 38억 달러에 불과한 상황이다.

우주 산업은 3단계로 발전 단계를 나눌 수 있다. 1단계는 올드스페이스라고 부른다. 모든 것을 정부가 주도하는 초기 발전 단계이다. 1960년대 미국 우주 산업 성장을 이끈 것은 국가 기관인 나사였다. 지금은 나사의 위상이 예전 같지 않지만 당시는 나사가 곧 우주였을 정도로 존재감이 막강했다. 우주 개발은 초기엔 비용이 너무 많이 들기 때문에 국가가 주도할 수밖에 없다. 현재 한국, 인도가 올드스페이스 단계이다.

2단계는 미드스페이스라고 부른다. 정부가 주도하지만 개발 측면에서는 민간 기업들이 참여하면서 정부와 민간이 같이 시장을 이끄는 단계이다. 정부가 홀로 주도하는 것이 아니라 기술력과 자금력이 풍부한 민간 기업들이 시장에 참여하는 단계이다. 유럽, 일본, 러시아, 중국 등이 여기에 해당된다.

3단계는 뉴스페이스라고 부른다. 바로 미국이 여기에 속한다. 계획 수립, 예산 확보, 개발, 활용 등 모든 단계를 기업이 수행한다. 미국의 나사가 아니라 스페이스X, 블루 오리진 같은 민간 기업이 주도권을 갖는 단계이다. 저궤도 위성, 우주여행 등 미국의 혁신 기업들은 막대한 돈을 들여 우주 산업에 뛰어들고 있다. 물론 돈을 벌 수 있는 상황은 아니다. 테슬라가 전기차 시대를 예측하고 전기차를 개발했지만 바로 돈을 번 것은 아니었던 것처럼 우주도 마찬가지이다. 돈을 벌기 위해서는 시장이 형성되어야 한다. 민간이 주도하는 우주 시장은 시작되었지만 돈을 벌 수 있는 시장 형성에는 시간이 아직 많이 필요하다.

우주 산업에는 다양한 분야가 있다. 우주여행, 우주 광물 탐사, 인공위성 등이 대표적이다. 우주여행은 우리가 공상 과학 소설에서 나 보던 분야이지만 이제 현실화될 날이 얼마 남지 않았다. 아마존의 창업자 제프 베이조스는 미국의 아폴로 11호가 인류 최초로 달에 착륙한 지 52주년이 되는 2021년 7월 20일, 우주로 날아간다고 발표했다. 블루 오리진이 제작한 '뉴 셰퍼드'를 타고 지구 밖으로 날아가 우주를 구경하는 상품으로 3분간 안전벨트를 풀고 우주의 무중력 상태를 경험할 수 있다고 한다. 우주 광물 탐사는 지구에 존재하지 않는 광물이나 있어도 비교할 수 없을 정도로 많은 양을 보유한 광물을 탐사하는 프로젝트이다. 달 표면에는 헬륨-3가 있다고 하는데 달에 존재하는 헬륨-3의 양은 인류가 1만 년간 사용할 수 있는 에너지 양과 비슷하다고 한다. 미지의 세계인 우주에서만 존재하는 광물은 인간이 취할 수만 있다면 막대한 경제적 이득을 가져다 줄 수 있다.

우주 산업에서 투자자들이 가장 주목할 분야는 인공위성이다. 인공위성은 고도에 따라 저궤도, 중궤도, 정지궤도, 고궤도 위성으로 나눌 수 있다. 인공위성 중에서 가장 많은 비중을 차지하는 것은 저궤도 위성으로 전체 위성 중 77.5%를 차지하고 있다. 저궤도 위성은 관측 위성이나 통신 위성에 주로 사용된다. 저궤도 위성 중에서도 가장 많은 비중을 차지하는 것은 통신 위성이다. 현재 우리는 주로 광케이블망을 이용해 통신을 한다. 케이블 설치, 기지국 설치가 힘든 지역은 광케이블망을 이용하기 어렵다는 단점이 있지만 위성 통신에 비해 저렴하고 통신 속도가 빠르다는 장점으로 대도시를 중심으로 사용량이 늘면서 통신 시장을 주도하고 있다. 그런데 잊혀졌던 위성 통신 시장이 일론 머스크의 스페이스X에 의해 다시 눈을 뜨기 시작했다. 스페이스X는 스타링크 프로젝트를 통해 초고속 인터넷망을 구축하겠다고 발표했고 2021년 상반기까지 900개가 넘는 저궤도 통신 위성을 쏘아 올렸다. 6G라고 불리는 위성 통신망을 구축해 테슬라의 자율 주행까지 구현하겠다는 것이다. 향후 총 42,000개의 저궤도 통신 위성을 쏘아 올려 거대한 인터넷망을 구축하여 시장을 장악하려는 일론 머스크의 의지는 강력하다. 스페이스X 외에도 블루 오리진의 프로젝트 카이퍼, 소프트뱅크가 투자한 영국의 스타트업 원웨드(OneWed)도 통신 위성 사업을 하고 있다.

▶ **스페이스X의 크루 드래곤 우주선 상상도**

　우리는 광케이블망을 주로 사용하고 있지만 단점이 명확하다. 인터넷을 사용하기 위해서는 수많은 기지국을 설치해야 하는데 한국처럼 국토 면적이 좁고 인구 밀도가 높은 국가는 적절한 기지국 구축으로 초고속 인터넷을 전국 어디에서나 사용할 수 있지만 미국처럼 국토가 넓은 나라는 그렇게 할 수가 없다. 대도시 지역은 촘촘히 기지국을 설치할 수 있지만 나머지 지역은 수요도 부족한 데에다 기지국 설치 비용도 막대하기 때문에 불가능하다고 볼 수 있다. 광범위한 지역을 커버하기 위해서는 위성 통신을 이용하는 것이 가장 좋은 대안이다. 지구 저궤도에 수많은 인공위성을 배치하면 음영 지역 없이 광범위하게 인터넷을 제공할 수 있다. 특히 자율 주행을 하

기 위해서는 차가 다니는 어느 지역에서나 끊김 없는 초고속 인터넷이 가능해야 하는데 6G라고 불리는 위성 통신망이 갖추어져 있다면 가능한 일이 될 것이다. 차를 타고 대도시 지역만을 다닐 것이 아니기 때문에 광케이블망을 활용한 5G와 위성 통신망을 활용한 6G 모두 필요하다.

한국은 통신 강국이지만 우주 산업에서는 아직 강국이라고 부를 수 없다. 하지만 강국이 될 수 있는 조건들을 잘 갖추고 있다. 2021년 5월 한미 정상 회담을 통해 미사일 사거리 제한이 해제되었고 2020년에는 고체 연료 사용이 가능해졌다. 2021년 10월에는 1단 발사체까지 한국 기술로 완성한 발사체인 누리호가 발사를 앞두고 있다. 정부 주도로 시작된 우주 산업은 이제 한국의 방산업체를 중심으로 한 민간 영역으로까지 확대되고 있다. 반도체, 바이오, 2차 전지, 조선, 자동차 등의 산업에서 글로벌 최고 위치에 오른 한국 제조업의 미래에 우주 산업은 다음 단계로 나아갈 수 있는 중요한 교두보 역할을 할 것이다. 새로운 공간(New Space), 우주 산업! 새로운 공간에서 시작될 기회를 잘 포착해보자.

투자 유망주

1) 한화에어로스페이스

한화에어로스페이스는 국내 대표 방위 산업을 영위하는 업체로 자주포, 장갑차 등의 무기를 생산하여 세계 여러 국가에 수출하고 있다. 방위 산업 외에 CCTV, 항공기 엔진, 공작 기계 등 다양한 제품들을 생산하고 있다. 우주 시대에 우리가 한화에어로스페이스에 주목해야 하는 이유는 인공위성과 우주 발사체 분야에 있어서 동사가 높은 경쟁력을 보유하고 있기 때문이다. 동사는 항공기 엔진 제조 경험을 살려 우주 발사체도 개발 중인데 2021년 10월에 발사될 한국의 발사체 '누리호' 개발에도 참여하고 있다.

한화그룹은 우주 사업에 매우 적극적인 그룹이다. 한화그룹은 우주 사업을 총괄하는 '스페이스 허브'라는 조직을 만들었으며 인공위성 제작, 지상 발사체 제작, 고체 연료 부스터 제작, 엔진, 추진체 제작, 발사대 제작 등으로 세분화해 우주 사업을 적극적으로 육성하고 있다. 우주 사업을 확장하기 위해 한화에어로스페이스는 인공위성 전문 업체인 쎄트렉아이를 인수(지분 30%)했고 자회사인 한화시스템은 우주 개발과 항공 모빌리티 사업을 위해 1.2조 원의 유상 증자를 단행했다. 이 중 5,000억 원은 저궤도 위성 통신 사업에 활용할 계획이다. 국가에서 민간으로 인공위성 사업 영역이 넘어가고 있는 상황에서 인공위성 사업에 가장 적극적인 행보를 보이고 있어 긍정적이다.

▶ **대한민국 발사체 개발 현황**

출처: 한국항공우주연구원

최근 초소형 고성능 영상 레이더(SAR) 위성에 대한 관심이 매우 높다. 그에 따라 기술 개발 경쟁도 매우 뜨겁다. 초소형 SAR 위성은 막대한 비용이 소요되는 중대형 인공위성에 비해 설계 비용 감축이 가능해서 비용 부담이 적다. 중대형 인공위성 제작비로 수십에서 수백 개의 위성을 만들 수 있어 여러 지역에 대한 동시 다발적 커버리지가 가능하다고 한다. 대형 위성 1기당 평균 제작비가 2,400억 원

투자의 신세계

인데 초소형 SAR 위성은 1기당 70억 수준으로 알려져 있다. 초소형 SAR 위성 기술은 스페이스X와 미국의 카펠라 등 소수의 기업들만 보유하고 있다. 한국에서는 한화에어로스페이스에서 인수한 쎄트렉아이와 한화시스템이 개발을 맡고 있다. 쎄트렉아이는 국내 유일의 민간 인공위성 제조사로 저궤도 인공위성 분야의 강자이다. 현재 초소형 SAR 위성 본체를 개발하고 있다. 한화시스템은 SAR 영상 레이더 탑재체를 개발하고 있다.

한화에어로스페이스는 우주 항공 산업의 미래를 밝게 보는 투자자라면 좋은 대안이 될 수 있는 기업이다. 항공기 엔진, 발사체 제작 등 우주 산업의 핵심 제조 기술을 보유하고 있고 특히 이번 한미 미사일 사거리 제한 해제로 발사체 산업이 고성장할 가능성이 높아 큰 수혜가 예상된다. 거기에 자회사인 쎄트렉아이, 한화시스템은 저궤도 인공위성 제작에 있어서 높은 경쟁력을 보유하고 있는 기업들이다. 한화에어로스페이스는 새로운 공간(New Space), 우주 산업 그 자체이다.

2)인텔리안테크

인텔리안테크는 위성 통신 안테나 개발 업체로 주로 해상 위성 통신 안테나를 제조하고 있다. 동사는 글로벌 해상용 초소형 해상 위성 통신(VSAT) 안테나 분야에서 시장 점유율 39%로 영국의 코브

햄(Cobham, 시장 점유율 36%)과 함께 시장을 양분하고 있다.

영국의 저궤도 통신 위성 스타트업인 원웹과 2019년에 통신 위성 안테나 공급 계약을 체결했고 2021년에는 823억 원 규모의 저궤도 위성 컴팩트 평판 안테나 공급 계약을 체결하면서 원웹의 주요 안테나 공급을 담당하고 있다. 원웹은 2022년까지 650개의 통신 위성을 쏘아 올려 서비스 지역 확장을 본격화할 예정으로 원웹의 확장과 더불어 인텔리안테크도 고성장을 이어갈 가능성이 높다.

저궤도 위성 통신 사업은 4가지로 구성되어 있다. 통신 위성, 발사 서비스, 유저 안테나 그리고 게이트웨이이다. 게이트웨이는 위성 신호를 기존의 통신망과 연결해주는 장치이다. 유저 안테나는 위성 통신을 사용할 유저가 신호를 보내는 역할을 담당한다. 유저의 신호를 받은 인공위성은 게이트웨이에 다시 신호를 전송하고 인터넷망을 통해 유저에게 데이터를 전달한다. 인텔리안테크의 주력 안테나는 바로 유저 안테나이다. 원웹은 인텔리안테크를 통해 유저 안테나를 공급받고 있다.

투자의 신세계

▶ 인텔리안테크 통신 안테나

출처: 인텔리안테크

저궤도 위성 통신 사업의 핵심은 당연히 통신 위성이다. 다수의 통신 위성이 지구 전역에 뿌려져 있어야 어느 지역에서나 통신망을 활용할 수 있기 때문이다. 하지만 유저 안테나도 필수적이다. 안테나가 있어야 신호를 주고받을 수 있기 때문이다. 미국을 대표하는 스페이스X의 스타링크, 유럽을 대표하는 원웹 등 저궤도 위성 통신 사업의 경쟁은 시작되었다. 이들의 경쟁과 함께 성장할 수 있는 인텔리안테크를 주목해보자.

04

새로운 세계(New Universe)

코로나19로 인해 많은 것이 온라인화되었다. 감염의 위험, 마스크를 써야 하는 불편함, 가게들은 일찍 문을 닫았고 재택근무, 원격 수업은 일상화되었다. 온라인은 우리 눈에는 보이지 않는 세상이다. 쿠팡에서 면도날을 구매하고 친구와 카톡 메신저로 연락하고 줌으로 화상 회의를 하고 BTS의 콘서트를 콘서트장에 가지 않고도 모바일로 볼 수 있다. 매일 우리는 가상 세계의 공간에서 삶을 보내고 있는 것이다. 코로나19가 종식된다고 해도 인간은 가상 세계의 공간 안에서 여전히 삶을 보내고 있을 것이다. 코로나19 이전부터 이미 변화는 시작되었고 코로나19로 인해 그 변화 속도는 더욱 빨라졌다.

가상 세계 시장은 날이 갈수록 커지고 있는데 과거와 달리 가상 세계는 점점 현실에 가까워지고 있다. 자신과 똑같은 외모의 캐릭터를 창조하고 게임에 참여하고 게임을 새로 만들기도 하고 게임 내에서 화폐를 통해 상품들을 구매하기도 하고 돈을 벌기도 한다. 강원대학교 김상균 교수의 애기처럼 지구 안에 새로운 디지털 지구가 생겼는데 이 디지털 지구 역시 현실 세계의 지구와 너무나 흡사한 모습을 띄고 있다고 한다. 과거에도 가상 세계는 있었다. 하지만 현실과 동떨어진 세계였다. 지금의 디지털 지구는 현실 세계와 너무 비슷해서 사람들이 열광하고 있는 것이다.

2021년 3월에는 미국의 한 게임 회사가 나스닥에 상장하게 되면서 큰 이슈가 된 적이 있었다. 로블록스(Roblox)라는 기업으로 미국의 10대 청소년들이 유튜브보다 이 로블록스라는 게임을 하는 데 시간을 더 많이 보낸다고 해서 화제가 된 기업이다. 자신과 닮은 캐릭터를 만들고 게임 안의 공간에서 또 다른 자신만의 가상 세계를 만들어서 친구들과 놀기도 하고 영화를 보기도 한다. 일부 청소년들은 게임 속의 본인이 직접 제작한 가상 세계를 통해 10억 원이 넘는 큰돈을 벌어들이기도 한다. 에픽게임즈사가 제작한 포트나이트라는 게임도 메타버스로 유명해진 게임이다. 서바이벌 장르의 게임인데 유명 래퍼 트래비스 스캇이 이 게임 안에서 콘서트를 열었고 무려 1,230만 명이 동시에 이 콘서트를 지켜봤다. BTS는 신곡 '다이너마이트' 뮤직비디오를 세계 최초로 포트나이트 게임 안에서 공개했다. 거기에 더해 유료 결제를 하면 BST의 안무를 살 수 있고 이를 적용하면 캐릭터들이 BTS의 춤을 따라 출 수 있다.

▶ 가상 현실 게임 로블록스

출처: Roblox

한국에도 로블록스와 유사한 서비스가 있다. 바로 네이버의 자회사 네이버Z가 만들어낸 제페토다. 2018년 8월 출시한 서비스로 한국만이 아니라 중국, 일본, 미국 등 전 세계 200여 국가 2억 명이 사용하고 있다. 셀카를 찍어 자신만의 캐릭터를 만들어서 제페토라는 가상 공간에서 친구도 사귀고 인플루언서도 되고 연예인도 만나고 상품도 구매할 수 있다. 최근에는 명품 브랜드들도 제페토에 입점하여 자사의 브랜드 제품들을 판매하고 있다. 가상 세계가 돈이 될 것이라는 것을 알고 유명 브랜드들이 적극적으로 이 시장에 뛰어들고 있는 것이다. 유명 브랜드만 가상 세계에 빠진 것은 아니다. K-POP으로 유명한 한국의 엔터테인먼트 기업 와이지엔터는 자사의 아티

투자의 신세계

스트 '블랙핑크'를 제페토에 등장시켰고 블랙핑크 사인회에는 무
려 3천만 명이 모이기도 했다. 제이와이피엔터테인먼트의 아티스트
'트와이스'는 그들의 아바타를 제페토에 선보이면서 인기를 다시 한
번 확인시켰다. 기업들 스스로도 가상 세계는 돈이 됨을 인지하고
있다.

▶ 제페토 속의 블랙핑크 아바타

출처: NAVER

　　최근 주식 시장에서도 가상 세계에 대한 관심이 높아지며 메타
버스 테마 열풍이 불고 있다. 메타버스는 가상이라는 의미의 메터

(Meta)와 우주 혹은 세계라는 의미의 유니버스(Universe)가 합쳐져서 탄생한 용어이다. 즉, 메타버스(Metaverse)는 가상 세계를 의미한다. 실리콘밸리에서는 메타버스를 새로운 인터넷이라고 평가했는데 인터넷이 세상을 바꾼 이후 메타버스가 다시 새로운 세상을 창조할 것이라고 보고 있다. 코로나19 이후 가장 빠르게 성장할 것으로 보고 있는 메타버스 산업은 특히 한국 기업들에게 유리하다. 한국은 메타버스를 구현해낼 소프트웨어, 메타버스 안에 담길 내용물인 콘텐츠, 메타버스 안에 사람들을 모이게 만들 플랫폼, 메타버스와 현실 세계를 연결시켜줄 하드웨어 등 모든 것을 할 수 있는 시스템을 갖추고 있다.

제페토를 예로 들어보겠다. 제페토라는 가상 세계를 구현한 것은 네이버Z의 소프트웨어이다. 특히 셀카를 활용하여 자신과 거의 흡사한 외모의 3D 캐릭터를 구현할 수 있게 해주는 시스템은 차별화된 경쟁력을 보유했다고 할 수 있다. 제페토 안에 담겨 있는 콘텐츠도 매우 훌륭하다. 한국은 콘텐츠 강국이다. 드라마, 영화, 웹툰 등의 콘텐츠는 아시아를 넘어 세계 시장을 장악하고 있고 K-POP 아티스트들의 인기는 현실 세계에서든 메타버스든 상관없이 독보적이다. 메타버스의 주요 소비층은 10~30대인데 이들은 네이버, 카카오 같은 플랫폼에 매우 익숙한 세대이다. 네이버, 카카오 같은 플랫폼을 그들은 매일 사용하고 있고 이들의 빅데이터가 쌓이고 있는 플랫폼은 더욱 고도화되고 있다. 고도화될수록 플랫폼이 만들어낼 가상 세계 역시 더욱 발전할 수밖에 없다.

　하드웨어도 매우 중요하다. VR 헤드셋과 AR 글라스는 메타버스와 현실 세계를 연결시켜줄 핵심 아이템이다. 페이스북은 2014년 가상 현실 장비를 만드는 오큘러스 VR을 2.4조 원에 인수했다. 오큘러스가 만든 VR 기기 오큘러스 퀘스트2를 착용하면 가상 세계에 들어가서 자신이 좋아하는 가구와 소품으로 방을 꾸밀 수 있고 TV도 시청할 수 있고 친구와 함께 게임도 즐길 수 있다. 실제와 같은 체험을 할 수 있게 되는 것이다. 페이스북은 한 발 더 나아가 인피니트 오피스라는 미래형 사무실을 공개했다. 유저가 오큘러스 퀘스트2를 착용하고 이 사무실에 접속하면 출근하지 않고도 자신의 사무실과 똑같은 가상 공간에서 일을 할 수 있게 된다. VR, AR 기기를 통칭하여 XR 기기라고 한다. XR 기기에는 OLED 디스플레이, 고성능 메모리 반도체, 카메라 등의 핵심 부품이 들어간다. 또한 XR 기기를 활용하여 메타버스 콘텐츠를 즐기기 위해서는 5G 초고속 통신망도 필요하다. 한국은 메타버스를 체험할 수 있는 하드웨어의 모든 것을 다 갖추고 있다.

▶ 페이스북의 미래형 사무실 '인피니트 오피스'

코로나19 이후 글로벌 소비 시장의 변화를 주도하고 있는 세대는 단연 MZ세대이다. MZ세대는 온라인 문화에 매우 익숙한 디지털 세대이다. 자신과 똑같은 가상의 캐릭터를 창조하고 가상 세계에서 친구를 만나고 콘서트를 보고 영화를 보고 명품 백을 구매하기도 하고 콘텐츠를 직접 제작해 돈을 벌기도 하는 등 메타버스 시대를 이끌어가고 있다. 코로나19 이후의 시대는 이들이 이끌어가는 시대이다. MZ세대가 열광하는 메타버스 시장에 투자의 정답이 있는 이유이다.

새로운 환경, 새로운 서비스가 출현하면 새로운 기업이 나타나 새로운 주인공이 된다. 개인용 PC 시대가 열렸을 때 마이크로소프트는 윈도우 OS로 세상을 장악했고 인터넷 시대가 열렸을 때는 네이버가 검색 시장을 장악하며 절대 강자가 되었다. 스마트폰 시장을 개척한 애플은 지구 최대의 기업이 되었고 4G LTE가 활성화되며 모바일 시대가 열렸을 때 아마존과 카카오톡은 모바일 시대의 주인공이 되었다. 이제 메타버스 시대가 시작되었다. 다시 새로운 주인공을 찾아보자!

투자 유망주

1)NAVER

네이버는 검색 기반의 국내 최대 플랫폼 회사이다. 지식인 서비스로 검색 1위를 차지하면서 인터넷 시장 개화의 최대 수혜주가 되었고 지금도 성장세를 지속하고 있다. 인터넷 검색 시장을 장악한 이후 네이버만의 플랫폼을 기반으로 하여 전자 상거래, 결제 서비스, 웹툰, 클라우드, 라인(일본 1위 메신저 서비스), 엔터 등 다양한 분야로 사업 영역을 확장하고 있고 큰 성과를 내고 있다.

네이버는 국내 최대 규모의 클라우드 서비스를 기반으로 메타버스 사업을 전개하고 있다. 자회사 스노우에서 분리된 네이버Z가 제페토라는 메타버스 서비스를 론칭했고 현재는 글로벌 2억 명의 가입자를 확보하면서 메타버스의 강자로 부상하였다. 제페토는 2000년대 초 국내 시장을 장악했던 싸이월드처럼 10대들의 놀이터로 떠

오르고 있다. 해외 이용자 비중이 90%를 넘어설 정도로 압도적이다. 10대가 열광하면 나중에 돈이 된다는 속설이 있는 만큼 10대들이 열광하는 제페토의 미래가 기대된다.

금융권에서도 제페토를 주목하고 있다. 금융 회사들은 이미지가 매우 보수적이라서 MZ세대들에게 다가가기가 쉽지 않다. 잠재고객층인 MZ세대와의 접점을 찾기 위해 금융사들이 제페토를 찾고 있다. 김태오 DGB금융지주 회장은 2021년 6월 7일 제페토에서 자사의 경영진 회의를 개최했다. 제페토 안에는 자체 스튜디오를 제작할 수 있는 빌드잇 플랫폼이 있는데 DGB금융은 이를 활용해 맵을 제작했고 경영진들은 캐릭터를 생성해 회의에 참석하기도 했다. 2020년 미국 대선 당시에는 바이든 미국 대통령이 후보 시절 연설을 닌텐도 게임 '동물의 숲'에서 진행하기도 했다. 금융권, 정치권 등 메타버스는 MZ세대와 연결하기 위한 중요한 매개체로서의 역할을 하고 있다. 네이버의 제페토는 그런 면에서 최적의 플랫폼이다.

출처: 네이버 제페토

아직 먼 미래로 생각했던 가상 세계, 메타버스. 이제 메타버스는 우리와 함께할 수밖에 없는 플랫폼이 되었다. 네이버는 경험이 많은 플랫폼 강자이다. 이미 성공한 서비스인 제페토를 기반으로 네이버는 메타버스 시대의 주인공이 될 것이다.

2)자이언트스텝

자이언트스텝은 영상 시각 효과(VFX) 전문 기업이다. VFX는 실제로 존재하지 않는 상황을 화면상에 구현해주는 기능이다. 영화는 물론이고 광고, 게임 등에도 VFX는 널리 활용되고 있다. 동사의 VFX는 매우 특별한데 리얼타임 엔진 기반 기술을 보유하고 있기 때문에 경쟁력이 매우 뛰어나다. 기존 특수 효과는 실사 영상을 촬영한 후 편집 기술을 활용하여 제작하였지만 리얼타임 엔진 기반의 특수 효과는 실시간으로 특수 효과 적용이 가능해 시간과 비용을 줄일 수 있다. 메타버스는 가상 세계이지만 우리는 자신의 아바타를 만들어서 가상 공간 안에서 실제처럼 다양한 활동을 할 수 있다. 실제와 같은 체험을 하기 위해서는 실감형 콘텐츠가 있어야 하는데 VFX 기술은 실감형 콘텐츠를 제작할 수 있는 핵심 기술이다.

▶ 자이언트스텝의 VFX 기술

출처: 자이언트스텝 홈페이지

자이언트스텝은 광고 콘텐츠, 디지털 콘텐츠, 실감형 콘텐츠 등 다양한 영역에서 콘텐츠 제작 사업에 참여하고 있다. 광고 콘텐츠 부문에서는 다수의 수주를 확보하고 있고 국내 최고 수준의 광고

VFX 기술력을 갖고 있다. 삼성전자의 신제품 광고와 언팩 행사에서 VFX 기술을 선보였고 5,300여 편의 광고 콘텐츠 제작 실적을 갖고 있다. 디지털 콘텐츠 부문에서도 디지털 휴먼을 제작해 큰 관심을 받고 있다. '빈센트'는 자이언트스텝이 만든 가상의 인간이다. 리얼타임 엔진을 기반으로 매우 사실적으로 표현된 가상 캐릭터로 인공 지능(AI) 기술까지 들어가 있어 사람과의 상호 작용도 가능하다. 디지털 휴먼은 메타버스 세계에서 자신의 캐릭터를 보다 사실적으로 구현하는 데 큰 역할을 할 것으로 기대하고 있다.

자이언트스텝은 2020년 네이버로부터 투자 유치를 받았으며 네이버와의 관계를 통해 다양한 사업을 전개하고 있다. 특히 코로나19로 인해 대면 콘서트가 불가능해지자 비대면 실시간 콘서트가 많이 개최되었는데 동사는 네이버와 함께 XR 콘서트를 선보였고 뛰어난 기술력을 보여주었다. 에스엠의 신인 걸그룹 에스파는 3D 아바타 멤버와 함께 활동하는 것으로 유명한데 동사는 에스파의 가상 아바타 제작에도 참여했다.

메타버스는 가상 공간에서의 체험이다. 이를 위해서는 사실에 가까운 인물, 공간 구현이 필요하다. 자이언트스텝은 VFX를 통해 인물, 공간 구현을 잘 해내고 있다. 메타버스 기술 기업을 원한다면 자이언트스텝이 그 해답이 될 것이다.

05

새로운 소비(New Consumer)

2021년 6월 10일 미국의 스타벅스 매장에서 커피 판매가 갑자기 중단되었다. 컵과 시럽이 부족해서 판매가 중지되었고 일부 고객들은 항의를 하는 상황이 발생했다고 한다. 사람들이 외출을 재개하면서 스타벅스 매장엔 사람들이 넘쳐났고 수요가 급증하고 공급은 부족한 공급 병목 현상이 발생하였다. 비단 스타벅스만의 일이 아니다. 외부 활동이 증가하면서 차를 사려는 수요는 급증했는데 반도체 공급 부족 이슈로 신차 생산이 어려워지면서 중고차 가격은 하늘 높은 줄 모르고 치솟고 있다. 백화점에도 사람이 넘쳐난다. 소비 욕구는 급증했는데 해외여행은 불가능한 상황이다. 해외여행 대신 사람들은 백화점에 가서 값비싼 옷을 사고 명품 가방을 샀다. 고급 식당에도 예약이 넘쳤고 사람들은 소비를 하면서 욕구 분출을 하고 있다.

보복 소비가 본격적으로 시작된 것이다. 코로나19 팬데믹이 정점을 지나가고 있는 상황에서 전 세계에 백신이 빠르게 보급되면서 소비가 폭발하고 있다.

▶ 더현대 서울 백화점 와인웍스 행사

출처: ehyundai.com

코로나19 팬데믹이 전 세계를 강타한 지 어느덧 1년이 훌쩍 넘었다. 전 세계가 돈을 풀었고 주식, 부동산 시장은 사상 최고치를 경신했다. 고용은 악화되었지만 소비는 도리어 증가했고 한국의 수출은 반도체, 자동차, 석유 화학 제품 중심으로 고공 행진을 펼치고 있다. 코로나19 팬데믹으로 모든 것이 엉망이 될 거라고 생각했지만 그렇지 않았다. 비대면 산업의 성장은 당연했지만 일부 대면 산업에서도 폭발적인 성장이 발생하며 대면 기업들의 주가와 실적 역시 좋은 흐름을 보여주고 있다.

미국 정부는 코로나19 팬데믹이 발생한 이후 미국 국민들에게 세 차례에 걸쳐서 현금 보너스를 지급했다. 2020년 4월 1차 현금 보너스로 1,200달러를 지급했고 2020년 12월에는 600달러를 지급했다. 2021년 3월에는 1,400달러의 현금 보너스를 지급했다. 미국 성인 1명에게 총 3,200달러가 지급된 것이다. 거기에 실직자를 위해 매주 400달러 정도의 실업 급여도 제공하고 있다. 미국은 막대한 규모의 현금을 국민들에게 살포했다. 한국은 2020년 전 국민에게 재난 지원급을 지급했다. 4인 가구 기준으로 100만 원을 무상으로 지급했다. 2021년에도 가을에 전 국민 재난 지원급 지급을 검토 중인 상황이다. 각 국민들에게 지급된 돈의 일부는 예금으로 들어갔고 다른 일부는 주식 투자 자금으로 유입되었지만 대부분은 소비에 쓰였다. 그에 따라 자산 가격이 급등하며 자산을 보유한 투자자들의 현금은 두둑해졌고 소비는 코로나19라는 위기와 무관하게 폭발하게 된다.

소비가 증가하였지만 코로나19 이전과는 다른 형태의 소비가 증가하면서 소비의 양극화가 발생하였다. 보복 소비로 인해 쏠림 현상이 더욱 심해지면서 중간이 없어진 것이다. "1,000만 원짜리 또는 1만 원짜리만 팔린다."라는 말이 나올 정도로 소비 양극화가 극심해지고 있다. 고가의 보복 소비와 초저가 제품 판매만 급증하고 중간 가격의 제품은 잘 팔리지 않는 'K자형' 소비 양극화가 나타나고 있다.

해외 명품 브랜드인 에르메스, 루이비통, 샤넬은 국내에서만 지난해 2.4조 원의 매출을 올렸다고 한다. 해외여행 대신 해외 명품 쇼핑이 유행하면서 명품 매출이 급증하고 있다. 백화점에서도 명품 소비가 급증하고 있다는 것을 확인할 수 있다. 2021년 1~5월 백화점 명품 매출 증가율은 무려 50%에 달한다고 한다. 명품만이 아니다. 최근 몇 년간 정체를 보였던 의류 매출도 급증하고 있다. 2021년 3월 국내 의류 매출은 40% 이상 증가했다. 고급 소비의 대명사격인 백화점의 매출도 가파르게 증가하고 있다. 2021년 3월 백화점의 매출 증가율은 무려 77%를 기록했다. 고급 레스토랑도 호황을 맞고 있다고 한다. 조선일보 기자의 취재에 따르면 서울에서 1인당 20만 원이 넘는 일식당 열 곳 중 일주일 후 예약이 되는 곳은 한 군데도 없었다고 한다. 일대일로 진행하는 PT숍 역시 시간당 10만 원이라는 고가에도 예약이 꽉 차 있어 예약이 쉽지 않은 상황이다.

출처: 샤넬 홈페이지

　　보복 소비는 또한 고가 소비를 대중화시키기는 역할도 했다. 대표적인 것이 골프 시장이다. 골프는 고급 스포츠이다. 라운딩을 하기 위해서는 상당한 돈이 들어간다. 골프를 하기 위해 필요한 의류, 골프채 등도 고가의 제품이 많다. 소득이 적은 젊은 세대들은 접근하기가 어려운 스포츠이다. 하지만 해외여행이 막히게 되자 MZ세대들이 골프채를 들기 시작했고 인스타 인증 샷이 유행처럼 번지면서 국내 골프 시장은 폭발적으로 성장하게 된다. 현대경제연구원은 골프장 및 골프 연습장의 시장 규모는 2020년 6.7조 원에서 2023년까지 9.2조 원 규모로 성장할 것으로 예측했다. 골프의 대중화로 스크린 골프, 골프 의류 시장은 더욱 폭발적으로 성장하고 있다.

보복 소비는 최저가 제품의 소비도 증가시켰다. 가성비가 높은 제품들은 코로나19 전에도 잘 팔렸지만 코로나19 이후에는 더욱 판매가 급증하고 있다. 가성비 높은 제품들을 판매하는 창고형 할인점인 이마트 트레이더스는 2020년 매출이 23.9% 증가했다. 편의점에서는 300원짜리 라면이 출시되기도 하였다. 의류에서도 가성비 높은 저가 브랜드의 약진이 돋보였다. SPA브랜드 탑텐의 2020년 매출은 28.7%나 급증했고 의류 플랫폼 무신사의 PB브랜드 '무신사 스탠다드' 매출은 60%나 증가하였다. 다이소 역시 매출액이 사상 처음으로 2조 원을 돌파하였다.

고가의 제품과 가성비 높은 제품만 잘 팔리는 K자형 소비 양극화는 지금도 진행 중이다. 코로나19가 종료되고 해외여행이 재개되면 이러한 현상은 조금 수그러들겠지만 방향성은 바뀌지 않을 가능성이 높다. 꼭 사야 할 생필품은 저가로 구입하고 여유 자금으로는 사치품을 구매하는 행위는 앞으로도 지속될 가능성이 높다. 반면 어중간한 브랜드의 중간 가격 제품은 설 자리를 계속 잃을 가능성이 높다. 1등 소비재 브랜드와 2등 기업과의 격차는 더 벌어질 가능성이 높다는 의미이다. 경쟁 강도가 세지 않고 브랜드 충성도가 높은 기업은 K자형 소비 양극화 시대의 승자로 계속 남겠지만 경쟁이 치열하고 브랜드 충성도가 낮은 기업은 계속 도태될 가능성이 높다.

롤렉스 시계, 에르메스 가방, 애플 아이폰은 비싼 가격에도 우리의 지갑을 열게 만드는 제품이다. 주식 투자자는 이처럼 비싼 가격에도 소비자의 지갑을 열게 할 수 있는 기업에 투자해야 한다. 소비 양극화는 장기간 계속될 것이다. 어중간한 브랜드를 보유한 기업, 가격 전가를 할 수 없는 기업들은 주식 시장에서도 도태될 가능성이 높다. 소비 양극화를 이해했다면 이제부터는 양극화의 수혜 기업을 찾아보자.

투자 유망주

1)에스제이그룹

캥거루 모양의 캐릭터가 들어간 모자나 가방을 본 적이 있을 것이다. '캉골'이라는 브랜드로 이 캉골의 인기가 심상치 않은 상황이다. 코로나19로 인해 의류 업체들도 극심한 소비 부진을 겪을 것으로 예상했지만 확고한 브랜드를 보유한 기업들은 달랐다. 소비 경기가 회복되자 높은 브랜드 충성도를 보유한 기업들은 매출이 정상화되는 것을 넘어 오히려 코로나19 이전보다 성장하는 모습을 보여주고 있다.

캉골은 에스제이그룹의 브랜드로 최근 10대 청소년들이 가장 선호하는 백팩 브랜드로 알려져 있다. 2008년 국내에 모자 브랜드로 첫 선을 보인 이후 가방, 의류까지 론칭하며 도약했고 2018년에는 캉골 키즈를 론칭하였다. 2015년 200억 원에 불과하던 매출액은 2019년 1,000억 원을 돌파하였고 2021년에는 1,400억 원 이상의 매출을 올릴 것으로 예상하고 있다. 캉골의 인기는 코로나19 이후 크게 올라갔는데 국내 포털사이트 내 10대와 40대 백팩 검색 순위에서 캉골 백팩은 1위를 차지하기도 했다. 캉골은 부모님이 자녀에게 사주는 가방 중에서 1순위 제품으로 자리매김한 것이다.

▶ 캉골 백팩

출처: 캉골 홈페이지

에스제이그룹은 다른 의류 회사와 달리 수익성이 굉장히 높은 편으로 2020년 매출 부진에도 영업 이익률이 15%를 기록하며 높은 수익성을 보여주었다. 동사는 제품 기획, 디자인, 생산 및 유통까지 의류 산업 밸류 체인 전반을 아우르는 비즈니스 모델을 보유하고 있다. 생산은 OEM을 활용하고 있어 비용 부담을 최소화하고 있다. 비용 통제를 잘하는 것으로 유명하며 경쟁사들에 비해 할인 정책이 적어 마케팅 비용이 크지 않고 온라인 매출 비중 확대로 고수익성을 유지하고 있다. 2018년 론칭한 캉골키즈가 2020년부터 10% 이상의 이익률을 기록한 점도 수익성 개선에 도움을 주었다.

한국 부모들 사이에서 백팩 구매 1순위로 떠오른 캉골의 에스제이그룹. 소비 양극화 시대에 높은 브랜드력을 보유한 에스제이그룹의 성장이 기대되는 이유이다.

2)이마트

이마트는 국내 대형 마트의 선두 주자이다. 최근 고급 소비가 늘면서 백화점 매출이 늘어나는 바람에 대형 마트 매출은 정체되는 모습이다. 하지만 고급 소비와 반대되는 가성비 소비는 급증하고 있다. "1,000원이라도 아끼기 위해 점심은 구내식당에서 해결하지만 디저트는 고급 카페에서 비싼 돈을 내고 먹는다."라는 말에서 알 수 있듯이 소비 양극화는 코로나19 이후에도 지속될 트렌드이다. 이마트는 가성비 소비라는 트렌드의 수혜를 직접 받는 기업이다. 이마트의 창고형 마트인 트레이더스도 가성비를 추구하는 소비자들의 방문이 늘어나면서 호황을 맞고 있다.

트레이더스는 이마트가 미국의 코스트코를 벤치마킹하여 만든 창고형 마트이다. "거품을 없앤 가격이 이 안에 있습니다."라는 모토처럼 가격 거품을 없애고 실속형 상품 위주로 구성을 해 큰 인기를 끌고 있다. 트레이더스의 경쟁력은 대량 구매에 있다. 대량 구매를 하면 저렴한 비용으로 제품을 구입할 수 있다. 트레이더스는 4,300개의 상품을 대량으로 매입하여 가격 거품을 없앴고 가성비 시대를 관통하는 최적의 유통망을 갖추었다. 트레이더스의 2021년 1분기 매출액은 15.7% 급증했고 시장은 트레이더스의 기대 이상의 성장에 긍정적인 반응을 보여주고 있다.

▶ **이마트 광고 전단지**

출처: store.emart.com

이마트는 또한 스타벅스코리아 지분을 50% 보유하고 있으나 최근 언론 보도에 의하면 스타벅스코리아 지분을 70% 이상으로 확대할 예정이라고 한다. 스타벅스는 소비 양극화에 따른 매출 고성장 트렌드의 최대 수혜 기업이다. 한국은 가히 스타벅스의 천국이라고 할 수 있을 정도로 스타벅스는 여타 카페 프랜차이즈를 압도하는 점유율과 성장률을 기록하고 있다. 2016년 매출액 1조 원을 돌파한 것에 이어 2020년에는 코로나19에도 불구하고 전년 대비 더욱 성장하며 매출 2조 원에 육박하는 기록을 세웠다. 2위 투썸플레이스의 매출액은 3,288억 원이다. 2위와 비교하면 압도적인 1위의 위치를 차지하고 있다고 할 수 있다. 영업 이익은 1,640억 원을 기록했으며 2021년 5월 기준으로 1,547개의 매장을 보유하고 있다. 소비 양극화로 점심은 싸게 해결해도 커피나 디저트는 그렇지 않다. 특히 브랜드 가치가 높은 제품은 고가에도 소비가 전혀 줄지 않고 있다. 스타벅스 커피 역시 마찬가지이다. 결코 싸지 않은 커피 가격에도 매출은 매년 성장하고 있다.

▶ 스타벅스 한국 매장

스타벅스코리아의 가치는 2.7조 원 정도로 평가받고 있다. 이마트가 지분 20%를 추가해 지분 70%를 확보하게 되면 이마트의 가치역시 높아질 가능성이 높다. 현재 이마트는 스타벅스코리아의 이익을 지분법 손익으로 인식하고 있는데 지분율이 높아지면 종속 법인으로 인식되어 이마트의 연결 실적으로 잡히게 된다. 2020년 스타벅스코리아의 영업 이익은 1,644억 원이었고 이마트의 영업 이익은 2,372억 원이었다. 연결 실적으로 스타벅스코리아를 잡게 되면 이마트의 연결 영업 이익은 4,015억 원으로 이익이 급증하는 효과를 볼수 있다.

가성비의 트레이더스와 브랜드를 중시하는 고급 소비의 스타벅스를 모두 보유한 이마트는 소비 양극화 시대에 투자 목록에 있어야할 기업이다.

3)명품 ETF

명품 브랜드를 보유한 기업에 투자하는 ETF도 고려해볼 만하다. 프랑스 증시에 상장된 ETF로 GLUX가 있다. GLUX는 Amundi S&P Global Luxury ETF로 주요 투자 기업으로는 LVMH, 테슬라, 케링, 에스티로더, 다임러, 에르메스, 나이키 등이 있다. LVMH는 루이비통을 보유하고 있는 세계 최대 명품 기업이다. 케링은 구찌 브랜드를 보유하고 있으며 다임러는 벤츠를 보유하고 있다.

국내 ETF로는 HANARO 글로벌 럭셔리 합성 S&P가 있다. S&P의 Global Luxury Index를 기초 지수로 삼고 있는 ETF로 주요 투자 기업으로는 테슬라, LVMH, 다임러, 케링, 에스티로더, 에르메스, 나이키, 페라리, BMW 등이 있다.

출처

· 디지털 지구, 뜨는 것들의 세상 『메타버스』(저자 김상균)

· ESG 개념부터 실무까지 'K-기업 서바이벌 플랜'(한경 MOOK)

· 미국 전기차 시장에 투자하라(2021년 5월 25일 이베스트투자증권 발간 보고서)

· 탄소 국경세를 준비하는 자세(2021년 6월 11일 신한금융투자 발간 보고서)

· Buy 회복, Buy 유럽(2021년 5월 31일 신한금융투자 발간 보고서)

· 우주를 줄게(2021년 4월 19일 유진투자증권 발간 보고서)

· 2050 탄소 중립 필수 ITEM(2021년 5월 28일 NH투자증권 '에코프로에이치엔'보고서)

· 진짜 ESG에 딱 맞는 기업(2021년 5월 28일 교보증권 '에코프로에이치엔'보고서)

· 2021년 의류업종 하반기 전망 ; 선간지 후실력(2021년 6월 15일 이베스트투자증권 발간 보고서)

· 스타벅스코리아 지분확대 가능성 제기(2021년 5월 27일 삼성증권 '이마트'보고서)

· K자로 치닫는 보복 소비 양극화 '낀 점포 수난시대'(2021년 6월 24일 이투데이)

· 초고가, 초저가만 잘 팔린다. 국내소비 'K자 양극화'(2021년 5월 23일 조선일보)

· 인공위성도 가성비, '초소형 SAR 위성' 경쟁 후끈(2021년 6월 22일 이데일리)

투자의 신세계로 가고 싶은 투자자를 위한 Q&A

Q. 4장 <포스트 코로나19, 다가올 미래(5N)에 투자하라>에서 말하는 다가올 미래란 어느 정도 뒤라고 생각하면 될까요?

다가올 미래란 특정 시점을 의미하는 것이 아니라 시대 트렌드를 의미합니다. 인류는 현재 화석 연료의 시대에 살고 있습니다. 100년 동안 화석 연료를 에너지원으로 해서 고성장을 이루었지만 이산화탄소 배출로 인한 환경 문제로 부작용이 지구 곳곳에서 발생하고 있습니다. 이산화탄소 배출을 줄이려면 화석 연료 대신 청정에너지를 쓰면 됩니다. 태양광, 풍력으로 에너지를 생산하거나 수소를 사용하면 됩니다. 이산화탄소 발생의 가장 큰 원인인 내연기관차를 퇴출시키고 전기차나 수소차 같은 친환경차로 대체하면 됩니다. 어느 시점에 큰 변화가 생길지는 정확히 알 수 없지만 이산화탄소 배출을 줄이는 친환경으로 변화는 이미 시작되었습니다. 누구도 거스를 수 없습니다. 트럼프를 중심으로 저항하던 미국마저도 바이든 정권이 들어서며 친환경에 적극적으로 동참하고 있습니다. 5년 후, 10년 후가 중요한 것이 아니라 변화는 시작되었고 반드시 다가올 미래라는 것이 중요합니다.

Q. 2020년 코로나19로 세계 경제가 큰 타격을 입었음에도 현재 글로벌 주식 시장이 뜨거운 이유는 대체 무엇인가요?

 유동성 때문입니다. 코로나 19로 인해 글로벌 경제는 큰 타격을 입었고 대부분의 국가에서 이를 타개하기 위해 금리를 낮췄고 막대한 돈을 풀었습니다. 금리는 돈의 가치입니다. 금리가 낮아지고 돈의 공급이 늘자 돈의 가치는 급락하게 되었습니다. 돈의 가치가 급락하자 반대로 실물 자산의 가치는 급등하였습니다. 부동산, 주식, 원자재, 미술품 등 실물 자산의 가치는 돈이 풀린 만큼 가치가 증가하였습니다. 이는 위기 때마다 반복되는 현상입니다. 2008년 미국 금융 위기 때도 마찬가지였습니다. 막대한 양의 돈이 풀렸고 경기 침체가 지속되는 상황에서 미국의 부동산, 주식 시장은 꾸준히 상승했습니다. 미국 증시는 2009년부터 10년 이상 꾸준히 상승하고 있습니다. 유동성 증가는 여전히 진행형입니다. 거기에 경기도 회복세를 보일 조짐을 보이고 있습니다. 코로나19 백신 접종이 가속화되면서 느린 속도이지만 경기는 개선되는 방향으로 나아가고 있습니다. 경기 회복은 주식 시장 상승에 좋은 재료입니다. 코로나19로 인한 경제 위기 타개를 위한 각국의 유동성 투입, 느리지만 회복되는 경기. 이 두 가지 요소가 주식 시장 상승을 이끌고 있습니다.

Q. 팬데믹 이후
한국의 주식 시장은
어떤 모습일 거라
예상하십니까?

한국은 내구 소비재와 중간재 수출 비중이 높은 제조업 기반의 국가입니다. 코로나19로 인해 가장 큰 타격을 받은 산업은 서비스 산업입니다. 이동이 제한되면서 외식, 해외여행 같은 서비스 산업은 충격을 받았지만 반대로 가전제품, 가구 같은 내구 소비재는 오히려 판매가 급증하였고 내구 소비재를 만드는 중간재인 반도체, 화학, 철강 같은 중간재 역시 성장세를 보였습니다. 1929년 미국에서 대공황이 발생했을 때 루스벨트 대통령은 뉴딜 정책을 통해 경제를 살렸는데요. 당시 미국은 교량, 도로, 댐, 항만 등 대규모 인프라 투자를 통해 일자리를 만들어서 경제를 회생시켰습니다. 2020년 발생한 코로나19 역시 경제에 큰 충격을 주었는데 당시와 다른 점은 인프라 투자의 방향입니다. SOC(도로, 댐 같은 사회 간접 시설) 투자보다는 친환경 산업 투자에 더 많은 비중을 두고 있다는 점입니다. 특히 EU가 적극적인데요. 강력한 환경 규제를 기반으로 이산화탄소 배출을 줄이기 위한 정책들을 시행하고 있고 이로 인해 태양광, 풍력, 전기차, 수소 산업에 막대한 돈이 투입되고 있습니다. 한국은 친환경 산업 투자라는 흐름에 있어서 가장 큰 수혜주입니다. 특히 태양광과 수소, 전기차 배터리 경쟁력은 세계 최고 수준입니다. 한국은 코로나 19라는 전대미문의 위기에서도 강력한 제조업 경쟁력을 기반으로 성장을 이어나가고 있습니다. 한국 대표 제조업체들의 성장은 여전히 진행형입니다. 팬데믹 이후에도 방향은 바뀌지 않습니다. 제조업 경쟁력을 기반으로 한 한국 주식 시장의 대세 상승은 지속될 것입니다.

Q. 미국은 바이든 대통령 당선 후 적극적인 친환경 정책을 펼치고 있습니다. 한국 기업들은 어떤 준비를 하고 있나요?

한국 기업들은 이미 준비가 다 끝났습니다. 미국은 바이든 대통령이 집권하면서 녹색 옷을 입었고 친환경 시장의 빗장을 열었습니다. 강력한 경쟁자인 중국은 미국의 견제로 미국 시장 진입이 어려워졌습니다. 중국 신장 위구르 지역에서 태양광 전지의 핵심 원료인 폴리실리콘이 대량 생산되고 있는데 인권 문제로 인해 미국은 이 지역에서 생산된 폴리실리콘 수입을 금지할 예정입니다. 친환경 경쟁력을 갖춘 한국 기업들에게 있어서 중국의 미국 시장 진입 제한은 당연히 긍정적입니다. 중국의 저가 물량 공세로 고전하던 한국 기업들은 다시 성장할 기회를 맞이하였습니다. 태양광, 풍력, 2차 전지, 전기차, 수소 등 친환경 산업에서는 주변 국가에 불과했던 미국은 이제 주인공이 되려고 하고 있습니다. 미국 전역에 대규모 친환경 인프라가 건설될 것입니다. 미국의 투자와 함께 한국은 다시 한번 전성기를 맞이할 가능성이 높습니다.

Q. 최근 들어 유럽 증시가 최고점을 돌파하는 등 상승세를 보이고 있습니다만 국내에 미치는 영향이 있을까요?

유럽의 성장은 한국 증시에는 호재입니다. 유럽이 성장한다는 것은 제조업이 회복되고 있다는 것입니다. 제조업의 부활은 제조업이 많은 비중을 차지하는 한국 경제에도 호재입니다. 또한 유럽의 성장은 유로화의 강세를 의미합니다. 유로화가 강해지면 달러화는 약해집니다. 달러화가 약해지면 한국의 원화는 강해집니다. 달러 약세, 원화 강세로 인한 원달러 환율 하락은 외국인 투자자들의 한국 주식 투자를 늘릴 수 있는 강력한 요인 중의 하나입니다.

Q. 최근 메타버스가 많은 주목을 받고 있습니다. 국내 기업 중 관련 기업은 어떤 곳이 있고 전망은 어떤지요?

한국은 플랫폼, 소프트웨어, 하드웨어를 모두 갖추고 있는 메타버스 시장 성장의 최대 수혜국입니다. 네이버는 글로벌 누적 가입자 2억 명을 보유한 제페토라는 메타버스 서비스를 운영하고 있습니다. 미국의 로블록스와 견줄 수 있을 정도로 플랫폼을 확고히 구축한 상태입니다. 자이언트스텝은 가상 현실을 구현하는 데 필수적인 소프트웨어 기술을 보유하고 있습니다. 현실에서는 존재하지 않는 가상의 거대한 동물, 100년은 지나야 볼 수 있을 것 같은 미래의 도시 등을 구현할 수 있습니다. 가상 세계를 제대로 체험하기 위해서는 XR(VR, AR 기기를 합친 것) 기기도 필수적입니다. XR기기에는 OLED, 3D카메라, 반도체, 5G 통신이 필수적입니다. 한국의 대표적인 IT기업인 LG디스플레이, 삼성전기, LG이노텍, 삼성전자, SK하이닉스 등도 수혜 기업이 될 수 있습니다.

Q. 한국 증시가 유난히 널뛰기가 심한 것 같습니다. 그 이유는 무엇인가요?

그렇게 생각하지 않습니다. 한국 증시는 과거와 달리 변동성이 많이 줄어들었습니다. 두 가지 이유 때문입니다. 개인 투자자들의 비중 확대입니다. 작년부터 2021년 상반기까지 개인 투자자들은 110조 원의 주식 순매수를 기록했고 고객 예탁금은 40조 원이 증가했습니다. 저금리, 돈의 가치 하락이 지속되면서 지금도 많은 개인 투자자들이 주식 시장에 돈을 투자하고 있습니다. 2020년 3월 이후 한국 증시가 많은 변수가 있었음에도 꾸준히 상승세를 유지하고 있는 가장 큰 요인은 개인 투자자입니다. 시장이 변동성을 보여 급락할 때마다 개인 투자자들은 하루에 많게는 2조 원이 넘는 순매수를 하며 증시를 방어했습니다. 개인 투자자들의 순매수가 여기서 끝날 것이라고 생각하지 않습니다. 주식 시장으로의 머니무브는 앞으로도 몇 년간 지속될 것입니다. 다른 이유는 산업 구조의 변화 때문입니다. 경기에 민감한 제조업 중심의 산업 구조를 갖고 있던 한국은 이제 변했습니다. 삼성전자, SK하이닉스, NAVER, 카카오, 삼성바이오로직스, LG화학, 삼성SDI, 현대차, 셀트리온, 기아는 한국 주식 시장을 이끄는 시가 총액 TOP 10 기업입니다. 이 안에 경기에 민감하게 반응하는 기업은 이제 없습니다. 반도체는 수요 증가, 독과점 체제 구축으로 꾸준히 성장하고 있고 인터넷, 바이오, 2차 전지, 전기차 산업은 누구도 부인할 수 없는 고성장 산업입니다. 이 기업들의 성장과 시가 총액 상승이 지속된다면 한국 증시는 미국 증시처럼 안정적인 장기 상승이 가능할 것입니다.

Q. 쿠팡, 카카오, 네이버, 이마트 등 최근 유통업계가 뜨거운 것 같습니다. 국내 유통업계에서 어떤 기업이 유망할까요?

전자 상거래 시장은 현재 3파전입니다. NAVER, 쿠팡, 이마트(이베이코리아)의 치열한 경쟁이 향후 펼쳐질 것입니다. 검색과 스마트스토어 중심으로 공산품 시장을 장악한 NAVER의 성장은 지속될 것입니다. NAVER만의 강력한 결제 시스템과 CJ와의 협업을 통한 물류 서비스, 멤버십 포인트 혜택은 소비자들을 묶어두는 강력한 경제적 해자입니다.

쿠팡은 로켓 배송과 막대한 투자 여력을 기반으로 점유율을 계속 늘릴 것으로 보입니다. 코로나19 팬데믹 이후 로켓 배송의 편리함으로 시장 점유율을 6%나 끌어올렸습니다. 많은 상품을 직접 구매하여 비용 부담이 상당하지만 그로 인해 로켓 배송이 가능한 시스템을 만들어냈습니다. 누구도 할 수 없는 시스템입니다. 연간 많게는 조 단위의 적자가 날 수도 있기 때문입니다. 하지만 쿠팡은 로켓 배송 시스템을 정착시켰고 점유율을 끌어올렸고 비용을 조금씩 줄여나가면서 적자 폭을 축소시키고 있습니다. 나스닥 상장까지 하면서 자금 운용에도 여유가 생겼습니다. 이마트는 신선 식품의 강자인데 이번에 이베이코리아를 인수하면서 공산품 시장에도 뛰어들었습니다. 한마디로 NAVER, 쿠팡과 경쟁하겠다는 것입니다. 거래액 기준으로는 3위가 되었는데 문제는 이베이코리아의 시장 점유율이 계속 떨어지고 있다는 점입니다. 물론 이베이코리아의 경쟁력 있는 IT인력 확보와 배송 시스템은 이마트에게도 도움이 될 것입니다. 신선 식품이라는 독특한 카테고리로 성장하던 이마트가 이베이코리아의 등에 올라타서 선두 업체들을 따라잡을지 등에서 떨어져서 큰 부상을 당할지 미래는 알 수 없습니다. 전자 상거래 시장에서 거래액이 밀리고 도태되면 회복하기는 매우 어렵습니다. 미국은 아마존이 절대적 강자입니다. 한국에서는 아직 그 누구도 절대적 강자는 없습니다. 이마트는 마지막 승부수를 던졌습니다. 성공을 기대하는 투자자라면 이마트가 주주가 되어 함께하면 됩니다. 불확실하다고 생각한다면 한 발 물러서서 지켜보는 것이 정답이 될 것입니다.

Q. 어떤 식으로 투자 포트폴리오를 구성하는 걸 추천하시나요? 국내와 해외 비율은 어느 정도로 하면 될까요?

국내 주식 비중 80%, 해외 주식 비중 20%가 좋다고 생각합니다.

해외 주식은 직접 기업에 투자하는 것보다는 ETF를 추천드립니다. 미국 대표 지수인 S&P 500에 투자하는 SPY(가격이 부담되면 SPLG도 좋은 대안)에 적립식 투자를 하는 것도 매우 좋은 방법입니다. 회복하고 있는 유럽에 투자하고 싶다면 VGK를 추천드립니다. 친환경이 대세인 만큼 탄소 배출권과 관련이 있는 CRBN, 친환경 기업에 투자하는 ICLN도 추천드립니다.

국내는 포트폴리오를 3가지로 구성하면 좋을 것입니다. 첫 번째는 구조적 성장주입니다. 향후 몇 년간 전방 산업이 고속 성장하여 성장이 확실히 담보된 산업에 투자하는 것입니다. 반도체, 자동차, 2차 전지, 전동화 부품, 수소, 신재생 에너지, 엔터, OLED, 의료기기, CMO, 콘텐츠 등이 해당됩니다. 두 번째는 경기 민감주입니다. 고성장은 아니지만 경기가 회복되고 정책이 바뀌면서 수혜를 받을 수 있는 산업이 여기에 해당됩니다. 건설, 조선, 철강주가 그 대상입니다. 세 번째는 고배당주입니다. 저금리 시대에 은행 예금 이자보다 높은 이율로 배당을 주는 기업은 매력적인 투자 대상이 될 수밖에 없습니다. 증권, 보험, 카드사 등 금융주가 대표적입니다. 삼성증권, NH투자증권, 현대해상, 삼성카드, KT&G 등이 있습니다.

Q. 현명하게 투자하기 위해서 평소에 어떤 마음가짐을 가져야 하는지 어떤 생활 태도가 필요한지 알려주시면 감사하겠습니다.

주식 투자는 기업에 투자하는 것입니다. 그 기업의 주주가 되어 장기간 동행하면 부자가 될 수 있습니다. NAVER의 이해진 의장, 카카오의 김범수 의장, 엔씨소프트의 김택진 대표, 셀트리온의 서정진 회장, 하이브의 방시혁 의장은 모두 1조 원 이상의 재산을 가진 부자입니다. 이들은 왜 부자가 되었을까요? 사업을 잘해서도 있겠지만 그 사업체에 자신의 지분을 넣어두고 오랫동안 장기 투자했기 때문입니다. 많은 개인 투자자들이 주식 투자로 수익을 내지 못하는 이유는 장기 투자를 하지 않기 때문입니다. 성장하는 기업을 공부하고 철저히 분석한 다음 투자를 하고 시간을 내 편으로 만들어서 장기간 동행하면 됩니다. 물론 중간중간 엄격한 확인은 필수적입니다. 투자한 기업이 본인이 생각한 방향과 다른 방향으로 사업을 전개하거나 성장을 못 한다면 과감하게 이별해야 합니다. 그런 경우가 아니라면 장기간 동행하면서 시장이 흔들려서 주가가 급락할 때마다 지분을 더 모으면 됩니다. 주식 투자는 어렵습니다. 어려운 이유는 당장

성과가 나지 않기 때문입니다. 하지만 인내심을 가지고 끊임없이 공부하고 오랜 시간을 함께한다면 투자는 쉬워지고 자산은 증식될 것입니다. 기업 공부는 자산 증식의 출발점이지만 자산 증식의 속도를 늘려주는 것은 인내심입니다. 마지막으로 제가 가장 좋아하는 격언을 올려드리겠습니다. 모든 투자자분들이 큰 부를 이루시기를 기원하겠습니다.

"주식은 머리로 돈을 버는 것이 아니다. 엉덩이로 버는 것이다. 주식으로 버는 돈은 인내와 고통의 대가이다."(앙드레 코스톨라니)

투자의 신세계

초판 1쇄 인쇄 2021년 7월 23일
초판 1쇄 발행 2021년 8월 8일

지은이 김영익·김한진·홍춘욱·염승환
펴낸이 박수인·배혜진
편집팀 김준균, 송재우, 양아람
디자인 김창민
마케팅 이상현, 김지윤
경영지원 설용화

펴낸곳 ㈜리치캠프
출판등록 제2021-000086호(2021년 5월 6일)
주소 서울시 영등포구 여의대방로 67길 10, 3층 307호(여의도동)
전화 (02)322-7241
팩스 (02)322-7242
이메일 richcampall@richcamp.co.kr

값 18,000원
ISBN 979-11-975165-1-1 03320

▶ E트렌드　📷 리치캠프　f 리치캠프